湘潭大学学者文库
XIANGTAN DAXUE XUEZHE WENKU

刘桂斌文集

LIU GUIBIN WENJI

刘桂斌　著

湘潭大學出版社
XIANGTAN UNIVERSITY PRESS

图书在版编目（CIP）数据

刘桂斌文集 / 刘桂斌著． -- 湘潭 ： 湘潭大学出版社，2024. 5. -- ISBN 978-7-5687-1427-3

Ⅰ． F123.9-53

中国国家版本馆 CIP 数据核字第 20245QM617 号

刘桂斌文集

刘桂斌　著

责任编辑：夏　露　王亚兰
装帧设计：李　平
出版发行：湘潭大学出版社
社　　址：湖南省湘潭大学工程训练大楼
电　　话：0731-58298960 0731-58298966（传真）
邮　　编：411105
网　　址：http://press.xtu.edu.cn/
印　　刷：长沙超峰印刷有限公司
经　　销：湖南省新华书店
开　　本：710 mm×1000 mm 1/16
印　　张：20.25
字　　数：300 千字
版　　次：2024 年 5 月第 1 版
印　　次：2024 年 5 月第 1 次印刷
书　　号：ISBN 978-7-5687-1427-3
定　　价：108.00 元

ISBN 978-7-5687-1427-3
9 787568 714273

刘桂斌，男，1931年10月出生于湖南省韶山市。1961年毕业于中国人民大学经济系，湘潭大学教授。曾任湘潭大学国际经贸学院“改革与发展”研究所所长、湖南省市场经济学会常务理事、长株潭经济一体化研究会理事、《湖南经济》杂志指导专家等职。

改革开放以来，围绕经济改革和经济发展这个中心，在研究社会主义与市场经济的有机结合和矛盾的调节等方面取得了一大批成果，在省内乃至全国经济学界产生了较大的影响。出版专著28部，发表论文160余篇。主持的国家“九五规划”重点项目受到国家社科办和湖南省社科办的通报表彰，获湖南省首届社科成果一等奖、湖南省政府第六届社会科学优秀成果二等奖、中国大学出版社协会优秀学术著作二等奖、湖南省第二届社会科学研究优秀成果奖，在全国性学术研讨会和省级学术团体获奖数次。

总　序

“一位伟人，一纸校名，一句嘱托”，高度凝练并生动诠释了湘潭大学的创办历史。1958年，毛泽东主席亲自倡办、亲笔题写校名并亲切嘱托“一定要把湘潭大学办好”。1959年学校因故停办，1974年恢复建校。复校初期，学校荒山一片、楼无一栋、房无一间。一声号召，来自清华大学、北京大学等92所高校、科研院所的622名教师奔赴湘大，边劳动建校边教学科研。著名诗人彭燕郊、流变力学专家袁龙蔚、消费经济学创始人尹世杰、古文献专家韩长耕等名家大师先后来到这里教书育人。在这一批湘大人心中，都有一个共同的信念——艰苦创业，扎根伟人故里。没有电灯，就点煤油灯；没有自来水，就到池塘挑水喝；没有教工宿舍，就住农民家中；没有教学楼，就一起搬砖建设……在极其艰苦的条件下，老一辈创业者怀着“一定要把湘潭大学办好”的初心和科教兴国的满腔热情，在贫瘠的荒山土坡上建起了一座大学城。

岁月流转，年轮不息。经过几代湘大人矢志不渝的奋斗，学校发生了翻天覆地的变化。特别是2018年习近平总书记对学校作出重要批示以来，学校全力推动“双一流”建设，2022年成功入选国家“双一流”建设高校。一路走来，风雨兼程，虽创业维艰，然历久弥坚。在这片热土上，孕育着一批又一批才华横溢的名师和学子，不断产生着丰硕卓越的学术成果，模糊的概念在这里澄明，假设的命题在这里证实，现实的困惑在这里破解，新知识、新技术、新理论在这里不断孕育、产生。

大学因学术而生，亦因学术而兴。学术始终是一所大学的立校之基、兴校之本，是学者的一种追求、一种境界、一种精神。就湘大而言，无论是复校初期的名家云集、各抒己见、推陈出新，还是改革开放后融入科教兴国的时代大潮，湘大学人始终坚守初心，笃志问学，传承文脉，成就了独具风格的学术品质和精神风貌。一代又一代的湘大学人在这里探究真理、创造新知，以学术立身、以著作立言、以品德立魂，用自己的毕生心血，汇集而成了一篇篇富有思想的学术成果。

大学之大，大师之谓也。为汇集湘大学人学术成果，展示湘大学人学术品格，2014 年，在复校四十周年之际，学校精心策划“湘潭大学学者文库”丛书，出版了《沧南自选集》《袁龙蔚文集》。入选文集经过了广泛征集和论证，无一不是湘大学人呕心沥血之佳作、高深学问之精髓、学术思想之独见、品性修养之映照。文库收录的学术成果，都有着清晰的问题意识、科学的研究方法、严谨的逻辑结构，既有源自哲学思辨的理性探究，也有基于生产实践的资料佐证，充分展示了湘大学人独有的学术品格，体现了湘大学人的厚积薄发和卓越追求。这是湘大学人智慧的结晶，更是推动学校高质量发展的宝贵精神财富。

甲辰龙年，学校迎来复校五十周年。值此之际，第二批“湘潭大学学者文库”丛书，包括《尹世杰文集》《刘桂斌文集》《羊春秋文集》《宋世杰文集》《张铁夫文集》《陈仲沪文集》《罗铸楷文集》《姜书阁文集》《萧艾文集》《曹木清文集》《彭燕郊文集》《韩长耕文集》12 部学者文集付梓出版，这既是记录湘大学人敢于挑战与奋斗、饱含智慧与激情的光辉岁月，展现湘大学人精学苦研的具象载体，又是湘大学人牢记办学历史，坚持知行合一，弘扬学术精神，接续优良传统的价值传承和推动学术创新的具体行动。

伟人故里逢盛世，一路高歌向前行。丛书的出版，将让我们再一次触摸和感受老一辈湘大学人的独特学术品格和精神品质，也将鼓舞新一代湘大学人深入贯彻落实习近平总书记对学校的重要批示精神，弘扬“牢记嘱托、艰苦创业、追求卓越”的湘大精神，扎根伟人故里，厚植家国情怀，坚持守正创新，为建成科技教育强国，以中国式现代化全面推进中华民族伟大复兴作出新的更大的贡献！

湘潭大学 党委书记 刘起军
校　　长 潘碧灵

前　言

改革开放以来，我国引入市场经济，引发了对计划经济与市场经济优劣比较的大讨论，并肯定了市场经济的作用，形成了以市场为取向的经济体制改革思路。同时，我国人民生活水平显著提高和国力日渐强盛的事实充分证明了我国市场化改革是正确且有效的，我国应该继续推进社会主义市场经济的体制建设，并以此为核心和支柱，继续探索社会主义与市场经济有机结合的实现形式的创新。

本书整理了湘潭大学刘桂斌教授在20世纪90年代与21世纪初的学术论文成果，按主题进行分类，梳理出联合产权制度理论形成与发展的理论逻辑和现实意义。本书共分为五大主题，其内在逻辑为：作者研究和揭示了社会主义与市场经济的内在统一性及其矛盾的调节，为社会主义与市场经济有机结合提供了契合的理论依据，而实现此种有机结合的关键在于公有产权制度改革，即探索能同市场经济有机结合的公有产权制度的最佳实现形式。通过比较分析，作者提出以公有制为主导的劳动联合和要素资产联合的联合产权制度的建立能够促进社会主义市场经济的确立。本书总结了刘桂斌教授的联合产权制度理论形成过程、内涵和实践方式，其理论观点完善了社会主义市场经济理论体系。本书一些理论观点至今仍有现实意义，有着较强的时代穿透力。

一、理论梳理

在第一篇中，作者主要阐述了关于社会主义与市场经济能否有机结合的问题。作者认为社会主义与市场经济之间不可否认存在多方面的矛盾，比如不同所有制之间争夺生存、发展条件的矛盾；社会主义的共同富裕与市场竞争的分化效应之间的矛盾；劳动者在市场上作为劳动力商品出卖者同企业内部主人翁地位的矛盾；按劳分配与按资分配的矛盾；社会主义整体利益与市场追求微观利益的矛盾；社会主义改造社会、自然和发展的自觉性同市场经济自发性的矛盾；等等，但这些矛盾能够通过社会主义国家的各种方针、政策和经济手段来调节，通过调节能够更好地实现社会主义与市场经济的有机结合。

在第二篇中，作者探究了农村集体所有制经济与以国有企业为代表的全民所有制经济进行公有产权制度改革的路径，破除了一些思想禁锢，提出了一些创新性理论。对于农村公有产权制度的改革，作者提出在家庭联产承包责任制基础上建立新型村级联合体，具体形式为股份制与承包制的有机结合，要素资产联合和劳动联合的有机结合；对于企业的公有产权制度改革，作者提出建立以“泛股份制”为具体形式的资金联合与劳动联合有机结合的新型的社会主义经济联合体，这种新型的经济联合体是在理顺产权关系和政企分开的基础上所形成的自主经营、自负盈亏、自我发展、自我约束的法人实体和市场竞争的主体，而且把社会主义协作机制同市场竞争机制有机结合起来，从而可以激发企业活力。

在第三篇中，作者提出联合产权制度理论。在改革前，我国实行单一劳动联合体，这种联合体存在排斥非公有制、使企业无法成为相对独立的经济实体、政资不分和政企不分等弊端；而当时被一些学者所推崇的西方股份制，本质上是单一资本联合体，纵使其有很多优点，很多方面是我国企业制度现代化所需要的，但是其仍有一些特质与我国国情不相符，也需要改进之后再加以利用。因此这两种联合体都无法实现社会主义与市场经济的有机结合，在当时的时代背景下，作者提出我国需要建立以公有制为主的要素资产联合与劳动联合相结合的联合产权制度。这种联合产权制度实行“泛股份制”，科技与劳动力也可以折合成资本入股，充分调动了一切积极因素为社会主义建设服务；实行企业中生产要素所有权、法人财产占有权与经营管理的支配权这三种权力的权能分解，使企业可以自主经营、自负盈亏；实行经营管理责任制，有效规避国有企业权力寻租的问题。作者认为我国的社会主义与市场经济相结合的改革，是从公有制的产权的权能分解开始的，而以公有制为主导的劳动者联合和要素资产者联合的联合产权制度的建立能够促进社会主义市场经济的确立。

在第四篇中，作者对经济全球化下后发国家的发展路径进行了探索。这为后发国家想要实现跨越式发展提供了理论基础。但是后发国家若想实现跨越式发展并不是一蹴而就的，首先需要利用好自身的比较优势，比如资源禀赋、人口优势或者潜在大市场优势；其次，要通过教育体制创新拉动本国的科技体制创新；最后就是要进行制度创新，为本国实现跨越式发展提供前提和动力。作者认为我国应在以公有制为主的劳动联合和要素资产联合的联合产权的微观基础上，建立社会主义公有制和市场经济有机结合的社会主义市场经济新体制，把社会主义与市场经济的两种动力机制、两种配置资源的机制有机结合起来，发挥其在资本主义市场经济或计划经济体制模式下都无法比拟的优越性。

在第五篇中，作者从经济全球化的视野分析了以我国为代表的后发国家应如何谋得发展，且不陷入先发国家所引导的“发展陷阱”之中。由于经济全球化具有二重性，一方面，经济全球化体现了世界的经济、金融、技术的全球性交融扩展与深化，意味着世界生产力的质的飞跃和物质文明、先进文化的普及，后发国家应该积极融入其中，才能实现“与世界接轨”；另一方面，经济全球化又是资本大国利用技术进步及大量剩余资本开拓市场、占领生产基地，实现其资本生产方式扩张的工具。因此，在经济全球化的浪潮之下，后发国家既要融入其中，又得独善其身。首先，实行对外开放，但在经济模式上，不能是对外依赖型的，而应是自主开放型的；其次，在经济、金融、技术的开发与发展中，始终坚持自力更生为主、争取外援为辅的原则；最后，进行适合本国国情的经济体制改革。

二、作者的政策建议及其时代价值

刘桂斌教授立足我国实际国情，科学运用马克思主义政治经济学的立场、观点和方法，对我国公有产权制度改革和构建社会主义市场经济新体制等经济问题进行深入细致的分析，并提出了针对性的政策建议。其政策建议对我国当今社会经济体制改革仍有借鉴意义。

关于权力寻租的问题，作者提出了自己的解决方案，在企业产权关系中实行劳动者集体的占有权职能同厂长（经理）的支配权职能的分解，用责、权、利有机结合的经营责任制，作为两权分解后的经济联系和纽带。厂长（经理）应当由企业管理委员会在经理市场上竞争招聘上岗，并对企业占有者直接负责。占有者既有招聘权，又有解聘权。这样，厂长（经理）就会同时受到占有者的企业劳动者集体、所有者的监事会和经理市场的三重机制的激励与约束。从而既可以充分发挥其管理才能，也可防止他们把企业公有财产占为已有或为所欲为。

作者在1993年提出，在进行国有资产管理体制改革时，必须把国有资产所有权和运营管理权区分开，并把运营管理权从政府手中分离出来，单独成立国有资产管理委员会，直接归属全国人民代表大会领导，这一想法也成了现实。2003年3月，国务院成立国有资产监督管理委员会，撤销中共中央企业工作委员会，这改变了过去政府直接管理企业的职能，从机构设置上实现了政企分开、政资分开，确保了国有资产保值增值责任的落实。

三、本书理论与新时代新征程“构建高水平社会主义市场经济体制”的实践相契合

党的二十大报告中提出要“构建高水平社会主义市场经济体制”。社会主义市场经济体制是我国社会主义市场经济改革的方向和目标，其实践路径也是学术界讨论的热点话题。本书的一些理论观点对于我国建成高水

平社会主义市场经济体制有着重要参考价值。

第一，社会主义市场经济体制需要全面完善产权制度，发挥市场在资源配置中的决定性作用，以及更好地发挥政府作用。作者在《农村和企业公有产权制度改革》一篇中提出，我国社会主义市场经济的新体制，是在公有经济产权的权能分解的改革过程中创造的各种新的实现形式逐步同市场经济结合而萌生、成长起来的，并提出了三个方面的创新：第一，改股份制产权制度的单一资本联合体的形态为要素资产联合体形态。作者认为人民群众创造的资本、劳力、科技成果、土地使用权均可入股、分红的“泛股份制”，比较符合现代经济制度演变的趋势，有利于把一切资源的积极性都调动起来，形成巨大的生产力；第二，改革股份制中的委托代理制。其构造了全民所有者同企业劳动集体占有者的分权模式，一方是由公有产权代表为主的股东选举产生的董事会执行所有权职能，另一方由企业劳动者集体选举产生的企业管理委员会执行占有权职能；第三，企业内部实行占有权与支配权的新式权能分解，构造劳动者同厂长之间的新型关系。作者提出的公有经济产权权能分解改革是我国目前全面完善产权制度的有效途径。

第二，社会主义市场经济体制的构建，需要更加完善的市场化配置体制机制，进一步激发全社会的创造力和市场活力。作者在《社会主义与市场经济的有机结合》一篇中提到，中国特色社会主义经济学的研究目的应定位于“调整经济关系”同“资源配置”的有机结合这个统一目标上来。而社会主义市场经济体制所需要的市场化配置体制机制就应当遵循这个统一目标。“资源配置”必须以“调整经济关系”为基础和动力，而且“调整经济关系”本身更是为了调动广大群众生产和经营的积极性，其作用是要大大超过“资源配置”的作用的，因此单纯的“资源配置目标论”是不可取的。但也不能仅仅把眼光局限于“调整经济关系”，虽然“调整经济关系”能促进资源合理配置，但是“资源配置”得更加公平合理也能反作用于“调整经济关系”，而且两者都是为了提高和合理安排组织生产力的，二者具有辩证统一性，都不可偏废。所以说，把经济学的研究目的定位于“调整经济关系”同“资源配置”的有机结合这个统一目标上来，是开创中国特色社会主义市场经济学研究新局面的必要条件，也是建立更高水平社会主义市场经济体制必须遵循的原则。

第三，社会主义市场经济体制需要坚持以公有制为主体、多种所有制经济共同发展，增强微观主体活力。作者在揭示和论述不同所有制企业争夺生存、发展条件的矛盾时指出，由社会主义初级阶段的基本经济制度所决定的公有制为主体、多种所有制经济共同发展，就必然存在着相互争夺市场、原料、人才和资金等方面的矛盾，国家有必要采取一些方针、对策进行调节。例如：(1) 实行国有大中型企业外向主导型与个体、私营企业的内需主导型发展战略的适度分工的对策；(2) 实行国有大中型企业的资金、技术密集型与集体、个体、私营企业的劳动密集主导型的有机结合；(3) 国家积极引导和发展以国有大中型企业为核心的，联合小型集体、个体、私营企业的专业化协作企业集团；(4) 以产权关系为纽带，形成以公有制为主、股份制公司为具体形式的混合经济。这些正是当下学术界研究公有制经济与其他所有制经济共同发展所探讨的实践路径。

本书所选文章是刘桂斌教授重要的理论研究成果，对构建高水平社会主义市场经济体制具有参考价值，是学术界中的思想瑰宝，值得读者仔细品读！虽然这些文章是刘桂斌教授在二十年前，甚至三十年前发表的，在当时的时代背景下，个别表述、提法与当前的规范不太一致，但是经典永不过时，其思想之深邃在今天看来仍然实用。希望各位读者能仔细品味作者的巧思，结合当下市场经济分析其理论价值。

目　录

第一篇　社会主义与市场经济的有机结合

深化改革的难点、对策及过渡模式 …………………………………（3）

有中国特色的社会主义理论的精神实质 ……………………………（12）

邓小平理论与市场经济 …………………………………………（17）

论社会主义与市场经济的统一性及其矛盾的调节 ……………………（23）

市场经济与公有制新的实现形式的有机结合 …………………………（34）

市场经济与社会主义结合的研究在创新中深化 ………………………（54）

有中国特色的社会主义在艰辛探索中孕育新的发展 …………………（64）

第二篇　农村和企业公有产权制度改革

公有产权制度实现形式的改革与创新是体制改革成败的关键 …………（71）

公有产权实现形式继续创新的构想 …………………………………（76）
论“两个飞跃”之间的过渡体制及其途径 ……………………………（83）
论“农业产业化”与中国式农业产业革命 ……………………………（91）
论中国企业制度现代化中的矛盾 ……………………………………（100）
国有企业深化改革的一种新思路 ……………………………………（103）
企业产权的演变与中国国有企业改制、创新的走向 …………………（108）
劳动价值论的拓展与制度创新 ………………………………………（117）

第三篇　联合产权制度是社会主义市场经济的基石

中国式现代企业制度的基石应是劳动联合与资本联合的有机结合 …（131）
论通向马克思“自由人联合体”设想的过渡性的两个产权制度模式 …（141）
联合产权制是社会主义市场经济的基石 ……………………………（151）
论公有制为主导的两种联合产权制 …………………………………（157）
论公有制为主的联合产权制及其在经济史上的地位 ………………（165）

第四篇　经济全球化下后发国家的发展路径探索

全球性公司兼并联合与我国国有企业资产重组 ………………………（179）
东南亚金融危机的启示 ………………………………………………（195）
经济全球化与融入中的独立自主发展 ………………………………（208）
知识经济与制度创新 …………………………………………………（227）
论知识产业革命和经济全球化效应二重性 …………………………（236）

第五篇　实现跨越式发展的新思考

影响我国经济增长方式转变的原因及对策 ……………………………… (251)
跨越“卡夫丁峡谷”新的必经阶段的开拓 ……………………………… (258)
融入世界产业革命 开创跨越式发展新道路 …………………………… (270)
发挥现有优势 创新比较优势 实现跨越式发展 ……………………… (284)
迈向知识经济时代的后发国家的跨越式发展 ………………………… (296)

第一篇 社会主义与市场经济的有机结合

深化改革的难点、对策及过渡模式

一、深化改革的难点在于消除经济发展的三大障碍

集中外社会主义国家改革的经验、教训，特别是中国10年改革的经验、教训，经济体制改革必须同经济发展相结合，而不能为改革而改革。这种结合的关键在于，体制改革要为消除经济正常发展的主要障碍服务。从中国的实际情况来看，这些障碍主要有：（1）社会需求扩张冲动在资源约束的强制下，不断形成周期性的扩张—收缩—再扩张—再收缩的怪圈；（2）长线产业越“压”越长，短线产业越“拉”越短，农业、基础工业和加工工业的发展长期失衡，已形成了有机构成高低悬殊的三元经济结构的局面；（3）企业缺乏活力，生产的粗放经营迟迟不能向集约经营转轨，技术进步缓慢，产品质量差，经济效益低下。这三大障碍，都植根于旧的高度集中的、僵化的产品经济体制之中。因此，消除它们必须进行一系列深化改革。然而10年的实践表明消除上述三大障碍的改革，遇到了以下三个方面突出的难点：

第一，建立四个预算约束硬化机制的艰难。社会需求膨胀的体制根源，在于全民所有制企业、政府、银行及全民企业的职工个人的各自预算约束及相互约束软化，四者同吃国家大锅饭。但是，在产品经济体制根深蒂固的条件下，上述软约束机制要转化为新体制下的硬约束机制，需要进行一系列的配套改革，这正是整个体制改革的艰难所在与突出重点。

第二，市场机制发育的困难。无论是根治需求扩张症，优化产业结构，或是增强企业活力，生产由粗放经营向集约经营转轨，都有赖于市场机制的发育及其功能作用的发挥。而在产品经济和自然经济仍占相当重要地位的条件下，培育市场机制并发挥其功能作用，是改革的又一突出难点。这是因为市场机制的发育及其功能作用的发挥，必须具备一系列的前提条件。它首先要有赖于生产的社会化和商品化的发展及以此为基础的完全、统一的社会主义市场体系的建立，特别有赖于价格的理顺以及资金在各部门之间转移的条件的形成。而所有这些前提条件，在自然经济和产品经济的结合力量仍占优势的状况下，绝不可能在短期内形成。因而，培育市场机制并发挥其功能作用，绝非轻而易举之事。

第三，计划经济与市场调节有机结合的难度更大。克服上述经济运行与发展中的三大障碍不仅需要发挥市场机制的调节与动力功能，而且也不能缺少国家计划的调控与指导作用，必须把计划经济与市场调节有机结合起来。而实现计划经济与市场调节的有机结合，乃是深化改革的更大难点。因为这种结合，首先要以前面所讲的四个预算约束，特别是企业的预算约束、硬化及市场体系的建立为前提，没有这些前提，就不能形成健全的市场机制，更发挥不了调节经济运行的功能，从而计划经济与市场调节的有机结合就很难实现。如前所述，建立这种前提本身就是改革的难点。即使是这些条件已具备，要在操作上实现计划与市场的最优结合，也非轻而易举的事。

二、克服难点的对策

既然是难点，克服起来就不是容易的事，需要分步骤进行，循序渐进。一般说来，要先治标后治本，前者为后者打基础，后者是前者的继承与发展。

（一）关于建立四个预算约束硬化机制的对策

克服四个预算约束软化，建立硬化约束机制，在目前治理整顿工作远未完成的条件下，只能先采取治标的办法，即硬化、完善前阶段改革中已经初步形成的约束机制。如，在企业经营承包责任制中，坚持保、挂兑现，企业要真正实现自负盈亏，亏损部分由企业自有资金或经营承包者的抵押财产进行补偿；实行税后还贷及破产制；企业内部则应坚持各种承包经济责任制，职工的班、组和个人按完成承包指标的数量、质量、效果领取报酬，取消按人头发“奖金”、实物的错误做法；逐渐加速专业银行的企业化进程，专业银行同其他企业一样，同国有资产管理机构建立承包经营责任制，自负盈亏，自己承担信贷风险；中央银行的货币发行、信贷计划与金融政策，需经全国人民代表大会通过后严格执行，违背这一程序的行为，必须追究有关机关和负责人的责任；各级政府的财政预算计划需经各级人民代表大会通过批准后严格执行，未经批准出现的财政赤字应追究该级政府机构及负责人的责任，更不得擅自向银行透支，逼银行超经济发行货币，或随意向企业增加摊派，也不允许采取“抽肥补瘦”的办法，鞭打“快牛”和保护落后等。这些办法和措施的切实执行，自然会有利于硬化约束机制，遏止需求膨胀，提高经济效益。但是，这些办法多属于外在强制约束手段，并非体制内机制的根本转换。因而当这些外在的强制手段一旦放松时，社会需求膨胀又会像脱缰的马一样，势不可挡。所以，它们仍属于治标的办法。

关于硬化约束机制的治本对策，则主要包括以下两个重要方面：

第一，全民所有制企业的自有资金的财权应界定归企业职工集体所有，建立一种新型的社会主义股份制企业。现行体制中企业自有资金的财权属国家，支配使用权属企业。作者认为，这种做法，既不符合商品经济条件下所有者与经营者的利益分配关系，也不符合社会主义条件下企业集体劳动者经营好坏同物质利益相联系的按劳分配原则。因为，在商品经济条件下，按经营者同所有者之间的一般经济关系，完成上交所有者的经济责任之后，留下来的剩余产品应归经营者所有；根据社会主义按劳分配的原则，个人劳动所得归个人所有，同企业集体经营、劳动好坏相联系的这部分利益，也应归企业职工集体所有。否则，企业职工对包括企业自有资金在内的整个企业财产的关切度就会很低。当前企业对“自有资金”支配的短期化行为及由此产生的投资需求和消费需求膨胀的基础原因也就集中在这里。所以，无论从社会主义的按劳分配及商品经济条件下的经营者同所有者的利益分配原则来看，或从提高企业职工对资产的关切度、遏止需求膨胀实行集约经营及提高经济效益的需求来看，都应将企业“自有资金”界定归企业职工集体所共有，使“自有资金”名实相符。

这种界定一旦实现，全民所有制企业中就会存在着集体所有制的成分，企业自有资金再投入生产过程中的那一部分也就要求变成集体股份，因而一个以全民所有为主导的国家与企业集体合股形成的社会主义股份制企业就会应运而生。当然，这种股份制企业，在坚持社会主义公有制为主体的原则下，还可以根据需要接纳本厂职工个人及社会各界投资入股。这种股份制企业内部，把社会主义的按劳分配及资金按股分红有机结合起来，其实质是劳动联合与资金联合相结合的社会主义新型的经济联合体。它既从根本上区别于资本主义私有制基础上的单纯的资本联合的股份制资本主义企业，也不同于马克思、恩格斯所设想的那种单一的社会主义劳动联合体。它是在社会主义初级阶段有计划的商品经济条件下，以公有制为主体的多种经济成分并存的所有制结构，以及以按劳分配为主体的多种分配方式，在一个企业内部的一种特殊的实现形式。

第二，实现宏观管理、国有资产的营运及银行金融管理的三种职权分离。硬化四个预算的自我约束与相互约束机制的另一治本对策，则主要应使国有资产管理、政府宏观管理、银行金融管理及其与之相应的预算决策权，实行全国人民代表大会及其常务委员会统一领导下的三种职权分离，从而在根本上消除国有资产预算、政府财政预算和银行的信贷预算不分的“大锅饭”。而这种“大锅饭”，正是四个预算约束软化，需求扩张冲动长期无法遏止的总根源。

这三种职权分离，是管理职能的分工。它不仅没有改变社会主义国家管理经济职能的本质，而且使这种管理更具有成效。因为，人民代表大会及其常务委员会是在中国共产党领导下的社会主义中国的最高权力机关，它的统一领导，体现了社会主义国家管理经济的集中、统一性的方面。在这种统一领导的前提下，政府进行宏观管理，使经济运行同社会其他方面的发展协调起来，更有利于实现社会、经济发展的战略目标，国有资产管理机构，专门从事全民所有制资产的营运，有利于这种经济的发展、增殖及其在国民经济中主导作用的发挥，银行专门从事货币发行、借贷资金的营运，将有利于社会总资金运行效益的大大提高。各司其职，分工协作，相互制约，相互促进，显然更加符合日益繁杂多变的、社会化的、有计划的商品经济的运行与发展的要求。这是社会主义制度的一种自我完善。那种把上述一切事权、财权都统统集中于政府手中，使它处于顾此失彼、极度忙乱和被动的状态，给国民经济及整个社会主义事业的发展都带来了严重不利。

（二）关于培育市场机制的治标、治本的措施

克服市场机制并发挥其功能作用的难点，也包括治标、治本的措施。治标的办法，是管好、用好和逐步完善前阶段改革中已初步成长起来的市场机制，包括整顿现有市场秩序、制定反地区和部门封锁的法规，利用好现已出现的资金、劳务、技术、信息市场及对外开放的特区，并逐步促进它们的正常发展。在当前，尤其应积极利用市场疲软（一种有限的买方市场）的压力来促进产品、产业结构调整，促进技术进步、管理改善和效益的提高，以及对广大农村、边沿地区与国际市场的新开拓。

至于治本的办法，应在深化改革中采取以下主要对策：

第一，大力扶植和充分发挥专业化生产的优势，推进商品化进程。列宁曾经指出，市场量和社会劳动专业化的程度有不可分割的联系①。当前我国农村仍然没有从根本上改变自给自足的自然经济状态，城市也普遍存在“大而全”“小而全”的企业结构，在此种情况下，统一的社会主义市场体系很难形成，市场机制的功能作用也难于发挥。因此，在深化改革和制定经济发展政策中，必须着眼于大力培植城乡已涌现出来的那些专业化程度较高的企业、企业集团以及专业村、专业户的发展，用它们的物美价廉、服务上乘、技术进步及效益高的优势去冲击、淘汰自然经济的落后势力，加速生产的社会化、商品化进程。全面的、统一的社会主义市场体系的建立，市场机制的形成及其功能、作用的发挥才有坚实的基础。

① 《列宁全集》第1卷，人民出版社1985年版，第83页。

第二，采取分阶段的办法进行价格改革。健全市场机制、发挥其功能作用所遇到的最大困难在于价格的严重扭曲。例如，农产品和工业产品之间，基础工业产品同加工工业产品之间，严重存在价格“剪刀差”。据有关方面的统计，新中国成立以来，由于工农产品价格“剪刀差”，农民向工业提供资金6000亿元~8000亿元。至于基础工业产品同加工工业产品的价格“剪刀差”，它所造成的牺牲基础工业发展而形成的加工工业的积累，数字也是相当大的。这是形成农业、基础工业、加工工业三大产业结构严重失调的深厚的体制根源。而现阶段，当社会需求扩张冲动的体制根源尚未消除及潜在需求规模庞大的条件下，改革价格、理顺各部门产品的比价，也只能采用先治标后治本的对策，经过长期努力来逐步解决。

治标办法，是根据社会的承受能力，采用基本抑制加工工业产品价格总水平，逐步调高农产品和基础工业产品价格的对策，使三大产业产品的比价日益合理化，从而促进产业结构的均衡化。但是，这种对策只是价格体系的一种外力调整，并非价格管理体制的实质性变革。至于治本的办法则不同，它是在治标所达到成果的基础上，即在三大产业产品比价基本合理、产业结构基本协调的基础上，根本改革价格管理体制，培育合理的价格形成机制。除了极少数产品仍由国家直接定价外，其余产品价格基本放开，主要由市场定价，国家只通过指导性计划与财政、货币手段进行必要的引导和干预。这个时候的价格才真正形成有计划的市场机制，从而能够被运用来适时发挥调节社会供求和产品、产业结构的作用。

第三，创造资金转移的条件，形成有计划的生产价格调节机制。有计划的市场机制调节产业结构的功能作用的充分发挥，还有待于资金，特别是资金存量在计划指导下，能随价格的变化在各部门之间自由转移的条件的形成。而这个条件的形成，需要打破地区、部门所有制所造成的分割和封锁，特别是要消除农业和基础工业的垄断经营。否则，即使是价格能够反映供求关系，而长线的加工工业的剩余资金及其推动的先进技术，也无法转入短线的基础工业和农业，因而，产业结构的合理化、现代化也难以实现。然而，打破部门、地区所有制的分割和封锁，特别是消除农业、基础工业的垄断经营，要涉及更深层次的改革，其中包括实行分税制，使所有企业同地方各级政府的行政隶属关系彻底脱钩，也包括在各行各业，特别是在农业、基础工业部门的基层实行前面提出过的社会主义股份制，创造计划指导下资金在各部门之间转移的微观基础。这将是深化改革最终不可回避的问题。因为股份制企业有自己独立的物质利益，并为资金存量在各部门之间转移创造了条件，这样在客观上就会形成资金平均利润率和生产价格的调节机制。国家宏观调节中心的重要任务，在于自觉地有计划地运用这个机制来协调部门之间的平衡发展，从而使这种生产价格机制变成为社会主义宏观经济运行中的有计划的生产价格调节机制。

（三）关于实现计划经济与市场调节的有机结合的步骤与对策

第一，改革自始至终应着力于计划与市场有机结合的前提条件的创造。这些条件包括生产的社会化和商品化，以及在此基础上的市场体系的发育，也包括价格的理顺和资金存量在部门之间转移的条件的形成，还有作为经济杠杆的载体的财政、税收、金融体制的改革和计划的科学性、宏观调控能力的增强，等等。在这些条件不具备的情况下，大讲计划与市场的最优结合的操作问题，显然是不切实际的。

第二，在体制改革和市场机制发育的不同阶段，采用的计划与市场结合的主导形式也应不同。从总体来看，计划调节与市场调节大致包括三种形式：（1）指令性计划调节同直接控制的市场机制调节（国家制定的固定价格）相结合；（2）指导性计划调节同间接控制的市场机制（浮动价格）相结合；（3）国家允许的不作计划的生产和交换同自由市场机制（自由价格）相结合。这三种形式中，以第二种形式占主导地位，其为计划与市场结合的目标模式。但在改革和市场机制发育的初期，当上述前提条件尚不具备时，计划与市场的结合还只能以第一种形式为主，逐步扩大第二种形式的分量。只有当条件具备时，才能实现目标模式。

第三，正确处理好市场调节主体同计划调节主体之间的经济关系。市场调节主体是指商业企业和专业金融组织，计划调节主体是政府。商业组织及专业金融组织的经济地位具有两重性，即它们既是自负盈亏的企业，又是市场调节者。作为市场调节者，它们能够在计划信号的指导下，根据市场供求变化的情况，从自身利益出发，凭借自己信息灵、联系面广的优势，通过其业务活动，自动递次发挥调节者的功能作用（一般说来专业金融组织的调节功能大于商业组织的调节功能）。政府作为计划调节的主体，进行计划调节时，首先必须充分发挥市场调节的功能作用。但是作为企业，其有自身的物质利益，承担盈亏责任，所以当计划的调节主体——政府要求它们违背自身的利益服从国家计划发挥调节作用时，政府必须从财政上补偿它们的损失（贴息、亏损补助等），仅仅只有政治动员和行政要求是不够的。因此，在国家宏观调节中心建立起雄厚的调节周转基金，这就十分必要了。

三、新旧体制转换阶段的过渡模式

从以上对深化改革的难点及其克服对策的分析中不难看出，由出发点的旧的产品经济体制模式转换到新的有计划的商品经济体制的目标模式，不可能一蹴而就，它必须经历一个相当长的经济发展与体制模式的转换阶段。与此相应也必然存在一个经济发展和体制的过渡模式。这个过渡模式，是一个含市场机制及其不断发育的计划经济模式。它具有以下两个层次的特点：

第一，前述经济正常发展的障碍及体制改革的难点尚未完全克服之前的经济发展与体制特征，是转换阶段初期的特征。它包括：（1）在计划体制方面，指导性计划逐步增加，但指令性计划仍占相当重要的地位，甚至在某些方面仍占主导地位；（2）在实现中央决策的手段方面，经济手段的运用逐步增加，但从总体来看仍以行政的、法律的手段为主；（3）在投资管理体制方面，当两个价格“剪刀差”尚未消灭之前，基本建设投资的决策权应主要掌握在国家手里，以便有计划地消除产业结构严重失调的状态，为逐步消灭两个价格“剪刀差”，实现产业结构均衡化、高度化创造条件；（4）在对外经济发展战略上，出口替代（指用高附加值产品出口代替初级产品出口）逐步增加，但在国家工业化尚未实现之前，仍只能以进口替代的发展战略为主；（5）生产的社会化和商品化程度逐步提高，但完全的、统一的市场体系尚没有发育成熟。

第二，随着改革的深化及与此相连的工业化和生产的商品化、社会化进一步发展，过渡到有计划的商品经济的目标模式的前提条件基本成熟，旧的体制和经济发展模式向新的目标模式转化，也就日益明显。即这个时期的基本特点是模式转化处于质变的飞跃阶段。具体表现为：（1）由现在的全民企业单位的劳动联合体，较快地过渡到以公有制为主体的劳动联合与资金联合相结合的社会主义新型的经济联合体；（2）由政经合一、四个预算软化，较快地转向政经职责分开、四个预算硬化；（3）由单一的不完全的商品市场较快地发展到包括产品及投入要素、经营权、产权等市场在内的社会主义的完全的、统一的市场体系；（4）由指令性计划直接控制为主的宏观管理制度转为以有计划的市场的间接控制为主；（5）由存在着两个价格“剪刀差”的不合理的价格体系，转到消灭了两个价格“剪刀差”的合理的价格体系，与此相应的由“三元经济”结构向现代化的一元经济结构转换；（6）由进口替代为主转为出口替代为主；（7）由粗放经营为主转向集约经营为主；（8）由以人治为主转向以法治为主；等等。

完成了上述转化，也就完成了从旧的体制和发展模式向新的体制和发展模式的转换。至于这种转换的具体途径，则主要是坚持前述治标、特别是治本的对策。模式转换的初期阶段，是量变阶段，曲折也会多一些，因此所需要的时间要长得多；而后期阶段，即模式转换的质变阶段，则比前期要短得多。

（收录于全国高校“社会主义经济理论与实践研讨会”第五次会议（1990）论文集）

有中国特色的社会主义理论的精神实质[①]

邓小平理论，是中共十五大对邓小平同志有中国特色的社会主义理论的总概括。党的十五大明确提出，中国共产党以马克思列宁主义、毛泽东思想、邓小平理论作为自己的行动指南。本文作者体会到，理解有中国特色的社会主义理论的精神实质，要着重把握以下几点：

第一，邓小平理论的实质，在于把马克思主义的普遍真理同我国的具体实际相结合，走出一条自己的、有中国特色的社会主义建设道路。具体而言，就是从中国社会主义初级阶段的实际出发，学习、借鉴外国的经验，但不照搬照抄外国经验、模式；坚持马克思主义关于社会主义的基本原则，结合中国的实际，走自己的道路，而不从马克思主义名义下的某些错误观点出发。邓小平同志在中国共产党第十二次全国代表大会上初次提出“具有中国特色的社会主义”这个命题时，就深刻地指出“无论是革命还是建设都要注意学习和借鉴外国经验。但是，照抄照搬别国经验、别国模式，从来不能得到成功”，“把马克思主义的普遍真理同我国的具体实际结合起来，走自己的道路，建设有中国特色的社会主义”。在我国的改革和建设的实践中，认真贯彻这个精神实质，就可以既避免照抄照搬或从书本上摘抄个别词句的倾向；也可以防止有人抛弃马克思主义关于社会主义基本原则的错误，真正走出一条把马克思主义

---

① 原题为《有中国特色社会主义理论的精神实质》，为了便于理解做出细微改动。

基本原则同中国初级阶段的国情相结合的、自己的、有特色的社会主义道路来。

第二，有中国特色的社会主义的核心，是建立社会主义与市场经济相结合的经济体制。它是推动党的基本路线中一个中心，即推动经济建设的强大动力，也是贯彻两个基本点，即改革开放、坚持四项基本原则的集中体现。它突破了西方经济学以配置资源为中心任务，是自由放任多一点还是国家干预多一点的长期争论不休的理论观点；也突破了传统的社会主义政治经济学中计划与市场能否相容的问题；在实践上突破了市场机制外域引进论的观点。在改革初期，调整所有权与经营权的关系中，市场经济就在不改变公有制的性质的基础上，由所有权同经营权初步分离中萌生和成长了社会主义市场经济的胎儿。因而，那种认为市场机制是从外国引进来的观点是不符合这种历史实践的。如果没有乡村与城市企业的所有权与经营权的初步分离，也就不会有市场与市场机制的存在。正像水泥地板上移植不了麦子与水稻一样。可见，社会主义与市场经济的结合而逐步融合为中国的社会主义市场经济，是中国自己的创造。正由于此，社会主义市场经济学的理论，也应由我们自己在总结党领导群众进行改革开放的实践经验的基础上来创新，西方的市场经济理论只能借鉴，而不能照抄照搬。可是，我们中的一些理论工作者与实践工作者，还是把他们的主要着力点放在照抄照搬上。一旦这种照搬照抄在实践中碰壁时，他们就怀疑社会主义能够同市场经济有机结合，或者认为搞市场经济只能搞私有化；或者认为坚持社会主义就要恢复旧的高度集权的计划经济；也还有人把社会主义公有制与市场经济看成是两张皮。写社会主义市场经济学时，只在前面简略地叙述一下社会主义公有制的特点，便立即转为照搬西方经济学的理论体系、结构和观点；在谈现代企业制度的建立时，也是在公有制的基础上简单地不加分析地完全照抄西方单一资本联合的股份制的一套老办法。显然，这种把市场经济同社会主义对立起来、分割开来或者凑合起来的做法，都会给建立社会主义市场经济体制及创立新的社会主义市场经济学的工作带来极大的危害，因而，都是不可取的。由此可见，社会主义同市场经济能否有机结合为一体，形成人类社会未曾有过的一种新型的社会主义经济的实现形式，这是一个决定中国改革成败与发展方向、前途和命运的问题。试想，如果二者不能有机结合，搞市场经济就不能搞社会主义的话，那么这种市场经济就会是资本主义市场经济。反之，如果搞社会主义就不能搞市场经济的话，那么这种社会主义就会倒退到高度集权的计划经济体制模式上去。无论是前者或后者，都是不可取的。所以，在理论与实践结合上切实解决这二者有机结合的问题，就成了建设有中国特色社会主义的核心问题。

第三，建设有中国特色的社会主义的基础，是创建中国式的现代企业制度。如上所述，建设有中国特色的社会主义的核心是创建社会主义同市场经济有机结合的新型体制推动经济建设的发展。创建有中国特色的社会主义与市场经济有机结合的经济体制模式，需要做很多工作。社会主义与市场经济的有机结合也是多方面的，既有微观基础方面的、运行机制方面的、产权交易市场方面的结合，也有社会再生产各个环节方面的有机结合。然而，关键还在于创建市场经济的微观基础与社会主义公有制新形式有机结合的中国式现代企业制度。因而，创建这种中国式的现代企业制度，就成了建设有中国特色社会主义的基础。江泽民同志在党的十五大报告中强调指出："搞好国有企业改革，对建立社会主义市场经济体制和巩固社会主义制度，具有极为重要的意义""建立现代企业制度是国有企业改革的方向"。根据各地企业改革创新的经验来看，大胆吸收西方股份制的优点，摒弃其局限性，创造一种劳动联合与要素资产联合的"泛股份制"，把一切人力、物力、财力、地力调动出来，有机地组合好，同充分发挥脑力、体力劳动者的聪明才智相结合，应该是建立中国式的现代企业制度的最佳选择。这种"泛股份制"的基本形式是：资本、土地使用权、劳力、科技力等生产要素均可入股分红，公司董事会是这些要素资产者联合体的权利代表机构；公司职工的劳动者联合体，是要素资产者出资形成的法人财产权的直接占有者，由职工民主选举的企业管理委员会充当这个联合体的权力机构，由这个劳动联合体在市场上招聘经理（厂长），负责日常的经营管理；在公司内要素资产联合体与劳动联合体之间签定要素资产保值、增值的经营责任制合同；企业劳动联合体独立经营的纯收入（利润），按合同上交所有者的增值部分由要素资产联合体代表机构董事会按资分配；剩下的纯收入由企业劳动者联合体处置，根据情况在按劳分配、集体福利和再投入方面合理分配。再投入生产的纯收入除去合同规定额部分，则形成企业劳动者的集体股权。这种中国式的“泛股份制”的现代企业制度，既吸收了西方股份制的优点，又克服了它的局限性；它把马克思主义关于“劳动者直接占有”的社会公有制的新的实现形式同市场经济的微观基础结合起来了；它实现了按劳分配与按要素资产分配的有机结合，体现了国有资本为主的企业，既是国家的，也是职工的基本原则。因而它能够适应一切公有经济为主的各种企业。

第四，建设有中国特色的基本保证，是马克思主义政党的建设。这是因为，社会主义初级阶段是社会主义社会的一个阶段，社会主义市场经济体制模式，就是这个阶段的社会主义经济新的实现形式，而要坚持、巩固与发展社会主义，实现党在社会主义初级阶段的基本路线，并坚持朝着社会主义更高的阶段和共产主义的目标奋斗，没有工人阶级的先锋队的坚强领导是绝不可能的。所以江泽民同志在十五大的报告中，特别强调：“高举邓小平理论伟大旗帜，实现这次大会确定的任务，把我们的事业全面推向二十一世纪。关键在于坚持、加强和改善党的领导，进一步把党建设好”。他还重新提出了一系列坚持、加强和改善党的领导的原则与途径。如在加强党的思想建设中，江泽民同志强调“根本的是坚定不移地用邓小平理论武装全党”；在加强党的组织建设中强调“根本的是把党建设成坚强的领导核心”。为此，江泽民同志提出“民主集中制不仅不能削弱，而且必须完善和发展”，重提“选拔干部，必须全面贯彻德才兼备原则，坚持任人唯贤，反对任人唯亲”的原则；在讲党的作风建设中，强调“根本的是坚持全心全意为人民服务的宗旨”，发扬“理论联系实际、密切联系群众、批评与自我批评”的三大优良作风。报告中对反对腐败大敲警钟，强调“反对腐败是关系党和国家生死存亡的严重政事斗争”“堡垒最容易从内部攻破，绝不能自己毁掉自己”“在党内决不允许腐败分子有藏身之地”。要求共产党员“胸怀共产主义远大理想”“刻苦学习马克思主义理论”等等。学习、贯彻这些精神、原则，建设好马克思主义政党，保持工人阶级先锋队的性质，能从根本上保证有中国特色的社会主义建设的完成。巩固、完善和发展中国特色社会主义制度，对人类的进步事业做出更大贡献。

（原载《湖南经济》1997 年第 12 期）

邓小平理论与市场经济

——学习邓小平理论的几点体会

本文作者学习并运用邓小平理论研究当前中国改革与发展的若干重大理论与实践问题，初步取得以下体会。

一、结合邓小平关于“社会主义也可以搞市场经济”、党的“十四大”决议和江泽民同志在党的“十五大”报告中提出中国经济体制改革的目标是“建立社会主义市场经济体制”“把社会主义同市场经济结合起来，是一个伟大的创举”等观点，对社会主义与市场经济的统一性及其矛盾问题的较长时期的深入研究，得出以下一些新的看法

1. 把社会主义与市场经济结合起来的创举有三大突破。第一，它突破了市场机制引进论。中国的社会主义市场经济体制是在不改变社会主义公有制的性质条件下，只通过公有制经济的产权权能分解，实行公有制实现形式多样化的改革中产生、成长和发展起来的。第二，它突破了西方经济学与传统的社会主义政治经济学在自由放任与国家干预谁多谁少或计划与市场是否相容等问题的长期的烦琐争论，把中国经济学引导到探索社会主义与市场经济的优势如何全面有机结合的问题上去，开创经济学研究的新局面。第三，它既突破了西方经济学的单纯的“资源配置目标论”，也突破了传统社会主义政治经济学的单纯的“调整经济关系目标论”，使中国社会主义经济学的研究目的，定位于“调整经济关系”同“资源配置”

的有机结合的统一目标上来。这是因为，社会主义主要是属于新的经济关系，市场经济主要是属于配置资源机制，社会主义的公有产权与社会主义协作，是一种配置资源的机制，市场经济也具有处理经济关系的作用。所以，社会主义与市场经济的有机结合，也就使经济学的研究目的把“调整经济关系”与“配置资源”二者有机统一起来。而且，实践表明，合理配置资源必须以经济关系和经济机制的调整或重塑为基础、为动力的，而且调整经济关系的本身更是为了调动广大群众生产和经营的积极性，造成强大的社会生产力。这个作用是要大大超过资源配置的作用，单纯的资源配置的效应是无法与之比拟的，因而也就根本不应该像当前盛行的经济学研究目标的“唯资源配置”论那样，把调整经济关系的目标仅仅容纳到狭小的资源配置的范畴之内。从单纯的“调整经济关系目标论”一百八十度地跳到单纯的“配置资源目标论”，显然是目前经济学研究方法上的非理性。其实，两者都是为了提高和合理组织生产力，二者不可偏废。而且调整经济关系不仅本身就是直接提高、组织生产力，还是合理配置资源的前提条件和动力，没有合理的经济关系、经济机制就不可能有合理的资源配置，所以，怎么能把经济学和研究目标局限在配置资源的狭小范围内呢？作者认为，单纯的“资源配置目标论”，已成为阻挡今天有中国特色经济学发展的障碍，理应予以改变。因而，如上所述，把经济学的研究目的定位于“调整经济关系”同“资源配置”的有机结合的统一目标上来，是开创中国社会主义市场经济学研究新局面的非常必要的条件。

2. 社会主义与市场经济的结合是有机的，而不是二者简单相加的“两张皮”；是全面的，而不是只体现在资源配置方面。根据已有研究，这种有机结合，不仅表现在微观基础上，而且体现在宏观运行机制上；不仅体现在两种配置资源机制上，而且体现在两种动力机制上以及在生产、分配、交换、消费的各种环节上①。

3. 社会主义与市场经济之间也存在多方面的矛盾，如不同所有制之间

① 刘桂斌：《市场经济与公有制的实现形式的有机结合》人大复印报刊资料《社会主义经济理论与实践》1998 年第 4 期。

争夺生存、发展条件的矛盾；社会主义的共同富裕与市场竞争的分化效应之间的矛盾；劳动者在市场上的劳动力商品出卖者同企业内部主人翁地位的矛盾；按劳分配与按资分配的矛盾；社会主义整体利益与市场追求微观利益的矛盾；社会主义改造社会、自然和发展的自觉性同市场经济自发性的矛盾；等等，但这些矛盾能够通过社会主义国家的各种方针、政策和经济手段来调节，通过调节实现社会主义与市场经济更好地有机结合①。

二、用邓小平关于中国社会主义农业改革、发展的“两个飞跃”的战略思想深入总结、研究当前农村出现的各种经济联合、农业产业化的经验，得出一个新的结论：它们是“中国式农业产业革命”的开始

邓小平于1990年3月的一次谈话中提出：“中国社会主义农业的改革和发展，从长远的观点看，要有两个飞跃。第一个飞跃，是废除人民公社，实行家庭联产承包为主的责任制。这是一个很大的前进，要长期坚持不变。第二个飞跃，是适应科学种田和生产社会化的需要，发展适度规模经营，发展集体经济。这是又一个很大的前进，当然这是很长的过程。乡镇企业很重要，要发展，要提高”②。据作者观察，九十年代以来，围绕农业产业化的发展，农村出现的各种经济联合，恰是由第一个飞跃到第二个飞跃的中介、桥梁，它也标志着中国农业产业革命的开始。农业产业革命包括农业科技革命与经营方式革命两个方面的统一，而以农业科技革命为核心、为动力。中国式农业产业革命同西方欧美的不同点在于，它不能像欧美那样先完成工业产业革命，再在它的基础上实现农业产业革命，而是把农业科技现代化、农村工业化，同农业双层经营基础上的村、乡级经济联合体为龙头的农业产业化三者有机结合，一起完成的中国式的农业产业革命的道路。村、乡级经济联合体应是劳动联合与要素资产联合有机结合

① 刘桂斌：《市场经济与公有制的实现形式的有机结合》人大复印报刊资料《社会主义经济理论与实践》1998年第4期。

② 《邓小平文选》第3卷，人民出版社1993年版，第355页。

的新型的“泛股份制”公司[①]。

三、用邓小平关于学习借鉴外国经验但不照抄照搬别国的模式，“走自己的路”的思想，及中央关于建立现代企业制度的决定精神对于国企改革深入研究，提出了以劳动联合与要素资产联合相结合的联合产权制度为基础建立中国式的现代企业制度的理论与设想

这种中国式的现代企业制度既是对计划经济体制时期的单一劳动联合体的全民所有制企业实现形式的改造，也是对单一资本联合体的西方股份制的改造，并吸收其二者的优点，根据中国社会主义初级阶段建立社会主义市场经济的要求而塑造的一种新型的企业制度。它包括以下五个基本点：

1. 形成以公有资本为主体的资本、劳力、科技成果等要素资产均可入股、分红的“泛股份制”要素资产联合体。

2. 在这个联合体中实行出资者所有权同企业劳动者联合体的法人财产占有权的分权制，替代西方股份制的委托代理制，体现国有企业既是国家的，也是企业劳动者集体的原则，在产权制度上确保劳动者在企业的主人翁地位和积极性的充分发挥。

3. 在企业劳动者联合体的代表机构企业管理委员会同出资者代表机构董事会之间建立要素资产经营责任制，企业劳动联合体对出资者承担保值、增值的经济责任。企业劳动联合体向所有者代表机构董事会上交的增值部分，实行按资分配；企业留利部分，由企业管理委员会在劳动者内部实行按劳分配。在总体上体现了按要素资产分配同按劳分配的有机结合。

4. 企业厂长（经理）由企业劳动联合体的代表机构管理委员会在经理市场上公开招聘。受聘者直接对劳动群众民选的企业管理委员会负责，受劳动者集体和市场的激励与约束；在企业劳动者民选的管理委员会同招聘的厂长（经理）之间实行占有权同支配权的分权，由厂长（经理）承担法人代表职能。

---

① 刘桂斌：《论“农业产业化”与中国式农业产业革命》载《当代经济研究》1999年第3期。

5. 国有企业改革的一个核心问题是实行政企分开，而政企分开的关键又在于政资分开。作者认为现有国有企业的资本所有者代表应分类设置。即制造公共产品、兼有宏观调控手段效应的那部分国有企业的资本，仍由政府充当所有者代表；而竞争性企业的那部分企业的资本所有者的职能应从政府分离出来，由人民代表大会下设的全民所有制资产管理委员会承担，另成系统，招聘专家管理，所属企业仍称全民所有制企业。而不能像现在一些人所主张的那样，国家从这部分竞争性行业中撤出来，“一卖了之”，走私有化的道路。这既不符合社会化大生产对社会主义公有制的客观要求，也是同社会主义市场经济以公有制为主体的基体经济制度不相符的①。

四、根据邓小平关于既要对外开放、融入国际社会又要坚持以“独立自主自力更生”为“立足点”的指导思想，深入研究世界经济全球化的发展阶段及其特点，得出经济全球化趋势的利用有三种模式，中国应采取“自主开放型经济模式”的新结论

全球化利用中的三种模式有：大国“霸权主义一体化”的利用模式、外向依赖型利用模式、自主开放型模式。作者认为，以东南亚为起点的世界性新兴市场国家的金融危机，是由于这些国家实行了一种外向依赖型经济模式而坠入“大国霸权主义一体化”的策略陷阱的结果。中国在邓小平有中国特色对外开放的理论指导下，所实行的是自主开放型利用模式。这种模式既要大胆开放，又要坚持以我为主、为我所用的基本原则。在开放什么，开放到何等程度，要同自己的经济实力发展变化相适应。国门开放的控制、调节权绝对必须牢牢掌握在自己手里。正如邓小平同志所指出的那样：“我们坚定不移地实行对外开放政策，在平等互利的基础上积极扩大对外开放”，但“任何外国不要指望中国做他们的附庸，不要指望中国会吞下损害我国利益的苦果”“中国的事要按照中国的情况办，要依靠中

① 刘桂斌、刘勒：《公有制的实现形式改革创新》人大复印资料《社会主义经济理论与实践》1999年第2期。

国人自己的力量来办。独立自主自力更生，无论过去、现在和将来都是我们的立足点”。总之，“中国人民珍惜同其他国家和人民的友谊和合作，更加珍惜自己经过长期奋斗而得来的独立自主权利”[①]。近几年来，有些文章公开讲世界上只要一个大市场，不应该存在民族经济、民族主权，这种观点显然是错误的，应该予以纠正[②]。

（原载《湖南经济》1999 年第 11 期）

① 《邓小平文选》第 3 卷，人民出版社 1993 年版，第 3 页。
② 刘桂斌：《社会主义市场经济学新论》，人民出版社 1998 年版，第 418-425 页。

论社会主义与市场经济的统一性及其矛盾的调节

世界万事万物都是矛盾的统一体，社会主义市场经济体制也不例外。我国15年来的改革、开放，在社会主义经济中逐步引进、增强市场机制的作用，以致到党的十四大正式确定我国经济体制改革的目标模式是建立社会主义市场经济体制，十四届三中全会拟定了建立社会主义市场经济体制框架的行动纲领的这一过程，也就是正确处理社会主义基本制度同市场经济的矛盾，实现二者有机统一，建立社会主义市场经济新体制，促进生产力发展的过程。改革与社会、经济发展的历史已经证明，社会主义基本制度与市场经济能够有机地结合起来，充分发挥其推动生产力发展的优越性，其矛盾不仅是可以处理好的，而且解决矛盾的本身，就是新体制建立、完善与充分发挥其优越性的过程。但是，并非所有的人对此都很理解。在国内外，还有相当一些人认为，市场经济和社会主义制度之间的矛盾是一个潜在的、很难解决的矛盾。社会主义公有制是市场经济的条件和外部环境，看不到它们之间内在的、多方面的联系。因此，在当前认真研究和揭示社会主义与市场经济内在的统一性及其矛盾的调节，对于统一全国人民的认识，集中力量加速社会主义市场经济体制的建立具有特别重要的意义。

一、社会主义与市场经济的有机融合

随着我国改革的深化，社会主义与市场经济的有机结合正在日益加深，以致相互融合，这主要表现在以下一些方面：

（一）在发展社会生产力的任务与方法上的有机融合

1985年10月23日，邓小平同志在同美国时代公司总编辑格隆瓦尔德先生谈话时，指出："社会主义和市场经济之间不存在根本矛盾。""坚持社会主义制度，最根本的是要发展生产力，靠过去的经济体制不能解决问题。"必须"实行对外开放政策，搞计划经济和市场经济相结合。"① 由此可见，按照邓小平同志的观点，搞市场经济是发展社会主义社会生产力的一种方法，不仅不会同社会主义基本制度发生根本性的矛盾，而且它们在发展生产力方面可以统一起来，因为要坚持社会主义制度，最根本的任务和途径是要发展生产力，提高劳动生产率。列宁曾经指出过，新制度战胜旧制度的根本条件是在劳动生产率方面超过旧制度。而要发展生产力，在我国的现阶段，就必须在坚持社会主义基本制度的基础上，搞改革、开放，采用市场经济的方法。世界一些发达国家，正是依靠发展市场经济的途径，率先实现了工业化和现代化。俄国十月革命以来的历史经验与教训一再证明，实现社会主义工业化、现代化的历史任务，也不能不利用市场经济的方法。这是发展生产力的必由之路，不可逾越的社会主义经济发展阶段。

（二）在社会主义国有经济中，国家、企业、个人的经济关系同市场经济存在的基础有机统一

在社会主义初级阶段，国有独资企业或国有资金为主的股份制企业中，国家是主要的所有者，企业是经营者，个人是劳动者。三者都是公有制为主体的经济联合体的主人，其经济联系的纽带不可能主要建立在剥削与被剥削的关系上，只可能建立责、权、利有机结合的经济责任制关系。这里包括企业与国家之间的责、权、利的有机结合的经济关系和劳动者个人同企业之间的责、权、利有机结合的经济关系。在这种关系中企业对国有资产承担保值、增值的经济责任，自己则获得同其承担的经济责任相联

① 《邓小平文选》第3卷，人民出版社1993年版，第148、149页。

系的法人财产权，这种法人财产权主要包括自主经营权与相对独立的经济利益。企业具有这种自主经营权与相对独立的经济利益，就变成了相对独立的经济实体。而这种相对独立的经济实体（同所有者相对）之间的横向经济联系，只可能是商品生产和商品交换的关系，即商品经济之间的经济关系。而市场经济是商品经济充分发育的一个阶段。由此可见，现阶段全民或全民为主体的经济中，国家同企业之间的责、权、利有机结合的经济关系是社会主义商品经济及其充分发展形式——社会主义市场经济存在的经济基础。所以，全民经济中的国家、企业、个人之间的责、权、利有机结合的纵向经济关系，同企业之间的横向的商品货币关系、市场交换关系是现阶段社会主义与市场经济有机融合的经济基础。

（三）社会主义公有制的新的实现形式与市场经济的新型微观基础的“合二而一”

1993 年 11 月 14 日通过的《中共中央关于建立社会主义市场经济体制若干问题的决定》，在探索社会主义同市场经济的有机融合方面，有了新的重大发展。决定明确规定“产权清晰、权责明确、政企分开、管理科学的现代企业制度”是转换社会主义国有企业经营机制的目标，也是建立社会主义市场经济体制框架的首要组成部分，而“国有企业实行公司制，是建立现代企业制度的有益探索。”以公司制为具体形式的现代企业制度是市场经济所要求的微观基础，同时它也是国有企业经过改革后，所要建立的社会主义公有制的具体的新的实现形式。市场经济的新型微观基础，也就同公有制的具体的新的实现形式完全“合二而一”。

作为现代企业制度的具体形式的公司制是市场经济的微观基础，这是不言而喻的。因为，在这里国有资产的所有权，是以股份持有权的形式出现，对企业只有按股享有重大决策权、收益权与监督权。而企业作为法人却拥有包括国家在内的出资者所出资形成的全部法人财产权，独立经营、自负盈亏。国家所有者也同其他出资者一样，即不能侵害法人财产权，对企业的亏损也只能承担其所出资限度内的有限责任。从而在根本上保证了公有制下企业的独立商品生产者、经营者的地位。这样的商品生产者与经营者，自然是市场经济借以存在、运行和发展的微观基础。而作为这种市场经济的微观基础和具体形式的公司，本身同时也是社会主义公有制新的实现形式。因为此类公司只不过是原来的国有企业经过转换经营机制改革所达到的目标。在整个社会的公司中，国有产权占主导地位，它只不过是由原来的实物资产形态转换成了价值资产形态而已。公司经营者的责任，首先要保证作为所有者的国家所出资金的保值与增值，从而使得社会主义国家的公有制将随着各公司活力的增强、效益的提高而得到有效的巩固与发展，由此可见，这种由国有企业转换而成的公司。它是公有制新的实现形式与市场经济的微观基础的完全融合。

当然，这里讲的融合还是一种外部层次的融合，至于在公司制这种现代企业制度形式的内部，如何实现社会主义经济关系与市场经济原则的有机融合，则尚待根据中国的特点进行探索和创新。本文作者认为，根据湖南长沙民族乐器厂、“五一文”百货商场等企业曾在1982年创造的“泛股份制”的经验，可以采用劳动、资金、技术均可入股的方式来解决西方股份公司所不能解决的上述难题。按照这一经验，劳动者除获得本年度应获得的全部工资以外，还可以用所获得的当年工资额折合为虚拟股金，同其他资金股一样，按股分得一份股息与红利。例如，某工人某年全年总工资（包括奖金）为4000元，如果该公司资金股每股为100元，那么这个工人在一年内除了获得4000元的工资外，还可以按4000元所折合的40股资金股分得股息和红利。如果说4000元工资是市场劳动力价值的话，那么4000元工资所折合的40股所分得的股息与红利就突破了劳动力价值的界限，体现了按劳分配与按资分配的有机统一。如果从市场经济条件下，资金与劳动力都是投入要素，都可以当作资本的角度来看，资金投入后要求保值增值，而劳动力投入后也要求保值与增值。如果劳动力投入只能保值，得到它的等价物不能增值，那能算公平吗？劳动力的价值归劳动者，这是劳动力资本的保值，按劳动力价值折股分红，这是劳动力资本的增值。既然劳动力也是资本，那么作为劳动力资本所有者的代表，在所有者权益的代表机构的董事会中也占有一定席位，这也是天经地义的事了。这样一来，这种“泛股份制”公司也就成了资金联合与劳动联合相结合的社会主义初级阶段的经济联合体，前述西方股份公司中的劳动动力不足、社会需求不足的问题以及其他资本与劳动的诸矛盾，就可以得到符合现阶段国情的合理解决。而且这种在市场上承认劳动力按价值交换，在企业内部突破劳动力价值的界限，把按劳分配与按资分配结合起来的做法，既可以同国际劳动力市场接轨，又能保持中国社会主义的特色。

由此可见，建立如上所述的这种有中国特色的公司制，是社会主义公有制的新的实现形式同市场经济的新型的微观基础的融合点。过去人们把社会主义公有制同市场经济对立起来，主要是因为他们把产品经济条件下的公有制的实现形式，以及作为西方市场经济的微观基础的公司制的具体形式都看成是一成不变的，当然也就没有什么融合可言，改革、开放的实践表明，它们各自的具体形式都是可以改造的，因而二者在改革中就有可能融合起来。

（四）现阶段社会主义按劳分配以市场经济的等价原则为其实现形式而实现其有机融合

如前所述，社会主义初级阶段，由于个体（企业和个人）之间利益的独立性，因而他们之间横向经济联系的纽带必然是商品货币关系。在这种条件下，公有经济中的按劳分配的劳，不可能主要以自然劳动时间来计量，只能由经过市场比较、折算所形成的商品价值量为尺度。而且按劳分配的最后实现，也必须以企业劳动产品在市场上出卖后其价值量得以实现和劳动者用货币在市场上购买生活资料时，其所代表的价值量得到实现为条件。如果企业劳动产品的价值量在市场上得不到等价的实现，或者价值量虽然在货币形态上得以实现，而劳动者用其所得份额（社会与企业扣除之后）的货币量去市场购买生活资料时，其所代表的价值量如果不能得到等价的实现，那么企业内部按劳分配的实现也就受到了障碍。由此可见，现阶段市场经济等价交换原则的实现，同时也是按劳分配原则的实现形式。在这里，社会主义按劳分配的实现同市场经济等价交换原则的实现是不可分割地融合在一起的，它体现了社会主义与市场经济有机融合的又一重要方面。

（五）在动力机制上的有机结合

社会主义初级阶段，在国有的独资公司或以公有资金为主的股份公司中，企业劳动者的劳动具有三重社会属性，即个人性、企业局部性以及社会性。但是，现阶段个人具体的劳动量不仅不能直接被社会承认，而且也不会直接被企业集体所承认。个人劳动转换为社会劳动，必须经过两次抽象与折算。第一次抽象与折算是，把个人的劳动抽象为无差别的企业劳动，并以企业必要劳动量（即标准定额、标准产量）为尺度把个人的个别劳动量折算成为企业承认的劳动量。企业按这种经过折算后的劳动量作为对劳动者进行按劳分配的。从而形成社会主义经济运行的一种基本的动力机制，充分调动劳动者的劳动积极性和企业主人翁的责任感。第二次抽象与折算，则是把企业的局部劳动抽象为无差别的社会劳动，并通过市场竞争以社会必要劳动量（价值量）为标准，把企业劳动量折算为被社会承认的劳动量。这也就是市场上由价值规律所决定的市场竞争与等价交换的过程，不言而喻，由价值规律所决定的市场竞争与等价交换原则是市场经济运行发展的基本动力机制。这种由个人劳动转换为社会劳动的全过程，就融合着企业内部的竞争、按劳分配与企业之间的市场竞争、等价交换的动力作用的有机结合，从而有机地融合成为社会主义市场经济的“合力动力机制”，推动这种经济的运行与发展。

（六）在资源配置机制上的有机结合

1992 年，邓小平同志在南巡谈话中指出，社会主义公有制的一个重要优势在于“能够集中力量办大事”。[①] 这就深刻地揭示了社会主义公有制经济存在着一种与资本主义不同的强有力的配置资源的机制，这种机制可以称之为“社会主义大协作机制”。由于社会主义公有制是以全民所有为主导，国家作为所有者，集中了属于全民公有的强大的财力、物力资源。国家可以有效将资源调动起来，协调一致，配置到非竞争性的属于国家经济命脉的基础产业、基础设施、支柱产业的大型重点工程、高新技术的开发

① 《邓小平文选》第 3 卷，人民出版社 1993 年版，第 377 页。

和新兴产业的兴建等项目。这些产业和项目能以较高的速度在比较短的期间内发展和兴建起来，从而对竞争性产业、项目的发展与建设发挥主导和促进作用。而用于竞争性的产业的发展和建设项目的资源，则主要依靠市场机制去配置。这样就在全国的资源配置上使社会主义公有制的协作机制同市场经济的竞争机制有机地结合起来，融合为一种社会主义市场经济新的协作竞争机制。这种协作竞争机制把两种资源配置机制的功能作用和两种机制的优越性融合为一。从而在社会主义条件下的市场经济，完全有可能比资本主义条件下的市场经济运转得更好。

二、社会主义与市场的矛盾及其调节

社会主义与市场经济的结合、融合是在改革中逐步实现的，因而社会主义市场经济体制的形成过程及形成以后，二者之间也还会充满着各种矛盾，作者认为有以下一些基本矛盾必须采取适当的对策来正确予以处理与调节。

（一）不同所有制企业之间争夺生存、发展条件的矛盾的调节

社会主义市场经济是以公有制为主体、多种经济成分并存为基础。因此不同成分的企业之间必然存在着争夺生存与发展条件的矛盾，包括争原料、市场、资金、外汇等方面的矛盾。正当的竞争有利于推动社会技术进步和企业管理水平的提高，而且不同所有制企业之间的竞争，也会在经营机制改革上相互借鉴，有利于整个企业体制的完善。但是，这种争原料、资金与市场的矛盾，多数是由于各类企业的产业层次及产品结构趋同造成的。它会造成社会生产能力的大量闲置、浪费，因此国家有必要采取以下一些方针、对策进行调节：

1. 外向主导型与内需主导型发展战略适度分工的对策。国家应从我国生产力多层次，经济发展极不平衡，明显地存在着城乡之间的二元经济结构，东、中、西三个地带的差别很大等特征出发，引导国有企业特别是大中型企业，利用自己资金、技术力量雄厚的优势，主要发展两头在外的外向主导型经济、出口导向主导型经济，在世界市场上去拼搏，而不必在国

内花更多力量同个体、私人及乡镇集体企业比高低。私人、个体及乡镇企业的经济，则应以熟悉各地情况及其灵活性的优势，多发展内需主导型、进口替代主导型经济。这样把两种发展战略有机地结合起来，同时推进，有利于把我国的工业化与现代化的任务结合一道完成。在当今新技术革命的条件下，中国不可能再走先工业化后现代化的老路子。

2. 实行国有大中型企业的资金、技术主导型与集体、个体、私人企业的劳动密集主导型的有机结合。前面讲的是外向主导型与内需主导型的分工结合。其实在内需的范围内，也必然存在着资金、技术密集主导型与劳动密集主导型的分工协作问。国有大中型企业应利用自己的优势，主要投资于基础产业、基础设施以及机械制造等资金、技术密集型产业，以便在为乡镇企业、个人、私人企业的发展提供良好的环境与先进技术装备方面发挥其主导作用。而乡镇企业、个体、私人企业则应主要发展衣、食、住、行等日用消费品的轻工制造业，特别是食品加工和轻纺工业，以便形成国内各产业层次的良性循环。

3. 国家积极引导发展以国有大中型企业为核心，联合小型集体、个体、私人企业的专业化协作的企业集团。社会主义国有企业同集体、个体、私人企业之间形成了利益共同体，一荣俱荣、一损俱损。而且这种企业集团把核心企业在技术、资金和经营上的主导作用，同小型的集体、个体、私人企业的机动灵活的互补作用，更好地在集团内协调起来。

4. 以产权关系为纽带组成以股份公司为具体形式的混合经济形态。这是在社会主义初级阶段社会主义公有制经济同个体、私人经济有机结合的一种高级形式。无论是国有、集体、个体、私人的资产都以股份资本的形式融合为一个统一的企业法人财产，由企业法人统一经营、自负盈亏。各个所有者，不管其所有制形态如何，均一律按股额分享重大决策权、监督权、受益权。这种进入混合经济形态的股份公司的各种不同的资产所有制形态，都失去了原有的单独存在的形态，它们的利益共同集中在企业经营的得失上。因而它们之间也就不可能存在有争夺原料、资金、市场的矛盾。

以上四种调节国有企业与集体、个体、私人企业之间矛盾的途径，在社会主义初级阶段将会长期共存，共同发挥促进我国工业化、现代化的作用，其中建立混合经济的途径，将会逐步起主导作用。在《中共中央关于建立社会主义市场经济体制若干问题的决定》中，关于“转换国有企业经营机制，建立现代企业制度”的一系列规定，就是朝着这个目标前进的重大步骤。

（二）社会主义的共同富裕与市场竞争的分化效应之间的矛盾的调节

从总体上看，市场竞争同共同富裕并没有根本矛盾。因为在社会主义市场经济条件下，竞争机制是释放和充分发挥企业、劳动者个人的能量、积极性，推动生产力发展的强大动力，而生产力的发展就会加速社会主义国家的公共积累，为人民群众的共同富裕奠定和充实物质基础。但在一定时间内，对一定的个人与群体而言，市场竞争的分化效应也会造成收益分配和生活程度上的较大差距，也会经常出现一些企业破产、劳动者失业的现象，从而显示出竞争的分化效应同共同富裕的矛盾。而这种矛盾的调节，当然不能用平均主义的办法来对待。只有在承认合理的差别基础上，通过分配政策、财政税收手段以及建立广泛的、多层的社会保障体系来调节，从而避免由于少数人收入畸高形成的两极分化和由于天灾人祸、产业结构调整而出现的贫困与失业等。至于地区之间的差别，则应引导富裕地区与贫困地区的经济联合及国家适当的财政、货币倾斜政策来扶植落后的地区的开发，使之较快发展，迎头赶上，求得地区之间的协调发展与人民之间的共同富裕。

（三）按劳与按资分配矛盾的调节

按市场经济的运行原则，投入生产的资本必须增值，也就是按资分配。而按社会主义的原则，人们从事劳动也就要求按劳分配。这样资本收入与劳动报酬就会有矛盾。在资本主义条件下这种矛盾是对抗性的，一是表现为劳资之间利益上的对抗。劳动者只能得到劳动力的价值，而资本家投入的资本，不仅要求保值，而且要求获得全部剩余价值。二是由于劳动者得到的只是劳动力的价值，因此劳动的动力不足、与被劳动力价值所局限的劳动人民的社会需求不足，必然阻碍生产的增长与发展。因此在社会主义市场经济条件下，必须正确处理和调节好这对矛盾。作者认为这种矛盾有三种解决办法：（1）按劳分配与按资分配实行板块式的结合。这就是公有制的独资企业与公有资金为主的股份制企业，主要实行按劳分配；个体、私人企业则主要实行按资分配。就全国而言，分配方式以按劳分配为主体。（2）在股份有限公司中，实行资金、劳动、技术都可以入股的“泛股份制”，劳动者不仅获得劳动力的价值（工资），而且劳动也入股分红，参加剩余产品的分配，实行按劳分配与按资分配的有机结合。（3）出资者的按资分配与经营者的职工集体按劳分配所得的有机结合。这就是在股份公司中，在作为所有者代表的董事会同作为经营者的代表的企业管理委员会（由职工选举产生）之间建立承包经济责任制，企业完成对所有者承担的资本增值的经济责任之后的剩余劳动产品，则属于企业职工集体按劳分配所得。这种责与利的关系，也就是按资分配与职工集体按劳分配的有机结合。

（四）社会主义社会整体利益与市场追求微观效益的矛盾的调节

社会主义公有制经济必然要追求全体人民的共同利益，但在市场经济条件下，每一个自主经营、自负盈亏的企业也必然追求其微观利益。这是一对矛盾但并非根本性的矛盾。因为在社会主义市场经济条件下，每一个企业都要向社会主义国家上缴税金，使用国有资本时，还要向作为所有者的国有资产管理机构上缴利润。这些税金与上缴的利润必然形成公共整体的物质利益。这种公共利益随各个企业的微观利益的增长而增长，水涨船高。所以说，在社会主义市场经济条件下，企业追求微观利益同宏观的整体利益，并不是根本的矛盾。调节这种矛盾的办法主要依靠制定正确的税收政策，以及在国有企业同国有资产管理构机之间建立起责、权、利紧密结合的经济责任制。

（五）社会主义改造和发展经济的自觉性同市场经济自发性的矛盾的调节

社会主义不是自发形成的，必须按照客观规律自觉地改造自然、社会和发展经济，实现自己的目标。而市场经济则由于竞相追逐个体利益而具有较强的自发性。这个矛盾的解决办法，主要依靠政府所制定的发展战略、宏观计划的指导作用同市场与计划的配置资源的手段作用有机结合起来。在这里，计划范畴具有指导和手段的两重性，即一是作为计划范畴的发展战略，产业政策、宏观计划对国民经济的运行与发展具有指导作用；二是作为经济手段的补充的指令性计划则只具有手段作用。而市场则在国家的发展战略、产业政策、宏观计划的指导下，对资源的配置发挥基础性的作用。

（原载《求索》1994 年第 4 期）

市场经济与公有制新的实现形式的有机结合

——有中国特色的社会主义经济理论与实践的核心问题

社会主义与市场经济相结合的探索，是中国社会主义改革进程中的伟大创举。它的提出在理论与实践上具有重大的突破性。而这种“结合”能否成功地实现社会主义与市场经济的全面融合，又是决定改革成败、有中国特色社会主义经济的存亡问题。本文除了阐述这种“结合”的“创举”性外，更重要的是探索这种“结合”的途径、方式及其“结合”中矛盾的调节。

第一部分
伟大的创举、有中国特色社会主义经济的核心

江泽民同志在党的十五大报告中，极为深刻地指出“把社会主义与市场经济结合起来，是一个伟大的创举”。这是对这一“结合”探索的重大突破性及其在有中国特色的社会主义事业中地位的高度评价。

一、社会主义与市场经济相结合在理论与实践上的重大突破

（1）“社会主义与市场经济相结合”的“创举”，突破了市场机制外域引进论。中国改革的历史明确地告诉我们，社会主义市场经济是在我国农业和工商业企业的公有制所有权与经营权的权能分解的改革中逐步萌生、成长和发展起来，即在中国的本土上不改变公有制的性质，只改变公

有制的实现形式中产生出来的。那种市场机制外域引进论的观点显然是不正确的。如果不进行公有制产权的权能分解，市场机制怎么能引得进来呢？正像小麦与稻子如何能够移植到城市的水泥地板上呢？社会主义市场经济既然是在中国本土上创造产生的，因而也就必须要以有中国特色社会主义经济理论作为指导；而且这种理论也必然会在进一步探索中得到长足的发展。

(2)“社会主义与市场经济相结合”的“创举”，既突破了西方经济学中的自由放任与国家干预孰多孰少的烦琐争吵，也突破了传统的社会主义政治经济学教科书中的计划与市场是否相容的问题。因而在实践上和理论上，另辟了一条崭新的、特有的途径，引导人们去探索社会主义根本制度与市场经济全面结合的问题，以及充分发挥两个优势促进生产力的增长。

(3)“社会主义与市场经济相结合”的“创举”既突破了西方经济学单纯的“资源配置目标论”，也突破了传统政治经济学教科书单纯的“经济关系目标论”，使得有中国特色社会主义经济学的目标与任务，定位于“调整经济关系”与“配置资源”的有机结合上。而且二者又要以调整经济关系，充分调动一切人力、物力、财力、地力、科技力为基础。这也就是说，把正确处理经济关系调动一切积极因素的动力作用与配置资源的方法结合起来而以正确处理经济关系调动资源的动力为基础和前提。

二、社会主义与市场经济相结合是有中国特色社会主义经济的核心问题

社会主义与市场经济的有机结合问题，已逐渐成为我国改革与发展的核心问题。试想如果这种结合在理论与实践上得不到解决，搞社会主义就不能搞市场经济的话，那么社会主义必须恢复到高度集中的计划经济体制模式上去。然而，实践已经证明这种体制是不能搞好社会主义的，还会断送社会主义的前途。如果搞市场经济不能同社会主义公有制有机结合，那么这种市场经济就必然是资本主义市场经济，而不是社会主义市场经济。

由此可见，市场经济与公有制有机结合问题是关系着中国经济体制改革的成败问题，是关系着有中国特色的社会主义的前途与命运问题。

我国十多年来的改革实践与社会经济发展的历史证明，社会主义基本制度与市场经济能够有机地结合起来，充分发挥其推动生产力发展的优越性，其矛盾不仅是可以处理好的，而且解决矛盾的本身，就是新体制建立、完善与充分发挥其优越性的过程。当然，现在国内外还有相当一些人认为“市场经济和社会主义制度之间有一个潜在的、很难解决的矛盾”。有些经济学家还把社会主义与市场经济看成为两张皮，看不到它们之间的内在的、多方面的联系。有的人则把社会主义与市场经济的结合看成只是发挥市场机制配置资源的作用，而否认两者结合的强大动力作用及其配置资源的合力作用。当前认真研究和揭示社会主义与市场经济的内在统一性、统一的途径及其矛盾的调节，对于统一全国人民的认识，集中力量加速社会主义市场经济体制的建立具有特别重要的意义。

第二部分
社会主义与市场经济全面、有机融合的实现

一、发展社会生产力的任务与方法的有机融合

邓小平同志指出“社会主义和市场经济之间不存在根本矛盾”“坚持社会主义制度，最根本的是要发展生产力……靠过去的经济体制不能解决问题”“我们发挥社会主义固有的特点，也采用资本主义的一些方法，目的就是要加速发展生产力。”① 按照邓小平同志的观点，搞市场经济是发展社会主义生产力的一种方法，不仅不会同社会主义基本制度发生根本性的矛盾，而且它们在发展生产力方面可以统一起来。要坚持社会主义制度，最根本的任务和途径是要发展生产力，提高劳动生产率。在我国现阶段，要发展生产力，就必须在坚持社会主义基本制度的基础上，搞改革开放，

① 《邓小平选集》第3卷，人民出版社1993年版，第148、149页。

采用市场的方法。世界上一些发达国家，正是依靠发展市场经济的途径，充分利用市场机制的动力与配置资源的功能作用，率先实现了工业化和现代化。

二、在社会主义国有经济中，国家、企业、个人的关系同市场经济存在基础的有机统一

在社会主义初级阶段，在国有独资企业或国有资本为主的股份制企业中，国家是主要的所有者，企业是经营者，个人是劳动者。三者都是公有制为主体的经济联合体的主人。其经济联系的纽带不可能建立在剥削与被剥削的关系上，只可能建立在责、权、利有机结合的经济责任制关系上。这包括企业与国家之间的责、权、利有机结合的经济关系和劳动者个人同企业之间的责、权、利有机结合的经济关系。在这个关系中，企业对国有资产承担着保值、增值的经济责任，并获得与承担经济责任相联系的法人财产权，成为相对独立的经济实体。这种相对独立的经济实体同所有者相对之间的横向经济联系，只能是商品生产和商品交换的关系，即商品经济关系。市场经济是商品经济充分发展的一个阶段。现阶段全民或以全民为主的经济中，国家与企业之间的责、权、利有机结合的经济关系是社会主义商品经济及其充分发展形式——社会主义市场经济存在的经济基础。所以，全民经济中国家、企业、个人之间的责、权、利有机结合的纵向关系，同企业之间的横向商品货币关系、市场交换关系，是现阶段社会主义与市场经济有机融合的经济基础。

三、社会主义公有制新的实现形式与市场经济的新型微观基础的“合二而一”

改革前，我国的国有企业体制是按高度集权的计划经济体制的要求建立起来的，不适应社会主义初级阶段仍然存在商品经济的要求，因此必须进行改革。这种改革的目标就是，使企业既成为市场经济的微观基础，同时又是社会主义公有制新的实现形式，并实现二者的融合，即“合二而一”。根据作者的探索其具体形式应该是具有中国特色的“泛股份制”企

业。所谓具有中国特色的“泛股份制”，即劳动力、资本、科技等要素资产都入股分红；按资分配与按劳分配相结合的一种新型的股份制。理论上可以概括为“要素资产联合与劳动联合的有机结合的经济联合体”。这是一种“外圆内方”的中国式现代企业制度。

对外，它具有现代股份公司的一般特征，能够同整个社会的市场经济乃至世界市场经济接轨、协调和“圆合”。例如，投资主体可以多元化；出资者承担有限责任；法人财产权的确立；企业产权证券化，可以在资本市场、产权市场上自由流动等。因而，它是名副其实的商品生产者、经营者，市场经济的微观基础。我们把改革后国有企业或以国有股为主体的企业所具有的这种公司制、股份制企业的一般特征称之为“外圆”。

对内，这种股份制企业内部产权关系的基本原则和基本制度，体现了社会主义公有制新实现形式的特殊性。例如，这种公司制的出资者主体是以国家为代表的全体中国人民，即全民所有制为主体；这种公司的股东不仅有国有资产管理机构为主体的资产要素所有者，还有以体力、脑力劳动者为主体的劳动力要素和科技成果要素的所有者。它体现了全国人民同企业内部的体力、脑力劳动者在企业生产要素面前的一种特殊形式的“资产联合”。这种公司里的法人是企业劳动者集体。由这个集体选举产生企业管理委员会，招聘企业经理（厂长），代表企业劳动者集体进行企业的经营管理。企业管理委员会向董事会上交的利润（增值部分），由董事会按资分配（即按要素资产股份额进行分配）。企业的纯收入中，完成保值、增值即上缴利润和国家税收任务之后的那部分企业盈利，则按劳动分配到每个职工。在企业盈利较多的情况下，在按劳动分配给职工前，可以用以举办一些集体福利事业，还可以抽出一部分属于企业集体所有的利润，再投入本企业的生产过程，形成股份公司中的部分企业集体股权。所有这些体现了初级阶段的社会主义公有制新实现形式的基本要求。这些公有制新的实现形式又是同前述公司制、股份制的一般特征有机结合的。因而，改制后的中国式现代企业制度，是市场经济的微观基础同初级阶段的社会主义公有制新实现形式的有机融合。

四、在市场经济条件下企业追逐利润与实现社会主义社会生产目的的统一

在社会主义初级阶段，市场经济所要求的企业追逐利润同社会主义会满足人们日益增长的物质文化生活需要，并不是矛盾的，而是手段与目的的统一。

（一）二者的统一以社会主义商品的使用价值与价值的统一为其基础

社会主义初级阶段，由于经济利益主体的多元化，决定了社会生产仍然是商品生产。由于社会的生产资料是以公有制为主体，因而商品的使用价值主要用于满足人民群众日益增长的物质文化需要，包括满足整个社会、企业劳动者集体和劳动者个人日益增长的物质文化需要。而这种商品（产品与劳务）的价值，在通过市场得以实现后，则要根据社会主义初级阶段的国家、企业、劳动者个人三者之间的责、权、利经济关系进行分配。因而，由商品的使用价值与价值的矛盾及其统一性所决定的，社会整体、企业集体和劳动者个人满足物质文化需要的使用价值获得，不可能是无偿的。而是受其在价值分配中所得份额所制约的。在现阶段，社会整体、企业集体、劳动者个人的物质文化需要是通过价值的创造、实现和合理分配来实现的。在市场经济条件下，没有这种价值的创造、实现和合理分配，而满足社会整体、企业集体和劳动者个人的物质文化需要的社会主义生产目的的实现，就是一句空话。由此可见，社会主义生产目的同实现的手段的有机结合，是以社会主义商品的使用价值与价值的有机统一为其前提。利润是商品价值的一个部分，所以追逐利润同社会主义生产目的实现统一，也就是以社会主义商品的使用价值与价值的有机统一为其基础的。

（二）企业追逐利润是实现社会主义生产目的的基本手段

社会主义生产目的实现，在现阶段表现为社会整体、企业集体和劳动者个人物质文化需要的不断提高。因而也就要求社会生产的使用价值在量上的不断增加、质上的不断提高。但如前所述，在现阶段的商品生产条件

下，人们对于使用价值的获得，不是无偿的。无论是整个社会、企业集体，还是劳动者个人的物质文化需要的提高，都有赖于社会生产用尽可能少的人力、物力的耗费占用，来获得更多的价值量。而这种尽可能少的人力、物力的耗费占用获得更多的价值量，就意味着生产、经营过程中资金利润率的提高。由此可见，在社会主义市场经济条件下，追逐利润，提高资金利润率是实现社会整体、企业集体和劳动者个人生产目的的手段，但它本身并不是目的。显然，那种认为企业的生产目的是追逐利润，社会生产目的是满足需要的看法显然是不符合社会主义市场经济实际的。因为它把追逐利润与实现社会主义的生产目的割裂开来，并把二者置于并列或对立的地位，混淆了目的与手段的区别。

五、现阶段社会主义按劳分配以市场经济的等价原则为其实现形式而实现有机融合

社会主义初级阶段，由于各利益主体之间利益的独立性，他们之间横向经济联系的纽带必然是商品货币关系。在这种条件下，公有经济中的按劳分配的“劳”，不可能主要以自然劳动时间来计量，只能以由经过市场比较、折算所形成的商品价值量为尺度。同时按劳分配的最后实现，必须以企业劳动产品在市场上出卖后其价值量得以实现和劳动者用货币在市场上购买生活资料时，其所代表的价值量得到实现为条件。如果企业劳动产品的价值量在市场上得不到等价的实现，或者价值量虽然在货币形态上得以实现，而劳动者用其所得份额（社会与企业扣除之后）的货币量去市场购买生活资料时，其所代表的价值量不能得到等价的实现，那么企业内部按劳分配的实现也就受到阻碍。由此可见，现阶段市场经济等价交换原则的实现，同时也是按劳分配原则的实现形式。在这里，社会主义按劳分配的实现同市场经济等价交换原则的实现是不可分割融合在一起的，它体现了社会主义与市场经济有机融合的又一重要方面。

六、在资源配置机制上的有机融合

社会主义公有经济同市场经济在资源配置机制上的有机融合，主要是

指社会主义的公有产权配置资源机制和社会主义协作配置资源机制同市场配置资源机制的有机结合。

(一）社会主义公有产权机制配置资源和社会主义协作配置资源机制的客观性及其作用

社会主义经济制度一个重要优势是“能够集中力量办大事”①。这是因为社会主义公有制经济存在着一种与资本主义不同且强有力的配置资源的机制。这种机制包括公有产权配置资源机制和社会主义协作配置资源机制。它们有着在私有经济条件下无法比拟的资源配置效率。

1. 社会主义公有产权配置资源机制

社会主义公有产权配置资源机制及其作用的基础，是由于社会主义公有制是以全民所有为主导，国家作为所有者，它手里集中属于全民公有的强大财力、物力资源，举办和控制着众多的国有企业。因此，作为所有者的国有资产管理机构，可以根据国家经济建设发展战略的指导和市场的需求，以经济所有者的身份和权力，把这些资源调动起来，协调一致，合理配置。例如，它可以在短期内把大量资源配置到非竞争性的、属于国家经济命脉的基础产业、基础设施、支柱产业的大型重点工程、高新技术的开发和新兴产业的兴建等项目上去，使这些产业与项目能以较高的速度在较短的时间内兴建和发展起来，从而对整个国民经济的运行与发展发挥主导和促进作用。

同样，对国有竞争性产业发展和建设项目的资源，作为所有者代表的国有资产管理机构，也可以充分运用公有产权配置资源机制，在全国和世界市场上，进行灵活机动的合理布局，或收缩或扩张，以适时地调整、重组。例如，根据市场情况，采取关、停、转、并、联、迁等方式来提高国有经济组织的市场适应力和竞争力。我们过去在建立社会主义工业化的初步完整体系时，在改革开放后建立沿海开放区以及在打开国际市场上，都曾运用过这种国家公有产权机制配置资源的作用。同样，今天我国的大型

---

① 《邓小平文选》第3卷，人民出版社1993年版，第337页。

建设，企业组织结构和产业结构调整，也还需要它。例如，京九、三峡等大工程的建设，以及新疆棉纺中心、石化中心的创建就是运用公有产权机制来配置资源的。它是单靠自发的市场机制所无法比拟的。

其实，产权配置资源机制，在私有制为基础的市场经济条件下，也是客观存在的。例如一个大资本的所有者或者一个大的跨国公司，他们在一国之内，或者多国之内，办了许多中小型企业或控股子公司，对此，他们完全可以利用自己的所有权进行合理配置。例如企业或公司办在什么地方，哪一个国家，或者扩张它，或者收缩它，或者采用关、停、转、并、联、迁等方式进行企业组织结构调整与资产重组，都可以由他们根据市场变化的情况，自由作出抉择。这就是产权配置资源机制的客观性。美国产权经济学家科斯所提出的“企业是市场的替代”论断，作者认为就是对这种产权配置资源机制的一种描述。由此可见，产权配置资源机制并非社会主义公有制经济的独创，在私有制经济中也是存在的。所不同的是，一个是公有产权机制，另一个是私有产权机制；社会主义国有产权机制配置资源比私有产权机制配置资源的领域更广泛，力量更易集中，因而效率更高。尤为重要的是，它配置资源的目的是从整个国民经济发展的全局出发，为实现国有经济的经济效益与社会效益的有机统一。

2. 社会主义协作配置资源机制

在社会主义国有经济中，尽管各个组成部分有其相对独立的权力与利益，但它们有一个共同的最终所有者，因而有着共同的利益及生产、经营目的，从而形成了一种配置资源的机制，可称之为社会主义协作机制。凡属于全国性的、跨地区的大型工程和建设项目，如修建京九铁路、三峡水利工程，就可以通过这种社会主义协作机制顺利地解决像移民、迁居、搬动妨碍工程进行的其他设施等问题，还可以收到事半功倍、速度快、少花钱、多办事的效果。这种社会主义协作机制配置资源的作用同社会主义公有产权机制配置资源作用结合起来，就能充分发挥邓小平同志所讲的“社会主义能够集中力量办大事”的优越性。

（二）社会主义公有产权机制、协作机制同市场机制配置资源的有机结合

市场机制与计划机制是市场经济中配置资源的两个一般机制，它们的

客观性及二者的有机结合配置资源的作用，已在理论和实践上得到了公认。但是，这两个市场经济机制如何同公有产权机制、社会主义协作机制有机结合起来，从而更合理地、高效地配置资源，却是一个尚待研究、认识的新的重要课题。按照作者的初步探索，这些配置资源机制的有机结合，是通过以下一些联系实现：

（1）指导性计划的形成，除了反映社会经济按比例发展的客观要求，也要反映市场的需要及其变化，但当它形成之后，对市场产生反作用，即指导作用；（2）市场经济配置资源的市场机制同社会主义公有产权机制、社会主义协作机制的结合，首先是通过以指导性计划为基本依据的政府的宏观调控实现；（3）社会主义公有产权机制包括：① 社会主义协作机制；② 增量调节机制；③ 存量调节机制。它们既要受计划机制的指导，也要以市场的要求及变化为依据；（4）社会主义协作机制是建立在社会主义公有制的基础上，从一定意义上讲，它是公有产权机制配置资源的一种特殊形式；（5）增量调节机制，即对经营者上交所有者的资本增值部分的再配置；（6）存量调节机制，即所有者对自己所属企业的关、停、转、并、联、迁的调节；（7）指令性计划是计划机制的一个组成部分，在社会主义市场经济中，它的配置资源的作用被限制在一定的、必要的范围之内。在社会主义市场经济的运行、发展中作为宏观调节者的主体的政府，必须遵循上述客观联系，充分运用以上机制有机结合的合力，合理地配置资源，实现最佳的配置效率。

七、在两种产权交易市场上的有机结合

在社会主义市场经济中，公有产权机制配置资源与市场机制配置资源的有机结合，是同两种产权市场的客观存在及其有机结合相联系的，而且后者是前者的基础。

（一）国有产权交易市场同社会产权交易市场并存的客观性及其作用

如前所述，在社会主义国有经济的总体内，客观上存在着一种公有产权配置资源的机制。因而，作为国有经济的最终的、统一的所有者代表的

国有资产管理机构，必然要根据变化的国内外经济情况，以国有资产所有权的身份和权利，对属于它所管辖的国有资产不断进行合理配置、调整、重组，以求在竞争中保存、发展、壮大自己。这就是公有产权机制的客观性及其作用。但是，这一庞大资产最终的、统一的所有者所属的资产，除了直接由它占有、控制的那一部分垄断性国有经济外，其中大部分则是各部门、各地区的经济组织和企业占有者、支配者、使用者。而这些占有者、支配者、使用者也是一些相对独立的利益主体。因此，作为最终统一所有者代表的国有资产管理机构，在配置、调整、重组这些资产时，必须尊重这些相对独立的占有者、支配者、使用者的权力和利益，因而不能完全采取无偿划拨的方法，必须进行客观的资产评估，贯彻等价交换的原则。在社会主义市场经济条件下，也就客观存在着国有经济内部的一种产权交易市场，即国有资产产权市场。在这种国有资产产权市场上发生的产权交易，实际上是同一最终所有者内部的占有权、支配权、使用权的交易。这种交易的目的是对统一的国有资产的占有者、支配者、使用的结构、方式进行调整与重组，使国有资产的营运更有效率，增强其市场竞争力。其实，这种同一所有制内部的占有权、支配权、使用权交易市场，在私有制下的大公司、跨国公司内部也是客观存在的。因为在各大公司内部进行结构调整、资产重组时，也是尊重各个子公司的相对独立的权利，也要进行资产的客观评估，贯彻等价交换的原则。

无论是私有制下的大公司或社会主义公有制下的整个国有经济的内部，对同一所有者所属的具有不同权利的、相对独立的各个组成部分，进行结构调整、资产重组时，都在客观上要求有同一所有者内部的产权交易市场。所不同的是，一个是私有制下个别公司内部的产权交易市场，而另一个则是公有制下整个国有经济内部的产权交易市场。而且它们的存在不仅是同一所有者内部相对独立经济实体存在的客观要求，还由于同一所有者这个大的、总的经济实体，为了在社会以至世界上增强竞争力，求得在竞争中生存、发展、壮大，必须借助内部产权交易市场调整自己各个组成部分的结构，实现资产的重组。否则，它的每一个组成部分都是规模狭小、组织分散和势单力薄的部分，在社会产权交易市场以及世界产权交易市场的竞争中，有可能会被各个击破。

所以只要国有经济还作为一种经济形态或组织而独立存在，国有经济内部的国有产权交易市场就会同社会产权交易市场并存。那种否认国有产权市场存在的必要，认为它可以用社会产权市场所替代的看法，显然是片面的。它有害于国有经济的生存、发展、壮大和主导作用的发挥。尤其在向社会主义市场经济过渡的阶段，国有经济遇到了较为严重的困难，在这种情况下，如果不充分发挥国有资产产权交易市场的作用，通过国有经济内部的企业组织结构调整、资产重组而自强起来再进入社会市场竞争，那么国有经济的许多个别部分，就会因寡不敌众、弱不能抗强，而被消灭掉。国有经济能够通过国有产权市场及时调整、重组达到全国范围内合理布局的目的，正是它优越性的一种体现。

与这种国有经济内部的国有产权交易市场并存的是社会产权交易大市场。它是一种广义的产权交易市场，其交易范围不限于占有权、支配权、使用权的交易，而且其主要特点是不同经济成分的产权交易。它的社会经济功能是在整个社会内部实现企业组织结构调整、资产重组，从而实现全社会经济结构的优化。在开放的条件下，这种一国的社会产权交易市场，实际上国际化了，其竞争是十分激烈的。正因为如此，国有经济的资产营运必须灵活地运用这两种产权市场协调力量，发展壮大自己。

（二）国有资产产权交易市场与社会产权交易市场有机结合及其具体形式

国有产权交易市场与社会产权交易市场不仅客观上是并存的，而且可以有机结合起来，实现社会经济资源合理布局和调整、重组的共同功能。这种结合的具体形式主要表现在以下几个方面：

（1）国有资产管理机构通过国有产权市场进行产权交易实现国有资产的合理配置、调整和重组时，贯彻社会产权市场同一资产评估标准和等价交换原则。所以国有经济内部的产权市场实际上是社会产权市场的内化或替代。

（2）国有经济内部通过国有产权交易市场进行资源配置与结构调整、资产重组时，必须以现实的和潜在的社会市场需要作为客观依据和基本动力。因此，国有产权市场上的产权交易行为是社会产权市场的需要所推动的，并以适应社会产权市场的供求变化为目标。两个产权交易市场的功能是同一的。

（3）国有经济所有者代表的机构灵活运用两种产权市场的目的统一性。国有经济所有者代表的国有资产管理委员会，为了国有经济的生存与发展以及更好地发挥它在国民经济中的主导作用，它的总体及各个组成部分都要在整个社会及世界市场的竞争中，包括在社会产权交易市场与世界产权交易市场的竞争中经受优胜劣汰规律作用的考验。为了在竞争中壮大发展，一方面需要通过改革，发挥市场经济与社会主义公有制的优越性，塑造一种单一市场经济或单一公有制经济都无法比拟的优良经营机制；另一方面，它还必须利用各个组成部分在最终产权上统一的公有性质，经常在国有经济内部，通过国有资产的产权市场交易，发挥国有经济的自我协调和重组的优越性，作为其在整个社会市场，以至国际市场上取胜的可靠保障。它体现了在发展国有经济并发挥其主导作用方面，两种产权市场作用的有机统一。这种统一是两个产权市场最核心的、最基础的统一。它对保障建立社会主义市场经济体制的成功及社会主义市场经济的正确发展方向，以及壮大、扩展自己都是至关重要的。因为没有国有经济的壮大发展及主导作用，就不可能取得社会主义市场经济改革的成功。反之，如果国有经济通过改革，它在国内的主导作用得到了充分发挥，在国际市场上展示了它的强大实力，那么有中国特色的社会主义制度就会在世界上永远地站立起来，对世界的进步及社会主义在世界的中兴、发展，将有着无法估量的贡献。

八、在动力机制上的有机结合

社会主义与市场经济在动力机制上的有机结合，主要体现在两个方面：其一，体现在作为社会主义市场经济的核心组成部分的国有经济的纵向的国家、企业、个人三者的责、权、利经济关系中的动力机制同企业横向之间的商品货币关系中市场动力机制的有机结合；其二，体现为社会主义初级阶段，个人劳动转换为社会劳动过程中，按劳分配的动力机制同市场等价交换的动力机制的有机结合。

（一）国有经济新的实现形式的纵向与横向经济联系的纽带，是两种动力机制的有机结合

在国有经济体制改革后，新的实现形式中，国家、企业、个人三者的纵向经济联合的经济纽带是责、权、利有机结合的关系，横向经济联系的纽带是商品货币关系。这种国有经济的新的实现形式，实际上也就是社会主义公有制经济关系的新的动力机制同市场动力机制的有机结合。

就国有经济中国家、企业、个人之间的纵向经济联系纽带的责、权、利关系而言，其就是一种综合的动力合力机制。在这个关系中，“责”是企业对国家所有者承担的“保值”和“增值”的责任。这种“责”对国家来讲就是利。这种利对调动国有资产管理机构资产营运的积极性来说，就是一种动力。对企业而言，这种“责”既是压力也是动力。因为企业不完成这个“责”就不能获得这部分国有资产的占有权、支配权、使用权及与此相连的部分收益权。这种责、权、利关系中的“权”，对企业而言，也就是占有权、支配权、使用权及与此相连的部分收益权。之所以也是动力，是因为这种权力也就是经营自主权，这对原来计划经济条件下那种所有者的直接控制而言，企业获得了解放，其能量得到释放。再者这种“权”，包括部分收益权，也就是责、权、利关系中的“利”。这种“收益权”、这种“利”，当然是调动企业劳动者的经营与生产劳动积极性的动力。

至于企业之间的商品货币关系，它以等价交换为基本原则，因而价值规律、竞争规律的动力机制作用，也就蕴藏其中。这种动力作用，也就表现为市场动力机制的作用。而这种市场动力机制作用，又是上述国家、企业、个人之间的纵向经济联系的责、权、利关系而派生的横向联系的商品货币关系所产生出来的。因此，社会主义初级阶段的国有经济的新的实现形式的动力机制同市场经济的动力机制，就必然有机地结合起来，形成社会主义市场经济的动力合力机制。

（二）个人劳动转换为社会劳动过程中社会主义按劳分配的动力机制与市场动力机制的有机结合

在社会主义初级阶段，国有独资公司或以公有资金为主的股份公司

中，企业劳动者的劳动具有“三重”社会属性，即个人性、企业局部性以及社会性。但是现阶段个人具体的个别劳动量不仅不能直接被社会承认，而且也不会直接被企业集体所承认。个人劳动转换为社会劳动，必须经过两次抽象和折算。第一次抽象与折算是把个人劳动抽象为无差别的企业劳动，并以企业必要劳动量为尺度把个人的个别劳动量折算成为企业承认的劳动量。企业按这种经过折算后的劳动量对劳动者进行按劳分配，从而形成社会主义经济运行的一种基本动力机制，充分调动了劳动者的劳动积极性。第二次抽象与折算则是把企业的局部劳动抽象为无差别的社会劳动，并通过市场竞争以社会必要劳动量价值量为标准，把企业劳动量折算为被社会承认的劳动量。这也就是市场上由价值规律所决定的市场竞争与等价交换的过程。不言而喻，由价值规律所决定的市场竞争与等价交换原则是市场经济运行、发展的基本动力机制。这种个人劳动转换为社会劳动的全过程，就使企业内部的竞争、新的按劳分配实现形式的动力作用与企业之间的市场竞争、等价交换原则的动力作用有机结合，从而形成社会主义市场经济的又一种“合力动力机制”，推动经济的运行与发展。

第三部分
社会主义与市场经济的矛盾及其在调节中的有机结合

社会主义与市场经济的结合，是在改革中逐步实现的，因而社会主义市场经济体制的形成过程及形成以后，二者之间充满各种矛盾。作者认为有以下一些基本矛盾必须采取适当的对策来调节。

一、不同所有制企业之间争取生存、发展条件的矛盾的调节

社会主义市场经济是以公有制为主体、多种经济成分并存为基础的，不同成分的企业之间必然存在着争取生存与发展条件的矛盾（包括争原料、市场、资金、外汇等方面的矛盾）。正当的竞争有利于推动技术进步和企业管理水平的提高，而且不同所有制企业之间的竞争，也会促进经营改革上的相互借鉴，这有利于整个企业体制的完善。但是现在这种争原

料、资金、市场的矛盾，多数是由于各类企业的产业及产品结构趋同造成的，它将造成社会生产能力的大量闲置、浪费。因此国家有必要采取一些方针、对策进行调节。

（1）外向主导型与内需主导型发展战略适度分工的对策。国家应从我国生产力多层次、经济发展极不平衡、明显地存在着二元经济结构，东、中、西三个地带的差别很大等特征出发，引导国有企业，特别是大中型企业，利用其资金技术力量雄厚的优势，主要发展外向主导型经济、出口导向主导型经济，到世界市场上去拼搏，而不必在国内花更多力量同个体、私人及乡镇集体企业比高低，私人、个人及乡镇企业的经济，则应以熟悉各地情况及其灵活性的优势，多发展内需主导型、进口替代主导型经济。把两种发展战略有机地结合起来，同时推进，有利于完成我国的工业化与现代化的任务。

（2）实行国有大中型企业的资金、技术主导型与集体、个体、私人企业的劳动密集主导型的有机结合。国有大中型企业应利用自己的优势，主要投资于基础产业、基础设施以及机械制造等资金、技术密集型产业，以便为乡镇企业、个体、私人企业的发展提供良好的环境与先进技术装备。乡镇企业、个体、私人企业则应主要发展衣、食、住、行等日常消费品的轻工制造业，特别是食品加工和轻纺工业，以便形成国内各产业层次的良性循环。

（3）国家应积极引导发展以国有大中型企业为核心联合小型集体、个体、私人企业的专业化协作的企业集团。这样社会主义国有企业同集体、个体、私人企业形成了利益共同体，他们在工序上或企业经营的各个环节上实行专业化的分工协作，减少在原材料、市场、资金方面相互争夺。而且这种企业集团把核心企业在技术、资金和经营上的主导作用，同小型集体、个体、私人企业的机动灵活的补充作用，更好地在集团内协调。

（4）以产权关系为纽带形成以公有制为主的股份公司为具体形式的混合经济形态。这是在社会主义初级阶段，社会主义公有制经济同个体、私人经济有机结合的一种高级形式。无论是国有、集体、个体、私人的资产都以股份资本的形式融合为一个统一的企业法人财产，由企业法人统一经营，自负盈亏。各个所有者，不管其所有制形态如何，均一律按股份额分享重大决策权、监督权、受益权。这种进入混合经济形态的股份公司的各种不同的资产所有制形态，失去了原有的单独存在的形态，它们的利益共同集中在企业经营的得失上。因而它们之间也就不存在争夺原料、资金、市场的矛盾，而且在这种股份公司制的混合经济中，由于公有制股份处于主体和控制地位，因而也就更好地发挥主导作用。

二、社会主义的共同富裕与市场竞争的分化效应之间矛盾的调节

从总体上看，市场竞争同共同富裕并没有根本的矛盾，但在一定时间内，对一定的个人与群体而言，市场竞争的分化效应也会造成收益分配和生活程度上的较大差距，也会经常出现一些企业破产，劳动者失业的现象，从而显示出竞争的分化效应与共同富裕的矛盾。而这种矛盾的调节，当然不能用平均主义的办法对待，只有在承认合理的差别基础上，通过分配政策、财政税收手段以及建立广泛的、多层次的社会保障体系调节，从而避免或减少由于少数人收入偏高而形成两极分化或由于天灾人祸、企业结构调整而出现的贫困与失业等。至于地区之间的差别，则应引导富裕地区与贫困地区的经济联合及国家通过适当的财政、货币倾斜政策来扶植落后地区的开发，使之较快发展，迎头赶上，求得地区之间的协调发展与共同富裕。

三、劳动者在市场上的劳动力商品出卖者同企业内部主人翁地位的矛盾的调节

建立社会主义市场经济体制，不仅要求产品商品化，而且也要求投入要素，包括劳动力的商品化。这样劳动者作为劳动力要素商品的出卖者，就同社会主义企业劳动者的主人翁地位相矛盾。因为劳动力作为商品，其等价物的工资只能是劳动力价值的货币表现形式，也只是等于劳动力的再生产费用，剩余产品进不了劳动力价值的范畴，因而它不可能是按劳分配所得。再者，劳动力是商品，而作为劳动力的所有者，只是出卖劳动力的雇佣工人。因而对企业财产既无所有权，又无占有、支配、使用权，这样

的劳动者不可能成为企业的主人。这是市场经济同社会主义公有制相结合中，无论在实践上或理论上，都难以调和的一个最基本的矛盾。这也是一些人认为市场经济与公有制不能融合的基本理由。根据作者的研究，这个矛盾的解决，不仅要求改革计划经济下社会主义公有制与按劳分配原则的实现形式，也要求改造、改革私有制市场经济条件下，企业内部的资本与劳动的关系以及其体制形式。它是两个方面改革、改造的融合，而不是一个改革、改造，另一个则原封不动的那种所谓“融合”。其具体途径也应采取“外圆内方”的做法。“外圆”即在市场上按市场经济的要求，承认劳动力要素的商品化，劳动力的市场价值是劳动者的基本工资；“内方”则是劳动者进入公有制企业的劳动联合体后，成为企业主人，参加按劳分配。要把这种“外圆”与“内方”有机结合起来，就要使企业内部的经济关系的结构及实现形式进行以下几个方面的改革、改造。

1. 实现劳动力价值资本化，使之同有形资本要素一样，得到保值、增值。作为劳动力资本所有者的劳动者，也同其他要素资本所有者一样，得到他的生产劳动力费用的垫支资本及其增值部分，从而在股份公司企业中，劳动者同有形资本所有者一样，都是要素的出资者，名副其实的股东成员。劳动者的主人翁地位，也就得到一定的承认。

2. 中国式的现代企业制度的改革、创建，应以企业劳动者集体充当所在企业的法人占有者。即由这个企业劳动者集体民主选举产生的企业管理委员会，作为法人管理机构，再由企业管理委员会在经理市场上，公开招聘经理（厂长）。他们在企业管理委员会的委托下，承担具体的经营管理职能。企业经营管理委员会同该企业出资者（包括有形与无形资产的所有者）权益代表机构的董事会鉴定责、权、利相结合的资产经营合同。企业对董事会承担保值、增值的具体而明确的责任，并接受其监督，但企业的一切经营决策、干部招聘权属企业管理委员会，董事会除予以监督外，无权对企业的经营决策进行干预。企业管理委员会公开招聘的经理（厂长），在履行管理职责时，受来自市场、所有者、劳动者的激励与约束，从而在根本上可以克服经理厂长的偷懒和解决“富了方丈，穷了庙”的现象。

3. 在企业的税后利润分配中，应遵守“交完所有者的，留足集体的，剩下的是按劳分配给个人的”基本原则。所谓“交完所有者的”，即按合同向董事会上交增值部分。“留足集体的”，即指：（1）按制度规定的比例，留下扩大再生产的部分，这部分再投入资金应形成企业集体所有的股权。（2）按制度规定的比例，留下一部分作集体福利费用，从而增强企业的内聚力。剩下的则按劳分配给劳动者个人。这样，劳动者个人所得，则包括三个部分：一是作为劳动力市场价值的基本工资；二是按年工资价值折合股权获得的红利；三是按劳分配所得到的企业留利部分。

实现了上述原则，也就真正把市场上的劳动力商品出卖者，同企业内部的主人翁地位有机融合起来了。它生动体现着国有企业“既是国家的，也是工人的”基本原则。

四、按劳分配与按资分配矛盾的调节

按市场经济的运行原则，投入生产的资本必须增值，也就是按资分配。而按社会主义的原则，人们从事劳动也就要求按劳分配。这样资本收入与劳动报酬就会有矛盾。在资本主义条件下，这种矛盾是对抗性的。在社会主义市场经济条件下，必须正确处理和调节这对矛盾。作者认为有三种解决办法：（1）按劳分配与按资分配实行板块式的结合。在公有制的独资企业与公有资本为主的股份制企业，主要实行按劳分配，个体、私人企业主要实行按资分配。就全国而言，以按劳分配为主体。（2）在股份有限公司中，实行资金、劳动、技术都可以入股的“泛股份制”，劳动者不仅获得劳动力的价值（工资），而且劳动力也入股分红，参加剩余产品的分配，实行按劳动力资本分配与按有形资本分配的有机结合。（3）出资者的按资分配与经营者的职工集体按劳分配的有机结合。这就是股份制公司中，在作为所有者代表的董事会同作为经营者代表的企业管理委员会之间建立起资产经营责任制，企业完成对所有者承担的资本增值的经济责任后的剩余劳动产品，在企业做了必要扣除之后，则属于企业职工集体按劳分配所得。企业可以将这部分集体所得再分到个人，也可以在分给个人之前，将其中的一定数量，作为企业职工集体股金投入再生产。这种责与利的关系，也就是按资分配与职工集体按劳分配的有机结合。

五、社会主义社会整体利益与市场追求微观利益矛盾的调节

社会主义公有制经济必然追求全体人民的共同利益，但在市场经济条件下，每一个自主经营、自负盈亏的企业也必然追求企业的微观利益，这是一对矛盾，但并非根本性的矛盾。因为在社会主义市场经济条件下，每一个企业都要向社会主义国家上缴税金，使用国有资本时，还要向作为所有者的国有资产管理机构上缴利润。这些税金与上缴的利润也就形成了公共整体的物质利益。这种公共利益随各个企业的微观利益增长而增长，所以说，在社会主义市场经济条件下，企业追求微观利益同宏观的整体利益并没有根本性的矛盾。这种矛盾的调节办法，就是制定正确的税收政策及在国有企业同国家资产管理机构之间建立起责、权、利紧密结合的资产经营责任制。在建立现代企业制度时，要从中国的实际出发，把股份制同资产经营责任制有机结合起来。

六、社会主义改造社会、自然和发展经济的自觉性同市场经济自发性矛盾的调节

社会主义不是自发形成的，必须按照客观规律自觉地改造自然、社会，发展经济、实现自己的目标。而市场经济则由于竞相追逐个体利益而具有较强的自发性。这个矛盾的解决办法主要依靠政府所制定的发展战略、宏观计划的指导作用同市场与计划的配置资源的手段作用有机结合起来。在这里，计划范畴具有指导和手段的两重性：一是作为计划范畴的发展战略、产业政策、宏观计划对国民的运行与发展具有指导作用，二是作为经济手段的补充的指令性计划则只具有手段作用。而市场则在国家的发展战略、产业政策、宏观计划的指导下，对资源的配置发挥基础性作用。市场经济的自发性所释放的力量就被社会主义国家自觉地运用和组织来改造社会，改造自然，实现富民强国及社会发展的目标。

（收录于全国高校社会主义经济理论与实践研讨会第 11 次会议（1997 年）论文集）（原载《湘潭大学学报（哲学社会科学版）》1998 年第 1 期）

市场经济与社会主义结合的研究在创新中深化

一、对社会主义与市场经济有机结合的创举在马克思的社会主义实践与经济学理论方面的历史地位的新认识

1. 首次提出，中国的体制改革把社会主义与市场经济结合起来的伟大创举[①]，开拓了马克思所论述的跨越资本主义“卡夫丁峡谷”的新的必经阶段，从而突破了长期以来关于东方农业社会中社会主义公有制的建立是跨越资本主义“卡夫丁峡谷”完成的标志的传统观点，确立了社会主义市场经济发展阶段在马克思社会主义理论与实践中不可或缺的地位[②]。

2. 首次明确提出，在改革中形成的社会主义市场经济机体及其生命运动是中国经济学的根，并指出中国特色社会主义市场经济学的科学体系也只能借鉴社会主义市场经济的改革和建立过程中的材料归纳和抽象而成。虽然中国经济学的成长也“需要通过其‘根’的作用来吸收一切外域的、古代的以及同时代的经济思想的养分来营养自己，但是养分终究不是根”。“一切离开当前的群众实践的空谈、照抄和复古做法对于中国特色社会主义市场经济学的体系的形成都是有百害而无一利的”[③]。

3. 首次提出，“中国经济学的中心任务是解决市场经济同社会主义初

---

① 江泽民：《在中国共产党第十五次全国代表大会上的报告》。

② 刘桂斌：《社会主义市场经济有机结合论》，人民出版社 1999 年版，第 1-14 页。

③ 刘桂斌：《社会主义市场经济新论》，人民出版社 1998 年版，第 37 页。

级阶段公有制有机结合问题”。

4. 首次论证，把社会主义与市场经济结合起来的创举在理论经济学的学科研究上有三大突破：(1) 把二者有机结合起来的创举，突破了市场机制外域引进论，它向人们揭示中国的市场经济是在不改变社会主义公有制的基本性质的条件下，通过公有制产权的权能分解实行公有制实现形式多样化的改革中产生、成长起来的，没有这种公有产权的权能分解和公有制形式的多样化的改革，即使是把市场机制引进来，也无法生根。(2) 把二者有机结合起来的研究突破了西方经济学与传统的社会主义政治经济学教科书在自由放任与国家干预谁多谁少，或者计划与市场是否相容等问题上的长期的烦琐争论，把中国经济学引导到探索社会主义制度与市场经济二者的优势如何全面有机结合的问题上去，开创了经济学研究的新局面。(3) 把二者有机结合起来的研究，突破了西方经济学单纯的“资源配置目标论”以及传统的社会主义政治经济学教科书单纯的“调整经济关系目标论”，把中国特色社会主义经济学的研究，定位于“调整经济关系”同“配置资源”的有机结合以促进生产力发展的统一目标上来。

二、在构建社会主义与市场经济有机结合的新的社会主义市场经济学学科上的创新

(一) 在学科研究对象的确立上

首次确定以改革开放中社会主义与市场经济逐渐结合形成的社会主义市场经济新机体的生命运动为该学科的研究对象[1]。

(二) 在构建学科的理论体系和基本框架上有四个方面的创新

(1) 以“经济体制”与“经济体制改革”为该学科研究的出发点(研究从具体到抽象)。

(2) 以全民“企业劳动性质”的“三个三重性”(“三自主”“三为”“三重社会属性”)为理论表述的起点范畴(表述从抽象到具体)。

---

① 刘桂斌：《社会主义市场经济新论》，人民出版社1998年版，自序。

(3) 以全民企业产权权能分解所形成国家（所有者）、企业集体（占有、经营者）、职工个人（直接劳动者），三者的纵向责、权、利有机结合的经济联系纽带同企业之间横向商品货币关系的经济联系纽带所构成的坐标为该学科研究的主线，并贯穿始终。

(三) 在学科理论体系的结构上的创新

这主要表现为，在上述基本框架内，循序渐进地揭示了社会主义与市场经济有机结合所形成的经济机体的四个环节、外部形态（体制）的特点及其运行、发展的机制、规律及特殊规律①。

(四) 在学科的学术观点与范畴上的创新

关于物质利益关系的定义和范畴上的创新。对物质利益关系作出了新的定义，即“人们之间的物质利益关系归根到底是人们之间在生产资料和产品方面所发生的关系”，并首次提出了“狭义的物质利益关系”“广义的物质利益关系”“狭义的物质利益原则”“广义的物质利益原则”四个新的范畴②。

在论述社会主义和物质技术基础时提出了不发达社会主义国家物质技术基础的三个发展层次的新观点：即社会主义产生的物质条件是社会化的机器大生产；社会主义确立的物质条件是按人口平均的劳动生产率超过最发达的资本主义国家；社会主义初级阶段的物质条件则是“介乎二者之间的社会生产力的一个发展层次”③。

在论述社会主义初级阶段劳动力的所有制问题时提出了社会主义初级阶段全民企业中的劳动力具有社会、企业集体和职工个人三重所有的新观点④。

从前面所提的全民企业劳动的“三个三重性”（“三自主”“三为”“三重社会属性”）的统一与矛盾之中推导出社会主义初级阶段个人劳动

① 刘桂斌：《社会主义市场经济新论》，人民出版社 1998 年版，自序。
② 刘桂斌：《社会主义市场经济新论》，人民出版社 1998 年版，第 31-34 页。
③ 刘桂斌：《社会主义市场经济新论》，人民出版社 1998 年版，第 41-53 页。
④ 刘桂斌：《社会主义市场经济新论》，人民出版社 1998 年版，第 65-73 页。

转换为社会劳动必须经过两次抽象和两次折算的新观点。第一次抽象、折算在企业内部进行，第二次抽象、折算在企业之间进行。前者的抽象、折算标准的范畴是“企业必要劳动量”（即企业的标准定额或标准效益）；后者的抽象、折算标准是“社会必要劳动量”（即价值量）。从而客观地揭示了社会主义按劳分配与市场经济等价交换有机结合的必然性，提出了同“社会必要劳动”相对应的“企业必要劳动”新范畴①。

5. 从全民企业劳动的“三为”性出发，推导出社会主义初级阶段社会、企业、个人三者的生产和劳动目的的一致性与差别性以及全民所有制企业厂长（经理）经济地位的“三重性”的新概念、新观点。社会、企业、个人生产和劳动的目的一致性即统一为社会、为企业集体、为个人提供物质利益以满足日益增长的物质文化需要。差别性则是为社会、为企业、为个人的侧重点不同②。全民所有制企业厂长（经理）经济地位的“三重性”即厂长（经理）作为全民所有制企业经济实体的代表，他所代表的利益必然具有为社会、为企业集体和为企业职工个人的“三为性”而不是“一为性”或“二为性”③。

6. 在论述社会主义初级阶段全民经济中的分配关系时，其提出了现阶段企业“两个层次的扣除”“社会扣除方式经济杠杆化”“两个层次按劳分配”“两个计量劳动的尺度”（企业必要劳动量与社会必要劳动量）以及社会主义市场经济中公平与效率统一的原则，按劳分配原则、等价交换原则、平等竞争原则等新概念、新观点④。

7. 在论述社会主义市场经济的交换关系时，其提出了社会主义初级阶段市场交换关系的实质是对直接生产过程中即企业内部的社会、企业、劳动者个人三者的责、权、利有机结合的经济关系的实现与扩展，以及提出加速国家调控市场、市场引导企业的新机制的形成与建立市场新秩序的关键在于正确处理好产业企业、商业企业、金融企业及国家等四个市场主体

① 刘桂斌：《社会主义市场经济新论》，人民出版社 1998 年版，第 93-95 页。
② 刘桂斌：《社会主义市场经济新论》，人民出版社 1998 年版，第 98-100 页。
③ 刘桂斌：《社会主义市场经济新论》，人民出版社 1998 年版，第 102-104 页。
④ 刘桂斌：《社会主义市场经济新论》，人民出版社 1998 年版，第 114-134 页。

相互关系的新观点、新理论。从全新的角度论证了产业企业是市场主体的基础而商业企业、金融企业以及作为全民所有制经济的所有者的国家，在市场上的经济地位都具有两重性。它们既是市场交易活动的市场主体（国家作为全民所有制的所有者的机构，也要在资本、产权市场上从事资本和产权的交易），同时也都属于不同层次的市场调节者。它们的市场调节各有特点又相互联结，因而“正确认识和理顺市场四主体的内在关系乃是建立新的经济运行机制，形成市场新秩序的基础”[①]。

在论述社会主义市场经济体制模式特征及创建过程时，其提出了“社会主义市场经济发育的过渡阶段与过渡模式”的新观点、新理论。其指出这个阶段的过渡体制模式“是一个含市场机制及其不断发育的计划经济与市场调节相结合的体制模式”，并分别阐述了这个过渡模式在其过渡阶段初期和后期的不同特点。观点认为只有完成这种过渡，社会主义市场经济体制才能最后确立[②]。

在阐述社会主义市场经济微观基础的创建时，其提出了建立劳动联合与公有制为主的资本联合有机结合的中国式的现代企业制度的新主张。即建立一种公有制为主体的资本入股、劳力入股、科技入股的“泛股份制”企业。企业资产的所有权归国家为主的要素所有者，由董事会代表其执行权力；法人财产占有权归企业劳动者集体，由职工民选的管理委员会代表其执行权力。在企业管理委员会同董事会之间，实行责、权、利相结合的资产经营责任制。企业上缴所有者的增殖部分由董事会按要素资产股分配，企业留利部分除按合同规定扩大再生产部分外，实行按劳分配。留利中扩大再生产的投入属企业集体股份，是企业集体所有的财产。企业的厂长（经理）由企业管理委员会从经理市场上招聘，对管理委员会负责。在厂长（经理）同管理委员会之间实行厂长的支配权同管理委员会的占有权的一定程度的分离，并也以责、权、利相结合的经营责任制联结起来。这种中国式的现代企业制度，是市场经济的微观基础同社会主义公有制新的

① 刘桂斌：《社会主义市场经济新论》，人民出版社 1998 年版，第 136-147 页。
② 刘桂斌：《社会主义市场经济新论》，人民出版社 1998 年版，第 162-165 页。

实现形式的“合二而一”[①]。

在论证建立中国式现代企业制度需要进行产权制度改革时，其提出了“劳动产权”“资本产权”“要素产权”以及公有为主的要素资产联合与劳动联合的“联合产权”等开拓性的新概念、新范畴，并创造性地阐述了在社会主义初级阶段单一的资本产权与单一的劳动产权都有其局限性，从而提出了建立劳动联合与公有为主的要素资产联合有机结合的联合产权的产权新理论[②]。

在社会主义市场经济运行的研究中，开拓性地揭示出了社会主义市场经济的“五种运行形态”“三个层次的运行机制”“三个方面的运行规律体系”以及“两条特殊规律”。“五种运行形态”即运行过程、运行轨迹、运行方向、运行结构及运行方式；“三个方面的运行机制”即国民经济整体运行机制、企业经营机制、劳动者个人经济行为机制；“三个方面的运行规律”即“轴心规律”“导向规律体系”以及“动力规律体系”；“两条特有规律”，即社会主义市场经济纵向运行特有规律和横向运行特有规律。纵向运行特有规律，指社会主义国有经济中所有者的国家、占有者的企业和劳动者的职工个人之间的社会主义责、权、利有机结合的特有经济规律；社会主义市场经济横向运行特有规律是指有计划的市场分配劳动的特有规律。在上述按次分析中，推导从认识论的角度来看，由经济现象（运行形态）上升到经济规律，中间必然经过经济机制这个中间环节的经济哲学新观点[③]。

在社会主义市场经济宏观管理的研究中，首次从理论上分清了经济机制与经济杠杆的差别与联系。社会主义市场经济新论明确指出，经济杠杆是被调节主体所运用的客观经济机制它是主观与客观作用的统一[④]。

在阐述效益与速度的关系时，提出了“速度寓于效益之中”的新观点，指出效益的概念应是以更少的劳动与物质的消耗生产更多更好的符合

---

① 刘桂斌：《社会主义市场经济新论》，人民出版社 1998 年版，第 12、14 页。
② 刘桂斌：《社会主义市场经济新论》，人民出版社 1998 年版，第 11-13 页。
③ 刘桂斌：《社会主义市场经济新论》，人民出版社 1998 年版，第 15-16 页。
④ 刘桂斌：《社会主义市场经济新论》，人民出版社 1998 年版，第 297-298 页。

社会需要的产品。在这个关系式中，意味着在消耗不变的情况下，效益提高即表现为更多更快地生产出符合社会需要的产品，也就是提高效益等同于提高速度；同样，在产品量不变的条件下，提高效益则是节约消耗，而节约劳力与物质消耗，投入再生产则会更多更快地增加符合社会需要的新产品。因而通过节约消耗来提高效益，同样最后表现为提高速度。所以经济工作应主要关注的是提高效益，有了效益也就必然有了符合实际的发展速度①。

在研究新技术革命对经济体制变革产生的影响时，开拓性地揭示生产组织形式的集中与分散的两种趋势，随带头技术的更新而具有周期性的变化，以及资本主义经济运行机制中的垄断调节与市场竞争调节趋势并存，其主导地位的转换，也是随带头技术的更新而具有周期性②。

在探索中国农业产业革命的特殊道路时，首次指出中国兴起的“农业产业化”热潮是“中国农业产业革命的开始”，并提出“无论是工业产业革命，还是农业产业革命，都是技术革命与经营方式变革的有机结合。”“这是一条普遍规律”，还详细论证了“欧美农业产业革命是建立在高度工业化基础上并依赖和受控于城市大公司，中国不能完全走这条老路。”“中国不可能像欧美国家那样，先搞高度工业化，再搞农业现代化；只能顺应中国生产力多层次的特点，把机械农业、化学农业、信息农业、生物农业、有机农业等因素，因地制宜的同时在全国多级推进与并举；把原属于不同阶段技术革命的要求结合起来一道完成。”“作为中国农业产业革命的制度创新的基本组织形式，应是‘乡、村公司+农户’”，而不能主要为“大城市公司+农户”，以便把农村工业化同农业产业革命结合一道进行。农业产业革命初期的主要组织者，应当是乡政府和村委会，而不能走欧美完全自发发展的老路③。

在论述世界经济全球化及其利用中的“自主开放型经济模式”，首次提出了近代世界经济全球化经历了“三个阶段”，有“三种利用模式”的新观点，并首次用国际分工中的产业、产品结构利益是否互补的理论，挑

① 刘桂斌：《社会主义市场经济新论》，人民出版社 1998 年版，第 333–336 页。
② 刘桂斌：《社会主义市场经济新论》，人民出版社 1998 年版，第 370，376 页。
③ 刘桂斌：《社会主义市场经济新论》，人民出版社 1998 年版，第 406–417 页。

战单一的成本利益优势互补的传统国际分工理论。经济全球化的“三种利用模式”即大国“霸权主义一体化”的利用模式、“外向依赖型”经济模式，“自主开放型”经济模式。“外向依赖型”经济模式必然坠入大国“霸权主义一体化”的策略陷阱，这是东南亚爆发危机的主要根源所在。发展中国家，特别是发展中的社会主义市场经济国家，理应对世界经济全球化采用自主开放型经济利用模式，这种“自主开放型”经济模式，也就是根据自己的国情、经济实力及发展战略目标，自主地、有控制地、有选择地通过对外开放，合理利用国际资源和世界市场，发展自己、振兴经济。

在论述社会主义社会发展的根本动力时，《新论》首次明确提出，并详细论证了社会生产和社会需要之间的矛盾是社会发展的根本动力（或原动力）的新观点。书中详细论证了社会的生产关系和生产力的矛盾、上层建筑和经济基础的矛盾，固然是社会两对基本矛盾，也是社会发展的基本动力。但是，在这两对基本矛盾中显然只有生产力是原动力，它们不能回答生产力本身发展的原动力是什么，因而只有社会生产与社会需要的矛盾，才是比上面两对基本矛盾更为基本的社会矛盾，也只有它才是生产力发展和整个社会发展的原动力①。

三、在论述社会主义与市场经济如何有机结合和矛盾的调节上的创新

《新论》第十章论述了“社会主义与市场经济的统一性及其矛盾的调节”，《社会主义与市场有机结合论》一书，则是对这一思路的扩展、深化与升华。

《有机结合论》上篇从13个方面深入研究了社会主义初级阶段，公有制同市场经济有机结合的必然性和途径，下篇从六个方面研究了社会主义同市场经济的矛盾及矛盾如何调节，以实现其有机统一。包括《绪论》总共是在20个层面上展开了探索。这样从总结中国改革、发展的实践经验出发，集中研究社会主义与市场经济有机结合的客观必然性和如何实现这

① 刘桂斌：《社会主义市场经济新论》，人民出版社1998年版，第444-452页。

种结合的著作，在中国经济学界还是鲜有的。

《新论》第十章和《有机结合论》上篇，从新的角度，用新的方法，客观地、令人信服地揭示了在社会主义社会的发展进程中，社会主义公有制同市场经济有机结合起来形成的社会主义市场经济发展阶段的不可逾越性。因为如前所述，在社会主义阶段，特别是它的初级阶段，公有制的产权权能（所有权、占有权、支配权、使用权）不应高度集中，必须进行分解。当所有权与占有权能一旦分解，以及分解后的责、权、利关系建立起来时，企业作为公有产权的占有者，有了经营自主权及与之相连的独立利益，自然就成了商品生产者、市场经营主体，社会主义市场经济就在此基础上客观地、不以人们意志为转移地产生出来。这就是公有制产权权能分解所形成的公有制新的实现形式同市场经济的微观基础的“同一”（合二而一）。由这种“同一性”（合二而一）所派生的社会主义经济关系同市场经济存在的统一；劳动联合与公有为主的资本联合的有机结合；企业追逐利润与实现社会主义生产目的的统一；社会主义按劳分配原则同市场经济的等价原则的有机统一；社会主义公有产权配置资源机制、社会主义协作配置资源机制同市场配置资源机制有机结合；社会主义国有经济内部产权市场同社会产权市场有机结合；社会主义公有制的动力机制同市场的动力机制的有机结合等等，也都是必然的、客观的，不以人们意志为转移。《有机结合论》上篇一共13章，对此一一进行了揭示和论证[①]。

从全新的角度深入揭示了社会主义与市场经济之间有六个方面的矛盾，并详细论证了如何正确处理这些矛盾以达到二者的有机结合。主要有“不同所有制企业争夺生存、发展条件矛盾的调节”“市场上劳动力出卖者与企业内部主人翁地位矛盾的调节”“按资分配与按劳分配矛盾的调节”“社会主义维护整体利益与市场经济追逐微观效益的矛盾及调节”“社会主义改造社会、改造自然和发展经济的自觉性同市场经济自发性的矛盾及调节”“国有企业经营国际化的矛盾与调节”。

在揭示和论述不同所有制企业争夺生存和发展条件矛盾的调节时，其

① 刘桂斌：《社会主义市场经济新论》，人民出版社1998年版，第186页。

明确指出，由社会主义初级阶段的基本经济制度所决定的公有制为主体、多种所有制经济共同发展，就必然存在着相互争夺市场、原料、人才和资金等方面的矛盾，国家有必要采取以下方针、对策进行调节。（1）实行国有大中型企业外向主导型与个体、私营企业的内需主导型发展战略的适度分工的对策；（2）实行国有大中型企业的资金、技术密集型与集体、个体、私营企业的劳动密集主导型的有机结合；（3）国家积极引导和发展以国有大中型企业为核心的，联合小型集体、个体、私营企业的专业化协作企业集团；（4）以产权关系为纽带，形成以公有制为主的股份制公司为具体形式的混合经济。文章明确指出，这种混合经济形态，是社会主义初级阶段，社会主义公有经济同个体、私营经济有机结合的一种高级形式①。

至于市场上劳动力出卖者与企业内部主人翁地位矛盾的调节以及"按资分配与按劳分配矛盾的调节"则主要是通过建立劳动联合与公有为主的要素资产联合有机结合的中国式现代企业制度的办法予以调节、解决。前面已介绍了这种中国式现代企业制度，采取劳力、资本、技术发明均可入股的办法，劳动者工资收入虽然仍然是市场的劳动力的价值，但是劳动者进入企业内部以后，个人劳动力价值不但以工资的形式得到了报酬，而且同时这个价值又虚拟为人力资本同其他要素股一样参加分红获得企业利润。再者在企业内部，由于公司的法人财产权归企业集体所占有，劳动者已成为企业所有者。企业按照劳动者代表的管理委员会同所有者代表的董事会签订的资产经营责任制，上缴给要素所有者的利润由董事会按资产要素股分配，企业留利部分除按资产经营责任制用于扩大再生产的投入外，其余部分则由管理委员会实行按劳分配。劳动者作为在市场上的劳动力出卖者同进入企业内部以后的主人翁地位，以及按劳分配同按要素资产分配，就都实现了有机结合②③。

（原载《湘潭大学学报（哲学社会科学版）》2000 年第 5 期）

① 刘桂斌：《社会主义市场经济新论》，人民出版社 1998 年版，第 187-198 页。
② 刘桂斌：《社会主义市场经济有机结合论》，人民出版社 1999 年版，第 199-226 页。
③ 刘桂斌：《社会主义市场经济新论》，人民出版社 1998 年版，第 185-187 页。

有中国特色的社会主义在艰辛探索中孕育新的发展[①]

江泽民同志《在庆祝中华人民共和国成立五十周年大会上的讲话》中，高度地概括了中国人民一百五十年来，特别是近二十年来求解放、图发展的艰辛奋斗的历史经验，深刻地指出："奋斗就会有艰辛，艰辛孕育新的发展，这是一个普遍规律。"正是这一规律向我们揭示了中华人民共和国成立前的百年浴血斗争孕育并迎来了新中国的诞生，中国人民从此站起来。新中国成立后的五十年，特别是改革开放二十年的艰苦卓绝的奋斗，使昔日积贫积弱的中国发生了翻天覆地的历史巨变。这一规律也在向人们预示，现在中国正在继续深入进行的改革和现代化建设，尽管还面临着重重困难与险阻，但这些困难与险阻，也只不过是有中国特色的社会主义事业新的发展阶段到来的前兆，或分娩前的阵痛而已。这是因为，在克服和战胜这些艰难险阻而进行的艰辛探索的实践中，就孕育和创造着克服和战胜艰难险阻的条件、动力、途径、方法和理论。在十一届三中全会以来二十余年的改革、开放和发展经济的探索历程中，其已经并将继续得到证实。

20 世纪 80 年代以后，由于社会主义国家原来实行的过度集权的体制模式的弊病已逐渐显现，各资本主义大国加紧了对这些国家的遏制与和平演变的强度和步伐，从而使得原东欧和苏联的社会主义制度相继崩溃，世

① 原题为《有中国特色社会主义在艰辛探索中孕育新的发展》，为了便于理解做了细微改动。

界社会主义运动进入了低潮。在这种情况下，中国共产党领导中国人民为坚持和改善社会主义进行了不屈不挠的奋斗、探索。正是在这种艰辛奋斗的探索中孕育了邓小平同志的“摸着石头过河”的、“渐进”的改革和发展方式。这种改革与发展的方式，建设有中国特色社会主义的实践是前无古人的事业，必须探索地前进。以上符合所谓“草鞋无样，边打边像”的道理，也符合新事物初生阶段比较弱小、旧事物对其阻力较大，不可能一蹴而就的实际，更符合中国的改革属于社会主义制度的自我完善的目标要求，并非要改变社会主义的根本制度，因而必须对人民、对中国社会发展的前途高度负责，谨慎从事。故不能不采用摸着石头过河的方式探索地前进。正由于在艰辛的探索中找到了这种正确的、符合实际的改革、建设的新方式，并付诸实施，从而在根本上探明了现阶段中国社会国情的这条大河的深浅，确认中国现在还处于社会主义的初级阶段，逐步形成了以党的“一个中心、两个基本点”为核心的有中国特色的社会主义建设道路。因而，在世界社会主义运动的低潮中，有中国特色的社会主义事业新的、独自蓬勃发展的奇迹。这种在低潮到来时，不但没有被退潮的狂浪所冲垮，而且成了中流砥柱，在低潮中却得以新生和发展的奇迹。它充分表明了有中国特色的社会主义事业前进的步伐是没有任何力量可以阻挡的，也预示着世界社会主义事业的中兴、发展，有了新的希望和光明灿烂的前程。

有中国特色的社会主义的核心是发展生产力，而在落后的国家发展生产力，追赶西方发达国家的艰辛探索中孕育了把计划手段、市场手段同社会主义公有产权手段、社会主义协作手段有机结合起来配置资源、合理组合生产力的途径，从而逐步形成了促进生产力持续高速发展的社会主义与市场经济有机结合的社会主义市场经济的目标体制模式。它能把社会主义的劳动者主人翁地位、按劳分配同市场经济的竞争、微观主体的自主经营自负盈亏等两种动力优势和上述的两种组织生产力手段的优势有机结合起来，形成了促进生产力发展的强大合力。随着这种目标体制模式的建立和进一步完善，特别是作为其核心内容的社会主义与市场经济的有机结合的逐步实现及其矛盾的调节与合理解决，借以振兴中华、追赶上西方发达国家就大有希望。

建立和完善社会主义市场经济体制的关键和难点在于建立社会主义与市场经济有机结合的微观基础，即改革国有企业建立有中国特色的、社会主义的现代企业制度。改革的历史表明，这是一个十分艰难的任务。但是，正是在这种国有企业深化改革、建立中国式的社会主义现代企业制度的艰辛探索中，逐步形成了政企分开、所有权与经营权分离、劳动者的劳动联合与公有制为主体的资本联合的有机结合等一系列建立有中国特色的社会主义现代企业制度的途径与具体实现形式。随着国有企业的这种改革的探索的深入，克服困难的条件、方法、途径也会在这种艰辛探索中大量涌现出来。一种适合中国国情的，具有很强活力的，在国内外市场上富于竞争力的中国式的社会主义现代企业制度必然会形成。社会主义市场经济体系一旦建立在这种坚实的微观基础上，就必将充分显示并发挥其巨大的生命力和优越性。

社会主义市场经济必然实行对外开放。在既要对外开放、融入世界经济全球化的大潮中，又要保持自身的民族性、自主性、社会主义的基本原则和经济上的控制力，在两难的艰辛探索中，孕育了自主开放型经济发展模式及其一系列具体的、把对外开放同本国经济结构调整和发展战略的实施相结合的方针政策，形成像革命时期的统一战线中的独立自主性那样的，一种融入世界文明中的、相对独立、自主的社会主义新经济。借此，其将把社会主义市场经济推向更广阔的世界市场，促进本国经济的发展与世界社会主义事业的全面振兴。

有中国特色的社会主义事业胜利的根本前提和保证是中国共产党的坚强和正确的领导。在改革开放所面临的极其复杂的国内外环境及资本主义国家加紧推进遏制与和平演变的战略、策略的进攻下，为确保中国共产党思想、组织、作风上的纯洁性和先进性的建党的艰辛探索下，逐步形成了我们党新时期的“一个中心两个基本点”的基本路线，以及“三讲教育”“三个代表”的整党、建党的新路线、新方法、新理论。只要中国共产党自身更加坚强起来，在自己的一切行动中，始终代表了中国先进生产力发展的要求，先进文化的发展方向，代表了工人阶级和最广大人民群众的根本利益，那么，工人阶级和劳动人民就会更加信任他，更加紧密地团结在他的周围，凝成合力、共同奋斗。那样，建设有中国特色社会主义征途中的任何困难，都能被一一克服，社会主义、共产主义事业的胜利，也就有了强大的动力和可靠的保障。

总之，只要我们为之奋斗的事业是客观发展进程中必然要出现的新生事物，而又有坚强不屈的领导和骨干队伍的引路，那么这种奋斗的艰辛中就孕育了解决困难，促进该新事物茁壮成长的条件、动力、途径、方法和理论。有中国特色的社会主义事业是一个符合中国社会发展客观规律的、伟大的新生事物。为了培植这个新生事物的成长，中国工人阶级和广大劳动人民在中国共产党的坚强领导和马列主义、毛泽东思想，特别是邓小平理论的指引下，进行着艰辛奋斗，正是这种艰辛的奋斗，逐步找到和创造并将进一步找到和创造出新的条件、动力、方式，新的手段、新的途径和新的理论去克服困难，推动事物的新发展。有中国特色的社会主义事业的探索是艰难的，但也是必胜的；整个世界的社会主义事业由低潮而走向高潮是艰难的，但也是必然的。社会主义、共产主义事业终将会在全世界走向彻底胜利。这是人类社会发展的客观规律，不以人们的意志为转移的，也是任何力量所阻挡不了的。一切畏缩不前、悲观失望的态度和观点，都是不符合客观事物发展规律的，因而也都是错误的。

结论是：道路曲折，前途光明。

（原载《湖南经济》2000 年第 7 期）

第二篇
农村和企业公有产权制度改革

公有产权制度实现形式的改革与创新是体制改革成败的关键

旧体制下社会主义公有产权制度的实现形式，是产权的各种权能未加分解的、政府高度集权的一种实现形式。因而它排斥市场作用，无法同市场经济结合起来，更谈不上两种优势的合力化，而且企业中劳动者主人翁地位也得不到真正体现。所以本来是适应生产力发展和社会生产关系演革规律而产生的社会主义经济制度，其活力没有得到充分发挥。而且随着这种排斥市场作用的高度集权的产权制度的实现形式在时间上的延长，它产生初期表现出来的较大活力也随之减弱，以致面临枯竭。由此可见，恢复和振兴社会主义公有经济固有的生机，推进社会主义制度的完善和发展的关键就在于改革公有经济产权制的旧的高度集权的实现形式，探索其产权权能分解的、新的实现形式，以期实现社会主义同市场经济的有机结合，把两者的优势结合起来。所以中国的改革能否探索同市场经济有机结合的公有产权制度的最佳实现形式，实现社会主义与市场经济的有机结合，乃是决定改革成败和有中国特色的社会主义经济存亡的大问题。如果找不到公有制的适当的新的实现形式，社会主义同市场经济不能有机结合，那么会出现搞社会主义就不能搞市场经济的问题，从而就会回到旧的集权体制上去。历史已经证明那是搞不好社会主义的，也是不能长期坚持下去的。反之，如果搞市场经济就不能坚持社会主义的话，那么这种市场经济就不会是社会主义市场经济，而是资本主义市场经济。无论是前者或后者，其结果都会是社会主义市场经济改革的失败。问题就是如此严肃而明白地摆到了我们的面前，千万不能等闲视之。而且必须注意，能够同市场经济相结合的公有制的实现形式，也是随生产力的发展和社会主义初级阶段的基本经济制度的巩固和完善而不断向前发展。所以任何安于现状，不肯下苦功夫去探索、创新或者完全依赖别人，忽视国情照抄照搬外国模式的做法，都是十分有害的。

我国社会主义市场经济的新体制，是在公有经济产权的权能分解的改革过程中创造的各种新的实现形式逐步同市场经济结合而萌生、成长起来的。因此，这种新体制的进一步完善和建成，就仍待产权制度的实现形式继续改革、创新。

一、产权制度演革的一般规律性及我国改革的特点

马克思是伟大的产权经济学家，他揭示了产权的起源、实质，资本产权的生命运动过程和近代企业产权权能分解、演变的一般规律性，并对未来劳动产权（公有制）的基本特征做了一般描述。这些理论仍然是我们今天探索社会主义公有产权制度实现形式的改革、创新，实现社会主义与市场经济的有机结合，建成社会主义市场经济新体制的根本指导思想。

产权是在社会生产过程中，主体之间对财产的权力关系，简称产权。其实质是人们之间的生产关系在法律上的表现。正如马克思所揭示的那样，“财产关系（这只是生产关系的法律用语）”。[①] 产权关系包括纵向与横向两个方面。纵向的关系是主要的、基础的，横向关系是从纵向中派生出来的。纵向产权关系，是指同一经济组织内部（企业）狭义所有权、占有权、支配权和使用权的关系；横向产权关系则是指不同产权所有者在行使自己的权力时，相互所发生的“伤害”与“被伤害”关系方面由法律所界定的权力。纵向产权关系的揭示是马克思的重要贡献；横向产权关系的描述是美国产权经济学家科斯在产权关系的一个旁枝上的发展。在本文的分析中，发挥主要指导作用的是马克思关于产权的权能分解和劳动产权理论。

---

① 《马克思恩格斯选集》第2卷，人民出版社1966年版，第82页。

产权制度是一定社会形态或一定社会形态的某一发展阶段的产权关系的具体实现形式。它主要包括三个组成部分，即回答三个基本问题：一是企业财产归谁所有，属何等所有制形式，所有者主体的代表是谁？二是企业财产的所有者结构是一元，还是多元；是自然人，还是法人？三是企业产权的各种职能（狭义的所有权、占有权、支配权、使用权）是否分解，如何分解以及分解之后，各种权能主体之间的责、权、利关系怎样？因而所谓产权制度的变革、创新，乃是指由一定性质或具体实现形式的产权关系向另一种性质或具体实现形式的产权关系的变革。由于产权关系的实现形式包括上述三个组成部分，所以产权制度的改革，既可能是三个组成部分的具体形式都发生变革，也可能只是其中的一个部分或两个部分的变革。当代西方发达国家的现代企业制度，就是由前述产权制度结构的实现形式不断演革而来。例如，它经历了近代的小私有制向资本主义大私有制的产权性质的演革；由单一业主制向合伙制、股份制推进的产权主体结构的变革；由产权的权能合一到产权权能分解的改革。这就是近代产权制度演革的一般规律性。

我国的经济体制改革，其核心也是公有产权制度实现形式的改革，也要遵循一般规律，毫不例外的要包括上述三个部分的改革。但是，由于我国的体制改革是属于“社会主义制度的自我完善和发展”的性质，因而主要不是社会主义公有制性质的改变，而是在坚持公有制的前提下所进行的公有产权的权能分解，探索公有制新的实现形式，实行社会主义公有制同市场经济有机结合的改革。我国经济体制改革的二十年历史，就完全证明了这一点。例如，我国的经济体制改革率先在农村开始，继而向城市推进，但无论是前者或后者，都是鉴于旧的公有制产权的各种权能高度集中于政府手中，不能充分发挥企业和劳动群众的生产、经营的自主性，所以，才先后通过扩大企业自主权、利润分成、经营承包责任制、合作制直到股份制等一系列产权权能分解的新的具体实现形式，推进公有产权制度的改革，从而使市场机制、市场经济以此为基础，借以萌生和成长起来。正是由于这种市场机制、市场经济是在这些公有制产权权能分解的各种实现形式基础上借以萌生、成长，因而也就决定了这种新的市场经济是社会主义市场经济。这就是我国以产权的权能分解和探索公有产权的各种新的具体形式为核心的，整个社会主义市场经济体制改革的特殊规律性。

二、公有产权制度实现形式的改革仍须探索、创新

如上所述，二十年来，我国的经济改革由于公有产权的权能分解和公有制的新的实现形式的改革、创新而使社会主义市场经济的新体制得以萌生、成长起来。但是也由于刚刚建立的公有产权制度的新的实现形式有些方面还很不完善，有的是全盘从发达国家移植过来的，不完全适用于中国国情；有的还维持旧体制时的原状，没有发生改变。所以社会主义市场经济体制还没有建成，社会主义公有产权制度的实现形式仍须继续改革、探索和创新。例如，改革起步最早的农业生产的双层经营体制尚不完善，相当多的农村村级集体经济很薄弱，甚至基本没有。为了通过一定的经济组织形式来建立、壮大集体经济，就必须进一步深入探索和改革创新。然而对此，也有不同的看法。有的人用西方“诱致性制度变迁”理论为依据，主张通过完全自发的“大鱼吃小鱼”的办法，使土地在少数人手里集中，来实现规模经营。在本文作者来看，这既不符合中国国情，也不是社会主义市场经济改革应走的道路。又如，许多同志所说的国有企业建立现代企业制度的具体形式和国有经济所涉及的领域、范围及其所有者代表的实现形式，是从发达国家移植过来的。它固然有许多优点可以为我所用，但也有许多弊端，不完全适应我国国情。如股份制只是一个单一的资本联合体，实行出资者的委托代理制，在产权上仅仅保证出资者的权益，劳动者在企业的主人翁地位没有保证。按股份制的运作原则，政企也很难分开。再如，国有企业的垄断性与竞争性企业的资本所有权权能都以政府的国有资产机构为代表来承担，非常不利于竞争性企业在市场竞争中生存、发展。也有相当一部分人认为应该像西方国家一样，保留15%~20%的垄断性国有经济即可，其余竞争性经济应“私有化”，对其中的中小型企业则主张“一卖了之”。在这种主张的影响下，有的地方在“一卖了之”中国有资产大量流失等等，其充分表明了社会主义市场经济体制确实还没有建成，人们的认识也有很大差异。因此探索同市场经济能够最佳结合的公有

产权，特别是国有经济产权的实现形式的改革、创新，就显得更为必要了。而且这种现状也充分表明，我们的探索、创新，从始至终必须认真遵循邓小平同志提出的有中国特色的改革与建设道路的理论指导。正如邓小平同志在党的十二大的会议上指出的："我们的现代化建设，必须从中国的实际出发。无论是革命还是建设，都要注意学习和借鉴外国经验。但是，照抄照搬别国经验、别国模式，从来不能得到成功。这方面我们有过不少教训。把马克思主义的普遍真理同我国的具体实际结合起来，走自己的道路，建设有中国特色的社会主义，这就是我们总结长期历史经验得出的基本结论。"离开了这条唯一正确的有中国特色的建设与改革的道路，就会一事无成，走上邪路。

（收录于全国高校社会主义经济理论与实践研讨会第 12 次会议（1993）论文集）

公有产权实现形式继续创新的构想

目前我国公有产权的实现形式，有的已在改革创新中产生，但还不完善；有的是从国外移植而来，尚待根据我们的国情进行一些改造；有的基本保持改革前的形态，没有发生根本变化。为了实现社会主义公有制同市场经济的有机结合，我们提出对公有产权实现形式继续改革创新的如下构想。

一、对企业产权制度的股份制形式的继续改革创新

我国现在主要是移植西方股份制作为中国建立现代企业制度的典型形态。股份制的优点方面，如资本社会化、投资主体多元化、法人财产权的确立、用少量资本推动大量社会资本、资本产权证券化、产权可以流动等，这些均可作为中国式现代企业制度实现形式的一般构件。但是它的一些缺陷是不适应于中国国情，或者需要经过较大的改造以后方可利用。例如，它的单一资本联合体的性质，它的以表面上的产权权能分解，掩盖其通过委托代理制实行资本所有者、特别是大资本所有者对企业的全面控制以及对劳动者创造的剩余产品的高额索取等弊病，套用于中国，则无法在产权关系上确立社会主义公有制企业中劳动者的主人翁地位，因而其主动性、积极性也无法发挥；还不可能真正实现政企分开，使企业成为自主经营、自负盈亏的商品生产和经营者。所以必须对公有产权关系的股份制实现形式，进行以下三个方面的改造、创新。

（一）改股份制产权制度的单一资本联合体的形态为要素资产联合体形态

西方股份制的产权制度形式是单一的资本联合体，同为生产要素而且在现代经济增长中的贡献越来越大的科学成果和劳动力，被排斥在资产的保值、增值范围之外。这种在股份制产生时的重资本、轻科技、轻劳动力的弊病，显然并不适应真正的现代企业制度发展趋势，亟待改造。本文作者认为，在我国改革中，湖南、山东等地群众创造的一种资本、劳力、科技成果、土地使用权均可入股、分红的“泛股份制”，比较符合现代经济制度演变的趋势，有利于把一切资源的积极性都调动起来、组合起来，形成巨大的生产力。科技与劳动力入股分红，也就是实现这两个要素的资本化。具体做法是按科技成果的市场评价和劳动力的年价值，折合成资本股，同资本股一起构成要素资产联合体。

（二）改革股份制中的委托代理制，构造全民所有者同企业劳动集体占有者的分权模式

在西方股份制中，存在两种完全不同的产权关系。① 出资者同自己的代理人（公司治理层的董事会、监事会以及所雇佣的经理）的委托代理关系，通过资本所有权同使用、支配权分解的形式表现出来；② 企业劳动者为一方同资本所有者及其代理人为一方的被管理、被支配同管理、支配的关系。资本所有权在后一种关系中不存在任何分解的问题，在权益上基本是处于对立状态。所以西方股份制运用于社会主义公有制的企业中，不能把这种产权关系的实现形式原封不动地照搬过来，而必须按公有产权制度的基本性质，从中国国情出发重新构制。由于资产的所有权主要属于全体劳动人民，企业的劳动者是这个整体劳动者中的局部，尽管他们之间也有权益之分，但不是对主的关系，而是整体和局部的关系。因此，这里的产权关系应通过以下实现形式重新构造：① 企业资产产权的权能在全体人民同企业劳动者集体之间直接分解，即所有权属全体人民，占有权（包括支配使用权）属于企业局部劳动者集体，而不应属于所有者的代理机构和个

别代理人；② 由于所有者与占有者都是大小不同的劳动者群体，因而都要有自己的代表机构分别履行所有权与占有权职能。这就是一方是由公有产权代表为主的股东选举产生的董事会执行所有权职能；另一方由企业劳动者集体选举产生的企业管理委员会执行占有权职能。在企业管理委员会同公司董事会之间签订资产经营责任制。企业劳动者集体对全民为主的所有者出资的资产承担保值、增值的责任。企业创造的剩余产品，按资产经营责任制的规定上缴所有者的部分，由董事会按要素资产股权分配；余下部分除按责任制中规定留一定量的积累外，在劳动者之间实行按劳分配。

这种产权关系形式的实质是整体与局部两个层次的劳动联合体的有机结合，是全民为主体的要素资产出资者的所有权同企业劳动者集体对法人资产的占有权（包括支配、使用权）的权能分解后的责、权、利关系；是企业劳动联合体内部的按劳分配与企业要素资产联合体内部的按要素资产分配的有机结合，是社会主义公有产权制度新的实现形式同市场运行机制的有机结合。

归根结底，这种全民所有制经济的产权关系的新的实现形式，解决了旧的高度集权下所不能解决的两个关键性的问题。即：① 在所有权与占有权不分的条件下，公有制实现形式同市场经济是相互排斥的，市场经济失去存在的经济条件而不复存在，从而市场机制的竞争的动力作用与配置资源的作用均已消失。所以，社会主义与市场经济的两种动力、两种配置的作用的有机结合更不可能存在，因而那时的公有制实现形式，严重缺乏技术进步与经济发展的动因，并经常出现总量失衡、结构失调的宏观经济的严重局面。经过如上所述的产权关系形式的创新，所有权与占有权名副其实地分开后，企业取得占有权，也就是取得了自主经营、自负盈亏、自我积累、自我发展、自我改造的商品生产者、商品经营者的经济地位。从而社会主义经济就应运而生、应运存在和发展；社会主义与市场经济的结合，两种动力机制、两种配置资源机制的合力化，也就变成顺理成章的事情。因而，这种社会主义公有制的新的实现形式，在技术进步、生产力发展以及配置资源等方面的优越，便会是无可比拟。② 解决的第二个关键性的问题，是当所有权与占有权不是在全民所有者与企业劳动者集体之间分解，而是只在所有者同自己派出的代理人之间的分解时，那么企业劳动者的主人翁地位无法在企业产权制度上得以确保，因而国家委派的管理者就往往会凌驾于劳动者之上，并不真正尊重劳动者的主人翁地位，而劳动者自己也不能真正体会到自己是企业主人，因而主人翁的主动性、积极性也就不能长期存在。苏联东欧国家崩溃的历史经验表明，在这种情况下，一旦出现了动摇和改变公有制的政治动荡局面，这种公有制实现形式连同建筑在它上面的上层建筑崩溃时，作为社会主义社会基础的劳动者也就不会感到惋惜，甚至还可能不自觉地推波助澜。这一历史的教训值得注意，千万不可轻估。只有如上所述，实现公有产权的所有权与占有权在全体劳动者同企业集体劳动者之间的分权，劳动者的主人翁地位，在产权制度上才得以确保。再加上社会主义与市场经济两种优点的融合，那么这种新型的、有中国特色的社会主义公有制形式，通过不断完善、发展并过渡到它的最终目的地。从根本上而言，因为这种新的企业产权关系的实现形式的构造，能够充分调动一切可能调动的人力、物力、财力、地力、科技力等资源，并有效地组织、配置好产生强大的合力，造福于社会。因而，它应该是社会主义市场经济的微观基础和最佳选择，是中国式现代企业制度的基本实现形式。作者认为，这是社会主义市场经济改革的中心问题和成败问题，我们应当集中精力去解决这个问题，而不应不分主次，绕道而走，或者相背而行。实际上这也是我们成功地建立有中国特色的社会主义市场经济体制的希望所在。

（三）企业内部实行占有权与支配权的新式权能分解，构造劳动者同厂长（经理）之间的新型关系

如上所述，在全民企业的所有者同企业劳动者之间的产权关系中，企业劳动者集体取得了占有权，通过民主选举企业管理委员会，承担所占法人财产的经营管理。现代企业的管理必须建立在集体领导和专人负责的基础上，而且这种专人应该具有很高的专业管理知识和才能，在市场竞争中富有实力。因此，厂长经理应当由企业管理委员会在市场上竞争招聘上岗，并对企业占有者直接负责。占有者既有招聘权，也就有解聘权。在企

业产权关系中，实行劳动者集体的占有权职能同厂长（经理）的支配权职能的分解，用责、权、利有机结合经营责任制，作为两权分解后的经济联系和纽带。厂长（经理）就会同时受占有者的企业劳动者集体、所有者的监事会和经理市场的三重机制的激励与约束，从而既可以充分发挥其管理才能，也可防止他们个人把企业公有财产变为已有或为所欲为。因而那种上无得力所有者下无劳动群众约束时所产生的“富了方丈穷了庙”的现象，就会因为产权关系的这种改革、创新，而丧失其存在的条件。另一方面，对于劳动者来说，集体的占有权和主人翁地位，也就得到充分保证。作为生产要素的直接劳动者个人，则也要同企业签订企业内部的经济责任制合同，并严格服从厂长（经理）的支配、管理。这种建立在新的产权关系的基础上，既有民主又有集中的民主集中制管理体制，应该说是最佳的、有中国特色的现代企业制度的管理体制。

二、关于国有经济所有权代表职能的分类设置

垄断性与竞争性的全民所有制经济的所有者的代表职能都由政府承担，弊病很大。为了使竞争性全民所有制经济的各个企业成为一种独立生存、运行和发展的社会经济的主导形态，就必须使它的产权的所有者代表从政府那里分解出来，由人民代表大会下设的全民经济（竞争性的）资产管理委员会承担，并通过这个资产管理委员会下设的投资公司、控股公司、独资公司等形式，自成系统、自主营运，自我积累、自我改造、自我发展。由于这部分经济是建立在社会化程度较高的、先进层次的生产力的基础上，从政府那里分解出来以后，又有专一的资本经营目标、专门的管理体系与专业人才进行专一的资本产权的营运管理，加之整个全民所有的竞争性资本有了统一的所有者代表机构——资产管理委员会，它能够利用全民经济的产权配置资源机制，根据国内市场的竞争态势，同市场配置资源有机结合起来，及时灵活地对整个竞争性全民所有制经济进行协调和资产重组，使这部分经济具有极大的实力和极强的生命力。从而在整个社会的经济运行发展中发挥最佳的主导作用，并通过产权纽带对其他形态的所有制形态的企业参股、控股，大中小企业有机配套结合，从而带动更大量

的或整个社会的社会资本为社会主义现代化建设事业服务，也为将来社会主义初级阶段向更高的阶段过渡创造物质、技术基础。

至于全民所有制经济的另一部分，即垄断性的经济部分，由于它们经营的目标多元性，不仅要力争保值、增值，而且更重要的是要服务于整个国民经济和社会生活的运行，具有政府调控手段的职能，以及它受政府财政支持的政策性，所以这类全民经济的所有制代表的职能应由政府承担。正由于全民经济的上述两部分具有十分明显的运行目标、运行方式的差异，所以不应该都由政府承担统一的所有者代表，混合营运。这样会严重地制约各自的经营目标和实现营运方式的有效性，直至被自己的所有者代表拖垮。为此这两部分全民经济的所有者代表职能势必分解，一部分仍由政府所属的国有资产管理机构承担；另一部分由人民代表大会下设的全民所有制经济资产管理委员会承担。因而，也应把这两部分的全民经济的名称区别开来。属于政府承担所有者职能的那部分垄断性、生产公共产品产业的经济，仍称为国有经济。而另一部分由于它同社会上其他所有制中经济和经营目标、经营方式相同，因而仍应恢复社会主义全民所有制的名义，因为它也成了一种“民办”“民营”经济。

三、关于农村村级集体经济产权制度实现形式改革、创新的构想

如前所述，农村经济的进一步发展，农民生活水平再上新台阶，逐步实现共同富裕，需要各级党组织和政府切实按江泽民同志在党的十五大报告中所提出的要求去做，这就是“长期稳定以家庭联产承包为主的责任制，完善统分结合的双层经营体制，逐步壮大集体经济实力”。壮大集体经济当然不能采用过去集中“归大堆”的办法去做，必须创造一种集体经济产权制度的新的实现形式，才可能在稳定家庭联产承包的基础上，由农民自愿加快去办。这种集体经济产权制度的新的实现形式，应该是以村级集体现在已直接占有、支配的非农户家庭所承包的各种经济资源为基础（包括集体资本、乡镇企业的财产、荒山、荒水等），采用资本、劳力、土地使用权、科学技术等要素均可入股的“泛股份制”的形式，以产权为纽带引导农户将相对剩余（相对家庭已承包的资源而言）的要素资产以及村

外的愿意前来投资的各种要素资产入股，以此来发展、壮大村级层次的集体经济。这种村级集体经济的发展不仅在产权关系上采用了上述新的实现形式，而且在发展的具体道路上也要有新的方式。即主要通过为农业的产前、产中、产后服务，为城乡经济交往建立基础设施等办法，创立农业产业化的生产基地和龙头企业。产业结构要尽可能避免同城市产业结构雷同，但又要以它为基础同城市有关工商业，形成农业生产服务的产业链的新体系。通过这样一种发展、壮大农村经济的产权制度的新的实现形式和新的发展的具体道路，走出一条有中国特色的农村工业化、农业产业化与农业现代化的有机结合的中国式的农业产业革命的特殊道路来。

从以上分析可以看出，无论是全民所有制还是农村集体所有制经济的公有产权制度的实现形式的继续改革、创新，都是实现社会主义公有制同市场经济有机结合，是建成社会主义市场经济体制的关键。这种结合的实现和新体制的建成，就能利用社会主义公有制与市场机制的两种动力机制的合力和运用公有产权配置资源机制的有机结合，动员国内外一切可以动员、挖掘的各种经济资源，并把它们合理组合、配置起来，形成强大的生产力。

（原载《湖南经济》1998年第10期）

论“两个飞跃”之间的过渡体制及其途径

——兼议农户联产承包基础上的经济联合体

安徽是我国农村体制改革、创新最早的先进省份。60 年代初，就实行过农户联产承包责任制。从 20 世纪 60 年代初起，作者在那里工作了 16 年，对这个制度创新有所了解。最近作者又在湖南韶山市的一些乡村进行了走访座谈，对农村如何进一步深化改革，进行制度创新向农民兄弟进行请教，得到很大启发，得到如下一些思考。

党的十一届三中全会以后，中央及时提出了“统分结合、双层经营”的农村体制改革的目标。邓小平同志还提出了“两个飞跃”的战略思想。他指出，“第一个飞跃，是废除人民公社，实行家庭联产承包为主的责任制”，“第二个飞跃，是适应科学种田和生产社会化的需要，发展适度规模经营，发展集体经济”。十多年来的实践充分表明，这一改革目标与发展战略思想是符合中国国情的。但是，作者认为，从第一次“飞跃”到第二次“飞跃”之间，需要有一个过渡的体制模式。这个过渡体制模式是，在农户联产承包制的基础上建立起新型的村级经济联合体。其具体形式是股份制与承包制的有机结合，要素资产联合与劳动联合有机结合的经济联合体。

一、农村出现的各种经济联合是“需求诱致性”的制度变迁

关于农村经济从第一个“飞跃”到第二个“飞跃”，即从农户联产承包制到规模经济的问题，现在有相当一部分实际工作者和理论工作者认

为，这种过渡途径，必然是农户在市场上自发分化、优胜劣汰，最后土地向种田农户集中，形成规模经济。在这个过渡中，政府不能出面组织、扶植。因为按他们引用西方制度经济学派的观点认为：制度变迁需求与制度变迁供给要平衡，只有从下而上的、自发性的制度变迁，才是“诱致性”的制度变迁，才符合市场经济的要求。如果政府出面组织扶植，那就是“供给主导型”制度变迁，不符合市场经济要求，而从承包制到搞规模经济只能自发形成。本人不完全同意这个观点，的确，制度经济学派主张制度变迁的供给要同制度变迁的需求平衡的观点，有其重要的积极作用。制度变迁不应人为地去超过客观经济的发展要求。但是，当这种客观要求出现时，他们否定人们的主观能动性的作用是不正确的。尤其在社会主义条件下，完全自发的主张更是不可取的，也是不可能的。因为，社会主义是不可能自发产生和发展的。

改革开放以来，中国农村实行的家庭承包经营责任制，对农村经济的发展及市场取向的经济体制改革，做出了不可磨灭的两大历史贡献。第一，它使广大农民从高度集权的人民公社的僵化体制中解放出来，释放出了巨大的能量，迅速改变着农村的经济面貌，并推进了整个国民经济的高涨；第二，它使农户获得了独立经营和自由出卖自己产品的权力，因而成为社会主义市场经济的开创者。但是，正是由于它创造的两大历史功绩，又反过来显露了它本身的超小规模经营的历史局限性同进一步发展社会化的大生产和大市场的深刻矛盾，因在联产承包的基础上产生了建立经济联合体的客观要求。为适应这种宏观要求，政府进行积极的引导、扶植和组织工作，自然也是一种“需求诱致性”的制度变迁的行为。这是由以下两个方面的理由决定的：

（一）单层经营的农户承包责任制已不能完全容纳由它自身创造出来的生产力

单层经营的农户承包责任制已不能完全容纳由它自身创造出来的生产力了，因而继续进行制度创新，就成为客观的必然趋势。这首先表现为，由于家庭联产承包制初期被压抑的能量的释放，劳动生产率的提高，又使得这种非常狭小的经济组织制度无法继续承受。其突出的表现是，农村相对过剩的大量经济资源被闲置、浪费、流失或使用不合理。据有关统计：新中国成立以来，国家培养了农业科技人才 160 万人，改革开放以来仍留在农村的只有 75 万人了。农户个体承包经营的经济组织制度的确已不能完全容纳自己释放和创造出来的生产力了。而个体农民本身的局限性，又不可能提出更新、更好的办法。因此，各级政府、特别是县、乡级政府，出面积极引导、扶植农民，在不破坏联产承包经营体制的基础上，继续进行制度创新，实行各种经济联合，把农村中家庭承包制所不能容纳的一切相对剩余的经济因素以及城市的、外国的可以引进的资源动员出来，集中使用、合理配置，形成社会化的新的生产力，实行农村经济的“第二次飞跃”，就是十分迫切的任务。这是马克思所揭示的生产关系一定要适应生产力发展的要求的规律作用的必然趋向。即使是按西方制度经济的观点来看，这也应该算作是“需求诱致主导型的制度变迁”。现在的问题是制度变迁的需求剩余，供给不足。怎么能把政府适应如此强劲的制度变迁的需求，去引导、扶持农民进行制度创新在联产承包的基础上实行各种联合，说成是什么“不符合市场经济要求”的“供给主导型的制度变迁”呢？这些都需要进行实践。

（二）小生产同大市场的矛盾日趋深刻，也是农村继续制度创新的又一基本动力

农户承包经营虽然是社会主义市场经济的首创者，但它又同现代市场经济的大市场发生日益深刻的矛盾。这主要表现为：承包农户势单力薄，发展潜力不大，难以满足社会大市场对农产品日益增大的需求；单层经营农户摄取的信息量有限、反应迟钝、产业产品结构单一、转产难度大，无法适应大市场瞬息万变的要求。在激烈的竞争面前，往往遭受挫折，容易出现两极分化；单层的农户经营，产业层次低下，局限于初级产品的生产和供应，而将附加值高的加工环节和收益较多的销售环节中城市工商业承担。因此，他们在市场交往中处于劣势，难以自我积累、自我改造和自我发展，等等。这种小生产与大市场的矛盾，不仅使农民对自己的命运难以

把握，处于被动状态，不敢主动进取，并将进一步妨碍整个社会主义市场经济的成长、发育。因此，无论从农业本身的发展、农民生活进一步改善及整个社会主义市场经济顺利运行的要求来看，都迫切要求政府积极出面引导，扶植农村经济组织制度创新，在农户承包经营的基础上，逐步走联合的道路，那种把政府的引导和扶植，看成是对市场经济的违背的观点，显然是不符合实际的。

二、农村的各种经济联合必须以农户承包经营为基础

这是因为实行农户联产承包经营以来，虽然释放了农民的巨大能量，使农村生产力发生了改革开放以来的第一次飞跃。总体而言，农村经济还是很薄弱的，农民生活也还不是很富裕，地区之间极不平衡，相当多的农户生存力还很脆弱；双层经营中的村级集体经营部分，在多数村庄没有建立起来，或十分薄弱。因此，就大多数地方、大多数农户而言，保留小块土地的家庭经营仍然是他们的“命根子”，在激烈的市场竞争中，这既是他们前进的基础，也是他们竞争失利时退回来的生存保障。没有这个基础，农民就会陷入强烈的后顾之忧的心理状态，从而也就会反对任何形式的联合。破坏这个基础，就会造成农村乃至整个社会的动荡，社会主义市场经济体制的改革以及整个国民经济的运转，也会因此遭到严重的破坏。对此，中国在引导、扶植农村的制度创新、经济联合时，必须有充分的认识。

所谓坚持在农户联产承包基础上进行制度创新，主要是坚持两条不可动摇的原则。第一，建立任何形式的联合时，必须是联合由于联产承包释放出来的相对剩余的劳动力、资金、土地等经济资源，而不能触犯农户维持自己生存的那部分生产要素，特别是维持自己口粮生产的那部分承包土地使用权。第二，建立任何形式的经济联合时，都必须以经济利益为纽带，严格遵守自愿原则，绝对不能侵犯农户的经济利益或使用行政命令的办法违背农民的自愿去进行这种或那种联合。否则，一切都会走向它的反面。

三、农村中的各种联合应以建立双层经营中的村级经济联合体为核心

目前，农村经济发展较快的地方，大都同那里的经济联合体的发展有关。这些联合体大致包括三个基本层次：一是农村双层经营体之间的联合。即承包经营的农户同村级集体经济之间的联合。二是村级集体经营体内部的农、工、商、科技各专业之间，及其各业内部的联合。三是村级经济联合体同村外的工、商、科技、金融等经济组织之间的联合。在第三层次的联合中，又包括以下一些具体形式：① 以城市商业企业为龙头，同乡镇企业和农业联合的“商工农”联合体，或“商工”“商农”联合体；② 以城市工业企业为龙头，同农村的乡镇工业、承包农户之间联合的“工工”联合体或、“工工农”联合体、“工农”联合体；③ 以金融企业（银行、信用社）为龙头，同农村的工业、商业、农业联合的“金工”“金商”“金农”等联合体；④ 以科技企业为龙头，同农村的乡镇企业或承包农户联合的“科工”“科农”“科工农”联合体。所有这些联合形式，本质上都是从解决小生产同社会化大生产、小商品经济同大市场的矛盾而派生出来的，而且都是以经济利益为纽带，服务于最大限度地动员、提高合理配置、使用经济资源，促进生产力发展的目标。因此，所有这些经济联合的形式，既是改革开放以来农村第二次制度创新的基本内容，也是农业生产力“第二次飞跃”的基本动力。

以上三个层次的经济联合，应以第一层次的联合为核心。因为这一层次的联合，把农村中的所有承包农户同村级层次经济联合体的集体经营有机地协调起来。极端分散的农户有了统一的经济联合体，作为自己的经济利益的共同体，从而能把村级社区内的各种相对剩余的经济资源动员出来，合理配置好，形成新的生产力；从而使分散的农户能够联合起来，形成强大的市场竞争力；从而使科技力量和各种人才获得了在农村中发挥作用的可靠依托；从而同城市各行各业以至外国经济组织发生联系时，有了自己的统一体来保护农户的利益，免受歧视和愚弄。同时，各个承包户有了自己的村级经济共同体，就能摆脱封闭状态，实现生产和经营的社会

化、商品化；从而也增强了农村进行农田基本建设以及防灾、抗灾、抵制不合理的摊派的组织力量。此外，由于村级联合体的存在和在联合体内的专业化分工协作的发展，农产品的加工、销售的较大的附加值和较好的收益也就会大部分留在农村，增强自己的积累、改造、发展能力。以上分析表明，政府的引导、扶植应把重点放在完善双层经营的村级经济联合体的建立和建立村级联合体同承包农户的经济协作的关系方面。

四、劳动联合与要素资产联合的有机结合应是农村经济联合的纽带和基石

如上所述，农村各种经济联合体的本质就是要使农村内部相对剩余以及外部可以引进的人力、物力、财力、地力、科技力等经济因素动员出来，集中使用，合理配置，以达到农村的农、工、商、林、牧、副、渔各业的振兴和互补互利作用的发挥，实现农业的“第二次飞跃”。而这些资源的后面都有一个所有者，这些所有者都是不同利益的主体，对他们所有的资源既不能剥夺，也没有可能出钱购买。唯一的办法是引导这些资源所有者走联合的道路。作者认为实行一种“泛股份制”，可能是最佳的选择。所谓“泛股份制”，就是资本、土地使用权、劳动力、科技成果均可以入股，以求其保值、增值的一种新型股份制。在这里也是实行入股自由，以及一股一权、一股一利的运作规则。这对于拿出上述资源的资产所有者都是有利的。“泛股份制”也就是一种要素资产的联合体。但是各种要素资产联合起来以后，如果没有人的联合劳动去驱动、去经营，那么这些资源也就不可能转化为现实的生产力。所以，其必须正确处理资产联合体同劳动者之间的权益关系以及劳动者内部的权益关系。在社会主义市场经济条件下，劳动者之间的权益关系，应当是各尽所能、按劳分配的劳动联合的关系。而现阶段资产联合体同这种劳动联合体之间权益的关系，也就必须是出资者同法人经营者的责、权、利关系，从而构成了劳动者联合体同要素资产所有者联合体之间的责、权、利有机结合的经济关系。我们可以将其简称为“劳动联合与要素资产联合的有机结合”的关系。只有这种权益关系，才能把一切可以动员的要素资产动员出来，把所有劳动者的积极性

调动起来，二者有机结合，就能转化为巨大的、现实的生产力。正由于此，农村中的各种经济联合体，都应以劳动联合与要素资产联合的有机结合为纽带、为基石。

五、农村经济联合中的政府行为

以上分析表明，农村经济的各种联合对于实现农村经济的第二次飞跃具有决定性的作用，建立这些联合体是属于制度创新之列的。而这种制度创新既然是联合，就总得要有人来牵线搭桥，进行组织工作。因此，当制度变迁、实行各种联合已成为当地农村经济发展的必然趋势之时，即制度变迁的需求大于制度变迁的供给之时，积极主动出来引导、扶植和组织这种经济联合的制度变迁，也就是各级政府，特别是县、乡级政府责无旁贷的基本义务。任何放任自流的态度，都是对人民不负责任的表现。

政府的引导、扶植和组织工作，首先是向农民进行宣传教育，介绍外地成功的经验，组织农民结合本地的情况进行讨论，提出切实可行的联合方案与具体步骤。农民是否愿意在不改变承包制的基础上，将自己相对剩余的土地使用权、资金、劳动力等资源用来入股联合，必须严格坚持由他们自己作主。

政府的积极引导和扶植，绝不能急于求成。就一个乡而言，应该先在一个条件成熟的村进行组建双层经营中的村级经济联合体的试点，取得真正的成效，使农民能亲眼看到、亲手摸到这种经济联合体，它不是过去归大堆的人民公社的那种体制，对农村经济的发展、农户收入的提高确有好处，才能逐步推广。即使是这种地方多数人要求联合，也不能强求一律，必须绝对尊重那些暂时不愿参与联合，或者根本就不想联合的农户，长期共存、相互支持、开展协作。即使是参加联合的农户，当联合体的经济还不很巩固、不很富裕时，一般要劝说农民除了可以用因劳动力转移的土地使用权来入股外，不要用自己的口粮田的使用权来入股联合。少数人自己要这样做，暂时也必须坚决劝阻。否则，可能引起其他农户的疑虑和恐慌。这样就可能破坏作为当前经济联合的基础的农户承包经营责任制。我们前面已论述过，这个基础还会在相当长的时期内存在。因为它是农民前进的基地，后退的生存保障。在当前破坏了它，也就会破坏社会的稳定。没有社会的稳定，也就谈不上深化改革与第二次农村经济的飞跃了。

各级政府，特别是县、乡级政府，在着力引导农村完善农村双层经营的村级经济联合体的同时，还应积极指导和协助这种村级经济联合体同本村以外的如城镇工、商、外贸、科技、金融等各行各业的经济联合，使村级经济联合体能够顺利地、大踏步地走向国内、国外大市场，迅速改变农村落后面貌。政府部门除了在这种联合中发挥牵线搭桥、扶植的作用以外，还要为这种联合创造良好的外部条件，特别要致力于沟通城乡之间的交通、电信、电力等方面的基础产业、基础设施的建设。在政府财力不足的情况下，也可以通过股份制的形式，联合各方力量来办理大事。

当这些经济联合体建立起来以后，政府除了向它投资和政策指导外，必须把经济联合体的资产营运及企业的经营管理权统统交给联合体的董事会和企业管理委员会，使这些经济联合体真正成为自主经营、自负盈亏、自我改造、自我发展的商品生产者和经营者，从而成为社会主义市场经济体制在农村中发育、成长、运行的不可缺少的微观基础。

（原载《经济论坛》1996 年第 19 期）

论“农业产业化”与中国式农业产业革命

农业是人类社会赖以生存与发展的基础，因而农业的发展，特别是发展中国家的农业、农村经济的发展与现代化，乃是整个人类社会进一步发展的最基本的前提和保障。历史已经表明，近代以来发达国家农业的发展和现代化，是通过建立在工业产业革命完成的基础上的农业产业革命的道路来实现的。目前，中国兴起的“农业产业化”热潮，也就是对中国农业产业革命的实现形式与具体道路的一种探索，因而它也就是中国农业产业革命的开始。而中国的农业产业革命，由于它所处的时代与国情的特点，也必然有自己的特殊形式及特殊的具体道路。本文主要是探讨这种特殊的形式、特殊的具体道路。

一、“农业产业化”的实质与欧美式农业产业革命的一般规律性

1992 年，中国山东潍坊人把包括他们自己在内，由广大农民群众于 20 世纪 80 年代以来逐步创造起来的，那种以一定的农副产品作为主导产品，使产、加、运、销等环节一条龙式的衔接起来的贸、工、农专业化联合一体化的方式，称之为“农业产业化”。现在许多理论工作者及农村实际工作者，对此十分关注，并一致认为它是“经营方式”的变革。然而在本文作者看来，它不仅是一种“经营方式的革命”，或者仅仅只是所谓“农村的制度变迁”，而且是包括“农业经营方式”变革与农业技术革命在内的一种农业产业革命的开始，是以农业技术革命为其核心的一种生产方式的变革。例如，在这种贸工农专业化联合体中，为农业产前、产中、

产后服务的商业企业、加工企业，在给予农业生产输入市场信息的同时，也传播了一定的生产市场所需要的农产品的新技术和新工艺。就农副产品的加工企业而言，在其加工的过程中，也必然要采用适应市场竞争要求的新技术、新工艺。因而在这种贸工农专业化联合体中，从农产品的生产到加工的各个环节，都或多或少地已经或正在引进新的技术和新的工艺。由此可见，目前我国农村正在兴起的这种“农业产业化”，实质上也就是包括农业技术革命与经营方式革命有机结合的一种农业产业革命。而这种农业产业革命同世界发达国家的农业产业革命的一般规律而言，既有共同之处，也有它的特殊之点。

（一）无论是工业产业革命还是农业产业革命都包括了技术革命和经营方式革命有机结合的生产方式的变革，中国也不会例外

这是一条产业革命的普遍规律。例如，在世界经济发展史上，首先始于18世纪60年代英国的，一种从手工技术为基础的资本主义工场手工业到采用机器生产的资本主义工厂制的过程，史称“产业革命”或称“工业革命”。这种工业产业革命的过程，既是从手工生产到机器生产的一种生产技术革命的过程，也是由手工工场制到工厂制的一种制度演变过程，而且是二者有机结合的一种生产方式变革。

农业产业革命也是如此，在欧美一些工业发达的国家里，他们是于20世纪40~50年代开始农业产业革命（农业现代化）的。他们的这种农业产业革命，是在已经高度工业化的工业部门向农业、农村提供大量机械设备、能源、化学物质的基础上，逐步实现农业机械化、化学化的。当今，又在这个基础上，逐步向信息农业、生物农业（用生物技术来装备农业）、有机农业（即“有机栽培”“无农药栽培”“工厂产作物”等为标志的农产品生产）迅速发展。与这一农业科技革命相适应的是，一系列现代化的为农业服务的大公司同农业户专业化联合的所谓“公司+农户”的“贸、工、农一体化”的经营方式的变革。由此可见，作为中国农业产业革命开始的“农业产业化”，也应遵循这一普遍规律。即它也应是以农业科技革命为核心的，包括科技革命、经营方式革命的生产方式革命，而不能也不

应该只是一种单一的经营方式的变革。所以那种把“农业产业化”说成只是一种经营方式变革的理论观点显然是片面的，它不利于中国农业产业革命的正常推进。

持这一种片面观点的人，有一种想法，认为当前中国农业中的主要矛盾是小农户同进入大市场的矛盾，并认为只要通过城市中的工商大企业（公司）同农户的联合，把农产品引进市场，问题就解决了。其实，这是很片面的。他们没有看到，在市场经济竞争激烈的条件下，如果没有新科技、新工艺去开发创造新产品，提高产品的品质，那种几十年一贯制的老产品，即使是进入了市场也会卖不出去，最终只得压价抛售。在这种情况下，国外一些品质高的新产品，就会乘隙而入，占领中国市场。由此可见，开拓市场不能简单地局限于把产品带进市场，而是要看是否不断有新产品去创造新市场。正如有的成功企业家所讲，开发一个新产品，也就是创造一个新市场。

从根本而言，科技进步是生产力的飞跃或质变。生产力的飞跃或质变必然带来经营方式等生产关系的演变。因此，在“农业产业化”或农业产业革命中，科技革命比之经营方式的革命而言，是处于第一和核心地位的。在推进“农业产业化”或农业产业革命的工作中，对此必须有高度的自觉性，牢牢地把推进农业科技进步的工作放在一切工作的首位。

（二）欧美农业产业革命是建立在高度工业化的基础上并依赖和受控于城市大公司，中国不能完全走这条老路

如前所述，欧美国家，例如英国，它们的工业产业革命始于18世纪60年代，完成于19世纪末，其农业产业革命则是建立在这一高度工业化的基础上，于20世纪40~50年代开始的。这种农业产业革命，是依靠城市的工商大型垄断公司提供机械设备、能源、化学物质的投入和产前、产中、产后的各种服务来实现的。因而，这种农户不得不受控于这些大型公司。正如1993年出版的一本专门研究《农业社会化服务体系建设与管理》的专著所揭示的那样：“农工商一体化已成为世界农业社会化服务发展的一个重要趋势”。但是公司或企业对农户的服务一味追求利润的动机，加

上大规模化形成的垄断地位，对公平服务环境构成威胁，农民为此付出的服务费用也在增加，许多农民负债经营，甚至被迫宣布破产，把农场抵押给公司，或归并到其他大农场去。因而，在美国，中小农场每年都在减少，而大农场每年都在增加。所以公司或企业提供的社会化服务，并不是所有的农民都欢迎的。[①] 中国的农业产业革命也需要城市的支持，需要城乡结合、工农结合。但是，我们不能走欧美式的工业控制、剥削农业的老路。中国的农业产业革命应走出自己的、特殊的具体道路来。

二、中国式农业产业革命的特殊的具体道路

（一）作为中国农业产业革命核心的农业技术革命，具有多级推进与并举的特征

如前所述，欧美国家的农业产业革命（或称农业现代化）建立在高度工业化的基础上，因此他们的农业产业革命中的农业科技革命，有着明显的阶段性和逐级推进的特点。如，20 世纪 40~50 年代的初级阶段，主要表现为用机械化代替手工操作、用化学农业代替传统的自然农业。后一阶段，则主要表现为用生物农业、信息农业、有机农业替代化学农业的趋势。而中国与此不同，它不可能像欧美国家那样，先搞高度的工业化，再来搞农业现代化，而只能顺应中国生产力多层次的特点，把机械农业、化学农业、信息农业、生物农业、有机农业等因地制宜同时在全国多级推进与并举，把原属不同阶段技术革命的要求结合起来一道完成。这样也就是充分利用"后发效应"，力争较快地赶上并实现发达国家农业现代化的水平。因此，在农业科技革命多级推进与并举进行的时候，必须自觉地、有计划地把符合当今发展趋势的有机农业、信息农业、生物农业放在特别重要的主导地位，而不能亦步亦趋地步欧美发达国家的后尘。

（二）作为中国农业产业革命的制度创新的基本组织形式应是"乡村级公司+农户"

如前所述，工业支援农业，各种工商业公司为农业产前、产中、产后

① 陈可文：《农业社会化服务体建设与管理》，青海人民出版社 1993 年版，第 313 页。

服务，这是农业产业革命的普遍规律。因此，目前我国出现的各种城市工商业公司同农户联合的所谓“公司+农户”的经营方式，都值得提倡、扶植。但是，这种城市工商业的“公司+农户”的模式，并不可能像某些理论工作者所描述的那样，会成为中国农业产业革命的基本组织形式。事实上，真正能成为中国农业产业革命的基本组织形式的，应当是乡、村的工商业公司加农户，简称为“乡村级公司+农户”。这是因为：

第一，中国不是一个工业化高度发达的国家，城市为农业服务的工商企业（公司）力量还很薄弱，临时筹建又严重受资金短缺的制约。中国农村十分广阔，农户众多，因此，片面要求县以上工商业公司来带动亿万农户，实现规模经营和农业产业革命，显然是不现实和极难做到的，或者说是极为遥远的事。但是最近一些理论工作者及受其影响的实际工作者，却满以为欧美式的城市大公司加农户的模式，是中国农业产业化（农业产业革命）的基本形式和唯一的道路。例如，有的理论工作者在其学术论文中指出：农业产业化应由“从省到市、地、县建设跨区域、跨部门的集团公司作为龙头，逐步形成生产、加工、销售、对外贸易一体化”。[①] 在这种理论的影响下，一些地方政府把在省、市、县城大办为农业服务的龙头企业作为推进“农业产业化”（农业产业革命）的主要途径。例如，湖南省决定“重点扶植十大农业产品加工企业，以此促进龙头加工企业快速发展，尽快形成集加工、销售、服务于一体的大型企业集团”[②]。当然，在县以上大中城市办这样一些大型企业集团来为农业服务是一种好事，办比不办要好得多。但是费了很大力气办起的这十几家大型企业不可能把一个省的数千万农户都带动起来。

第二，中国工业化的基本道路是农村工业化，因而农村的工商业应在为农业服务中发展起来，形成“乡村级公司+农户”的体制模式。这是中国农业产业革命的主要途径。因为中国是一个不发达国家，城市工业基础很薄弱，农村又极为广大，所以中国的工业化，必须走农村工业化的道

① 《中国农村经济》1996 年 10 期，第 34 页。
② 《湖南经济》1997 年第 3 期，第 10 页。

路。正由于此，中国的工业与农业的有机结合，实现农业产业革命，就应通过村、乡企业的公司加农户的道路（乡村级公司+农户）。但是目前中国的乡镇企业虽然发展很快，却同农业结合十分不紧密，而且相当多农村集体经济十分薄弱。因此通过积极筹办农副产品专业化生产基地和为农业产前、产中、产后服务的乡镇集体经济，或者把原有的乡、镇企业的大多数转为为农业服务的工、商企业或农副产品专业化生产基地，并同农户建立较为稳固的联系，就成为当前推进中国农业产业化（农业产业革命）的最主要的根本课题。在解决这个课题的过程中，可以把农村工业化与农业现代化，即把中国的工业产业革命与农业产业革命有机结合起来一起完成，从而走出一条世界上独一无二的工业产业革命与农业产业革命的特殊的具体道路。

当然“乡村级公司+农户”的产业化（产业革命）的道路，并非同城市工商企业、国内外大市场相隔绝的东西。恰恰相反，它是为城乡之间，为城市大公司与农户之间，国内外市场同农业生产基地之间，构筑起稳固的桥梁。因为在这种“乡村级公司+农户”的体制中，乡村级公司就是一个上连城市工商大公司、国内外市场，下连众多农户的中间环节，是城市工商企业和国内外大市场在农村中的基本依托；也是为农业服务的科技研究机构与科技人才借以在农村立足的基地。因而它更有利于城乡之间、工农之间、科技研究与农业生产之间的有机结合。

（三）在“乡村级公司+农户”的体制中，公司的最佳组织形式应该是农民自己在联产承包基础上建立起来的劳动联合与要素资产联合有机结合的乡村级集体经济的“泛股份制”公司

如前所述，中国的农业产业革命的体制模式应该是“乡村级公司+农户”。然而，当前相当多的村级集体经济十分薄弱。因此，大力依靠农民自己在联产承包的基础上，通过资产联合与劳动联合的经济纽带，建立村级集体经济的泛股份公司，就是实现农业产业革命的组织形式的最佳选择。这种村级集体经济的“泛股份制”公司建立，是在稳定联产承包的基础上，由农户自愿地将自己的相对剩余的资本、土地使用权、劳动力以及

吸收本村以外的资本、科技成果入股，而举办为农业产前、产中、产后服务的公司实体。在这种“泛股份制”公司的实体内，实行按要素资产股分红与按劳分配相结合，从而充分调动一切人力、物力、财力、地力、科技力与人的聪明才智为中国的农村工业化、农业现代化的双重任务服务。

（四）农业产业革命初期的主要组织者应当是乡政府、村委会，而不能走欧美自发发展的老路

在欧美发达国家里，无论是工业产业革命或是农业产业革命，一般都是一种自发的过程。因此，现在中国也有相当一些人主张中国的农业规模经济、产业革命也应由农户通过自发的“大鱼吃小鱼”的竞争方式，使土地向种田大户集中实现。有的理论工作者还引用西方经济学制度学派的所谓“需求诱致性制度变迁”与“供给主导型制度变迁”的理论观点为之作辩解。只有完全通过自发过程达到的规模经济，才是“需求诱致性制度变迁”，只有这种“诱致性制度变迁”才是符合市场经济要求的。据西方经济学制度学派学者的观点，如果由政府出面进行组织引导，而实现规模经济，那就是“供给主导型制度变迁”，而“供给主导型制度变迁”则是不符合市场经济要求的。其实，这种纯自发论的主张，恰恰是不符合中国国情和社会主义市场经济性质的。这是因为：

第一，实现农村工业化与农业产业革命（农业现代化）的双重任务是十分紧迫与艰巨的目标，它要有全国统一的战略部署指导各级政府与城乡人民齐心努力完成。如前所述，由中国的国情与当今世界的时代特征所决定，中国的工业化道路必然要走农村工业化的道路，并通过农村工业实现工业与农业在广大农村中的普遍结合，进而实现农村工业化、农业产业革命的双重任务。要在较短的时期内来完成欧美国家在长达将近三百年时期的双重任务，没有全国统一的战略思想作指导，那是很难设想的。如果完全走自发的道路，则是城市剥夺农村、控制农村，使大多数农户破产的道路。这样中国也就只能尾随在欧美之后，亦步亦趋地先实现工业化，再实现农业现代化，走一条漫长的农村两极分化的道路。但是世界经济的激烈竞争不会长期等待中国。你落后，别人就会把你抛到某个拐角里去，并牢

牢地把你控制在他们的手中。

邓小平同志早已为我国制定了通向共同富裕的农业现代化的战略部署。他明确指出："中国特色社会主义农业的改革和发展，从长远的观点看，要有两个飞跃。第一个飞跃，是废除人民公社，实现家庭联产承包为主的责任制。第二个飞跃，是适应科学种田和生产社会化的需要，发展适度规模经营，发展集体经济。"[①] 显然，这样的规模经营和集体经济的壮大发展，是不可能通过自发发展实现。因为欧美的发展历史已经证明，自发就是两极分化，而不是社会主义集体经济共同富裕的道路。

再者，也是极为重要的，所谓"需求诱致性制度变迁"应该理解为符合生产力发展和生产社会化的需要，符合人民的利益和要求。凡符合客观发展要求，符合人民利益和意愿的一切"制度变迁"，都应视之为"需求诱致性制度变迁"，而不应认为谁提出来，谁引导和组织。当前，随着生产力的发展，超小规模经营同大市场、社会化大生产的矛盾也日益明显，因而在联产承包的基础上，由政府出面引导农户自愿，以产权为纽带，把剩余资源组合起来发展为农业服务的双层经营的乡村级集体经济，就是一种客观的需求与趋势，因而，应视之为"需求诱致性制度变迁"。这是完全符合社会主义市场经济发展要求。

第二，限于小规模经营农户的局限性，乡政府的积极引导和组织就是实现农业"第二个飞跃"和农业产业革命的必备前提。把农村工业发展起来，并通过制度创新把农村工业化同农业产业革命有机结合，是需要有人牵头和组织。这个牵头和组织者的职能主要应由乡政府、村委会承担。这是因为农民限于经营方式的超小规模化，因而一般缺乏成为牵头者、组织者的眼界与能力，由城市工、商业大公司直接同农户结合，不仅这种结合很难做到真正的平等互利，并有可能为城市大公司竭泽而渔、掠夺资源提供机会，以至牺牲农业、农村的发展来发展城市工商业。即使是建立在平等互利的基础上，而少量城市的大公司所能带动的农户，对广大亿万农户而言，也不过是杯水车薪。因此，在农村大力发展农村工商业，并通过制

① 《邓小平文选》第3卷，人民出版社1993年版，第355页。

度创新、组织资产联合与劳动联合的村级集体经济联合体，使农村的工业化与农业产业革命在联合体内实现有机结合的牵头者、组织者的职能，也就责无旁贷的落到了村委会、乡政府的肩上。当然，当这种牵头和组织工作的任务基本完成，双层经营体制真正建立起来，村级集体经济得到了充分巩固和发展，农业产业化体系的各种龙头公司以及专业化生产基地建立之时，乡政府、村委会的职能就应发生转化，把本来属于村级经济组织的经营责任与权力转移出来，自己去做政府应做的事。各级政府当然对于农村工业化与农业产业革命的双重任务的顺利推进，具有特殊重要的组织、领导责任。他们除了直接创办一些跨地区的作为农业产业革命的龙头的大型企业和企业集团外，更主要的任务还是在政策上，在组织指导村委会、乡政府的工作上，以及培训干部方面，为农业产业革命这一涉及中国社会发展的基础工作，做出自己最大的努力。例如，湖南省汝城县为了推进农业产业化（农业产业革命）的进程，除在县城办了几个为农业服务的企业外，更重要的是从县到乡（镇）、村设立了一个为农业服务的组织领导体系，县设服务委员会、乡（镇）设领导小组，把乡（镇）的服务工作切实抓起来。

再者，在目前情况下，乡政府、村委会为了实现上述制度创新中的牵头、组织引导职能，还必须大力整顿机关作风，提高干部的素质，树立“公仆”和全心全意为人民服务的观念，取得农民群众的真正信任。否则，一切好事不仅办不成，还可能转化为坏事。如果农户对干部不信任，或者农户提供的各种资源，不仅不能为农业产业革命服务，而是遭到浪费，或者被少数人据为己有，那么，党和政府在农村中的信誉就会遭到严重破坏，从而逼得农民不得不去自发地、走欧美式的两极分化的、痛苦的老路。结果，“双层经营”“两个飞跃”，中国农村工业化与中国农业产业革命的有机结合、共同富裕等，都会变成泡影。

（原载《当代经济研究》1999 年第 3 期）

论中国企业制度现代化中的矛盾

中国企业制度现代化已是不可逆转的历史趋势。然而，从中国改革的初步实践来看，目前西方各国所实行的那种股份制，也暴露出了许多矛盾。它在许多方面已不适应于世界新技术革命蓬勃兴起的新的历史时代和中国的国情，因而它本身也需要改革和发展。这些矛盾主要表现在以下方面。

一、对待投入要素评价不公的矛盾

目前西方进行的股份制，以不平等的尺度对待同为投入要素的资本、劳力和科学技术。它只承认资本是资产，从企业制度上保障它的保值与增殖要求，而不承认劳力、科技也是同样重要的资产，因而并不存在保障劳力、科技增殖的制度。这显然是把投入要素中的资本看成是再生产运动的主体，其他则视为客体。这同股份制刚刚产生的那个时代（17 世纪），重资本、轻劳力、轻科技的倾向是紧密相连的，直到现在还深深打上了那个时代的这种烙印。这不仅同市场经济的平等原则相违背，而且也不适应新的时代的要求。二次世界大战以后，新技术革命的蓬勃兴起，人类已步入信息时代、智力经济发展的新阶段，因而科学技术已成第一生产力，有较高文化科学素质的劳动力是这种第一生产力的承担者。所以，科学技术和有较高文化素质的劳动力均已成为提高生产率的决定性要素。因此，只承认资本要素的保值、增值，而不承认投入生产的劳动力及科技要素保值、增值的企业制度，显然是落后了，很难适应新的历史进程的要求。

二、以法人财产作为企业经营者自负盈亏的保障的内在矛盾

市场经济的存在与运行，要求企业是自负盈亏的经济实体，从而形成一种自动的激励与约束机制，迫使企业自主经营。但是，在现在通行的股份公司中，企业作为经营者，从出资者那里所拥有的全部法人财产，既不要花费任何代价，也没有最终所有权。因此经营亏损以至企业公开破产，实际上亏的、破的仍是出资者的财产。经营者是不会像所有者那样产生切肤之痛的。同样，企业留利所形成的新资产，经营者也没有最终所有权，仍归属于出资者，是资本的自我扩张。如果不是从形式，而是从本质上观察问题的话，真正承担盈亏责任的仍然还是出资者，而不是企业经营者。而事实上经营者也没有属于自己最终所有的资本去承担盈亏责任。所以这种所谓“自负盈亏”的机制，对经营者的约束与激励都不是很强烈的。因而经营者的短期行为不会因此而得到避免。所以，出资者，特别是大股东所有者，对经营者的约束与激励都不是很强烈的。因而经营者的短期行为不会因此而得到避免。所以，出资者，特别是大股东所有者，对经营者的监督与干预也必然会以这种或那种方式，公开或秘密的加紧进行。因为企业的盈亏都同他们资本的保值与增值紧密相关。为此，出资者为了监督与干预经营者，所花费的代理成本也是很高的。此种制度如原封不动地运用于中国，则其弊端更会突出。因为在中国的国有资产为主的股份制企业中，出资者主要是政府，政府由于实际上承担企业盈亏的主要责任（不过是有限的），因而对企业经营的干预仍然会是很紧密的。在这种条件下，政企也就难以真正分开。因此有必要通过改革，在股份制企业中形成一种经营者的自有资本同出资者出资所形成的企业法人财产的消长联动机制，方可调节这一矛盾。

三、董事会的过分集权同实现所有权与经营权分离的矛盾

在西方，特别是在美国，股份公司的董事会，既是出资者的代表机构（有的董事本身就是大股东），同时也是企业经营的最高决策机构。二者

“合二为一”。这就同所有权与经营权分离的要求构成了矛盾。这种矛盾及其所产生的弊端，在我国国有资本为主体的股份公司中，就会更为突出。因为在这里作为主要出资者代表的政府官员，必然会在董事会中起着举足轻重的作用。政府干预企业的经营活动，就会名正言顺地通过董事会而发挥作用。这不仅使得所有权与经营权很难分离，而且政府与企业之间还会结合得更加紧密。过去这种结合是通过政府干预的手段在企业外部进行，现在却在企业内部的最高决策机构中实现。由此可见，解决这个矛盾的途径必须对现行股份公司的组织管理体制进行改革，需要在作为所有权代表机构的董事会与作为经营权机构的企业管理委员会之间，塑造一种新的分权机制。

四、劳资之间的矛盾

在股份制企业中，职工是董事会的雇员，雇员则处于无权和被出资者监督的地位，他们所获得的仅仅是劳动力的价格。因此，会经常发生劳资之间的矛盾，并出现劳动者的动力不足和以劳动者的受劳动力价值所局限的购买力为主体的社会需求不足的弊端。这是目前西方一些国家经济发展缓慢、社会不断发生动荡的主要根源之一。目前，在我国一些“三资”企业中，这一矛盾也有所显露。随着企业公司制改造的普及，这种矛盾也会日益普遍化和激烈化。它的存在也已同社会主义市场经济的企业中职工所应具有的主人翁地位及按劳分配为主体的原则相悖。这一矛盾的调节，要求在董事会、企业管理委员会及直接劳动者之间，建立一种能充分发挥各方面积极性的新型关系。

（收录于全国高校社会主义经济理论与实践研讨会第 8 次会议（1994）论文集）

国有企业深化改革的一种新思路

作者认为，通过“泛股份制”的具体形式建立具有中国特色的一种资金联合与劳动联合相结合的社会主义新型的经济联合体，是深化企业改革的一条新思路。这一新思路包括以下四个基本要点：

1. 建立以“泛股份制”为具体形式的资金联合与劳动联合有机结合的新型的社会主义经济联合体。

2. 这种新型的经济联合体是在理顺产权关系和政企分开的基础上所形成的，自主经营、自负盈亏、自我发展、自我约束的法人实体和市场竞争的主体。

3. 这种新型的经济联合体把社会主义协作机制的调节与动力作用同市场竞争机制的调节与动力作用有机结合起来，从而可以形成超越一般市场经济的企业活力，它是具有典型意义的社会主义市场经济运行的微观基础。

4. 企业深化改革要同企业发展战略转换相配合，既要从中国实际出发，又要面向世界的今天和未来。

上述企业改革思路中所提示的目标与基本要求，必须通过以下具体途径与措施才能实现。

一、实现政府宏观管理职能与国有资产所有权营运职能的分离

国有企业的深化改革，必须从改革旧的国有资产管理体制开始。国有

企业的资产是国有资产的基础部分，不改革旧的国有资产管理体制，也就不可能改变国有企业的上述政府附庸的地位。企业是国民经济运行的微观基础，当它处于各级政府行政机构的从属地位时，绝对不可能借以建立社会主义市场经济。改革国有资产的管理体制就成了企业深化改革的第一道关。不闯过这一道关，也就不可能进入第二关、第三关。那种企图绕过第一关的设想，实践早已证明是行不通的。

从旧体制的弊端和改革开放以来的经验教训来看，改革国有资产管理体制，首先必须把国有资产所有权的管理和营运从政府的手中分离出来，应该单独成立国有资产管理委员会，直接归属于全国人民代表大会及其常设机构人大常务委员会的领导。全民所有制资产所有者的代表，也就名正言顺地由人民代表大会来充当。这里不只是一个名分的问题，更重要的是使国有资产的管理机构从政府行政机构的从属地位中摆脱出来，从而在根本上实现政企分开，使国有企业摆脱层层的行政干预和不合理的摊派与繁重的负担。作为社会主义市场经济的微观基础所要求的自主经营、自我积累、自我改造、自我发展、自我约束机制才可能真正形成。

二、企业应成为无行政主管局的自主型经济实体

由于实现上述国有资产管理体制的改革，国有资产所有权的营运完全从政府控制下摆脱出来，因而原来政府借以控制国有企业的各种行政管理的主管单位，也就会因为失去存在的条件而不复存在，从而企业也就能成为完全自主型的商品生产者、经营者和市场竞争主体。企业的活力就会真正得以释放和增强。而这个正是社会主义市场经济体制的建立与正常运行所必备的条件。政府也就会因此抽出精力建立适应现代社会主义市场要求的宏观调控体系，并在此基础上实施科学的、以间接控制为主的宏观管理，为企业的自主经营和平等竞争创造良好的外部条件，从而促使整个国民经济持续、协调、高效地运转。

三、塑造“泛股份制”为实现形式的新型社会主义经济联合体

西方古典的股份制只解决资金联合的问题，而不能解决劳动者以主人

翁地位直接分享自己劳动创造的剩余产品的问题，因而也不能真正贯彻社会主义按劳分配的原则。因此，它不能形成劳动者在生产劳动方面的动力机制，因而也不能增强企业的活力。所以我国必须另辟蹊径，用一种劳动者在改革实践中创造的并证明很有效的“泛股份制”来改造这种古典的、西方的、单一的资本联合的股份制。

“泛股份制”是一种由资金股、劳动股、技术股形成的股份制。而且资金股，也有国有资金股、本企业自有资金所形成的企业集体资金股，以及职工个人股和厂外的社会法人与个人的资金股等。正因为股份的内涵如此广泛，所以称为“泛股份制”。这种“泛股份制”同西方古典式股份制不同的突出特点有两个方面。第一，劳动者也可以入股，参加剩余产品的分配。劳动者凭借自己向企业提供的劳动数量和质量而直接享有这种股份制企业的部分产权。第二，资金股中有一个劳动集体的企业资金股，这种资金股是来源于企业职工集体创造的全部剩余产品，减去国家税收和按股分红后的余额，即原来所讲的“企业留利”，这种“企业留利”按照市场经济条件下所有者与经营者利益分配的通常原则，理应归于作为经营者的企业全体职工所有。因此，企业留利中再投入生产的部分，也就应该成为企业职工的集体资金股，并同其他资金股一样参与股金分红。

总之，“泛股份制”把劳动联合与资金联合结合起来，把按劳分配与按资分配结合起来，把国有资产为主同其他所有制的资产组合起来，把社会主义的互助协作机制同市场经济的竞争机制有机结合起来。它完全适合社会主义市场经济微观基础的要求，也体现了初级阶段的社会主义生产关系的不成熟性、非单一性及过渡性的特点，完全适合现阶段生产力的性质和人民觉悟水平，因而具有促进生产力发展的巨大优越性。

四、以经营承包为主要形式的经济责任制同股份制有机结合

有的同志认为，经营承包责任制的作用已经到了尽头，必须用股份制代替，而且认为两者是不能并存的。其实不然，这些同志没有看到两者是不同层次的经济范畴，并非互相排斥的。股份制，从本质上讲，它是一种资产组合形式。经营责任制，则是一种经营形式，并不取决于它所经营的

资产是属一个所有者，还是多个所有者组合的股份所有者。现代的股份制企业里，经营者与作为所有者代表机构的董事会之间，也必须建立起某种责、权、利相结合的经营责任制。这种经营责任制是经营者与所有者之间必然存在的经济联系的纽带。没有它，经营者与所有者的经济关系就无法形成。至于这种经营责任制采取何等形式，是承包制、租赁制，或其他的具体形式等，都同所有者是一个还是多个组成的联合体毫无关系。关于承包制与股份制不能并存，必然一个取代一个的说法是没有任何根据的。它是把两个层次的问题混为一谈。

国有资产为主的企业在实行股份制改造以后，它的经营者、企业法人代表应该是企业职工群众集体，而不应该是董事会。董事会只应是企业所有者的代表。因此，作为经营者的企业集体同作为所有者的代表的董事会之间仍然需要建立经营责任制。而这种责任制也必须保证把所有者原有资产的价值及不断增值的责任同留给企业的利润、增加企业集体所有的资产挂起钩来。这样的经营责任制，也被称之为承包经营责任制。所谓承包经营责任制，其实质就是将经营者的利益与资产的变动来保证所有者的资产在经营中保值与增值。

企业中各层次的经营承包责任制，不仅不同股份制相排斥，而且是以公有制为主体的股份制企业中更具有优越性的经营方式。它能正确协调所有者、经营者、直接劳动者之间的责、权、利关系，体现了社会主义按劳分配原则与引入企业内部的市场竞争原则的有机结合，从而形成增强企业活力的合力、动力。

五、企业深化改革应同大中型企业发展战略的转换相配套

我国大中型企业长期以来同小型企业，特别是众多的乡镇企业的战略发展方向没有多大明显的区别，都是实行内需为主的发展战略。因此相互之间争市场、争原材料、争资金、争技术、争力量的国内竞争十分激烈。有时已到相互削弱的白热化的地步。所谓“羊毛大战”“皮革大战”“蚕茧大战”“棉花大战”，就是这样相互削弱竞争的具体表现。这对中国的经济发展极为不利。因此，大中型企业，特别是大型企业的发展战略方向的

转换已是客观的必然。这个转换的基本目标是大中型企业要向两个主要方面发展。第一，它应该为众多的小型企业（特别是乡镇企业、农业生产）提供先进技术装备、技术力量，以充分发挥主导作用。一般不应同小型企业、乡镇企业争原材料、争市场，而应做中小型企业所不能和不易做的事。第二，大中型企业，特别是大型企业，应从内需型转为外向型。着重要以高新技术产品打入国际市场，在国际大市场中求生存、图发展。这是因为大中型企业资产比较多，设备比较好，技术力量比较雄厚，到国际市场上去较量，具有一定优势。它们应当成为我国外向型经济的主力军，在它们的周围联络一大批小型的、外向型卫星企业，形成竞争力很强的外向型企业集团、跨国公司。

为了适应大中型企业发展战略方向的转换，企业就必须配合进行以下方面的深化改革：一是，对现有国有企业实行改组、兼并、联合，使之更具有实力与活力，以适应对内的主导型和对外的外向型的需要；二是，建立一些新的康采恩式的联合企业，把有密切关联的生产、销售、金融、科技开发等企业和机构组合到新的联合公司中来，以适应在国外建立起实力雄厚、富有竞争力的高新技术跨国公司的需要。企业深化改革，特别是大中型企业（尤其是大型企业）的改革，也必须适应这个大潮流，方可立于世界民族之林，在世界新技术革命的高潮中迎头赶上，立于不败之地。由此，中国的企业改革既要从中国的实际出发，又必须面向世界的今天和未来。

（收录于全国高校社会主义经济理论与实践研讨会第7次会议（1993）论文集）

企业产权的演变与
中国国有企业改制、创新的走向

中国国有企业是国民经济的主导部分及社会主义基本制度的基础。因此，国有企业的深化改革和制度创新，是中国经济体制从传统的计划经济体制向社会主义市场经济体制转化的中心环节，也是经济增长方式从粗放型向集约型转变，促进国民经济持续、快速、健康发展和社会全面进步的必要条件。所以，国家对国有企业的改革，建立现代企业制度的试点抓得很紧，理论界与实践工作部门的同志也围绕它进行着多方面的研究与探讨。作者认为，中国国有企业的改革、创新，既要符合企业制度演变的一般规律性，具有现代企业制度的基本特征，又要符合中国体制改革的社会主义制度自我完善、自我发展的目的，探索社会主义公有制的新的实现形式，自然应是两者的有机结合。

一、企业产权制度及其演变的一般规律性

企业制度包括企业产权制度、企业组织制度和企业管理制度三个基本组成部分，其中企业产权制度是基础、是核心。企业发展史表明，作为市场主体的现代企业制度，是经过企业产权制度的一系列演变而来的。实践证明，中国国有企业制度的现代化也不能例外。不同的是前者是自发的，后者需要经过人们的自觉改革、培育；前者经历了几百年的漫长的演变时间，后者的时间可以大大缩短；前者同资本主义私有制的实现形式有机统一，后者同社会主义公有制的实现形式有机统一。

产权与企业产权制度的内涵。产权是指主体对财产的权利，简称产权。其实质也是马克思所阐述过的，生产过程中在生产资料面前所产生的相互之间的经济关系，即生产资料所有制关系在法律上的表现。企业产权制度，是一定社会形态或一定社会形态的某一阶段的企业产权关系的实现形式。它主要包括三个组成部分：一是企业产权归谁所有，属何种所有制性质；二是企业产权的所有者结构，是一个还是多个，是自然人还是法人；三是企业产权的各种权能（狭义的所有权、占有权、支配权、使用权）是否分解，如何分解以及分解后的各种权能主体之间的责、权、利关系。

企业产权制度演革的一般规律性。企业产权制度的变革，是由一定性质或具体的产权关系向另一种性质或具体形态的产权关系转化的变革。由于产权关系的实现形式包括前述三个组成部分，所以产权制度的改革，既可能是三个组成部分的具体形式都发生变革，或者只是其中的一个部分或两个部分的变革。现代企业制度，就是由产权制度结构前述三个组成部分不断演革而来的。

首先，就产权的性质变革而言，近、现代历史上就有由个体手工生产的小私有制向手工工场、工厂制度的资本主义私有制的企业产权制度的变革。正如马克思所揭示过的那样，在资本主义社会，“私有财产对十分之九的成员来说已经被消灭；这种私有制之所以存在，正是私有财产对十分之九的成员来说存在。”① 显然，这是一种在私有制范围内的产权制度的一次重大变革。俄国十月革命开始后，一些社会主义国家相继由资本主义私有制企业向社会主义公有制企业进行转变，20 世纪 90 年代又有原苏东国家由公有制到私有化的产权制度的退化。现在中国的经济体制改革中，为了集中力量办好国有大中型企业，也有少量小型国有企业出卖给私人或改为集体所有制企业。这些不管其特性如何，都属于产权制度演变的一个方面，即产权性质的变化。

其次，作为企业产权制度变革的另一个方面，即企业产权的所有者结

① 《马克思恩格斯选集》第 1 卷，人民出版社 1966 年版，第 267 页。

构的变革。在企业发展史上经历过的，有单业主制、合伙制、股份公司制。前者的单业主制、合伙制是自然人的产权制度；后者公司制是法人产权制度。当前在我国的改革中，有的全民的所有制企业由单一的国家所有，改为有外地外国资本参与的合作制，或改为以国有为主体的多元出资者参股的股份制等，也都属于企业产权的所有者结构方面的改革。

再次，就产权的权能分解方面的变革而言，最初企业产权的各种权能（狭义的所有权、占有权、支配权、使用权）都集中于所有者手中，不发生任何分解。随着生产社会化、企业管理复杂化的发展，相继出现了产权的权能分解。开始是所有权与使用权的分开。即企业产权的所有者不直接使用企业的资产，而是雇佣经理去经营使用，但占有、支配权仍同所有权结合在一起，作为企业财产使用者的经理，必须服从所有者的决策，也无权对企业资产进行处置。经理的个人收入只是所有者给予的劳动报酬。由于这种所有权与使用权的分离，便产生了经理集团，在此基础上，才产生了管理科学，这是企业制度发展的一块里程碑。后来，又出现了所有权同支配权的分离。如企业的所有者把企业的资产出租或发包给承租者或承包者去支配、使用，在出租、承包期间企业资产所有者已把企业资产的经营权转让出去。同时，也就让渡了与经营权相联系的一定的收益权，即企业经营收入除按合同向所有者承担一定的资产保值责任外，其余收入归经营者（即支配者）。而产权的所有者除了按契约、合同规定享有保值增值的权力外，已无权干预企业的直接经营活动。但出租期和承包期一满，所有者有权收回这些支配权、使用权。这种权能分解的形式，在工业和农业中都有，但在农业部门更为普遍。这种所有权与支配权的权能分解，比之所有权与使用权的权能分解是企业制度发展史上又一大进步。因为作为承租或承包者的经营者比之所有者所雇佣的经理，更有独立性、主动性和积极性，因而大大有利于企业经营、管理的创新和市场竞争力的增强。企业管理科学也就借此有了新的发展与突破。至于企业资产的所有权同占有权的权能分离，则是随现代公司制中的法人财产权的确立出现。这种公司无论是独资有限公司或者是股份有限责任公司，公司的产权已分解为出资者的最终所有权与企业法人占有权。这就是马克思所讲的，资本法律上的所有权与经济上所有权的分离。这种法人的资产占有权，通常简称法人财产权。只要公司还在，出资者除了要求对其所出资的价值保值和增值外，已无权直接干预占有者的法人经营管理行为。由产权的支配权同所有权的分离推进到产权的占有权同所有权的分离，是企业制度进入现代企业制度的一次质的飞跃。在仅仅只是支配权同所有权分离时，承租者、承包者，由于考虑合同期满时，所支配的资产会被所有者收回或提高其租金与承包基数，因而在资产经营上不可避免地存在着短期行为，不愿意在企业更新、改造方面进行大量投入，甚至出现掠夺性的经营。而占有权与所有权分离的法人占有权出现后，占有者不存在上述担心，因而就会产生长期打算，从战略上改造、充实企业的实力。所以，法人占有权同出资者的所有权的分离，是企业制度的一次大革命，也成为现代企业制度主要标志。

以上产权制度三个组成部分的演革，体现了近、现代产权制度变革的一般规律性。我国现在的国有企业改革，也必须遵循一般规律性。目前我国相当一些理论和实际工作者，由于对这种规律性缺乏全面、系统的了解，因而对产权制度的内涵作了片面的理解。有的人把国有企业的产权制度改革看成全面改变国有企业的公有制的性质，他们在高喊产权制度改革的口号下，竭力推销“非国有化”或“私有化”的主张；也有对“产权制度改革”一词非常忌讳，大有“谈虎变色”的心理状态，他们一听说产权制度改革的议论，就不加分析地、立刻斥之为“搞私有化”。其实，我国国有企业的深化改革和现代企业制度的创建，也是以产权制度改革为核心，并且遵循产权制度演变的一般规律性。它既包括坚持以公有制为主体的前提下改变部分小型国有企业的所有制性质的内容，也包括企业由单一所有者向以公有制为主体的多元所有者结构的改革，还包括国有资产产权的权能的各种分解，其中又以国有资产的产权的权能分解为核心内容。其目的是要把作为现代市场经济主体的现代企业制度的基本特点同社会主义公有制的新的实现形式“合二而一”，而不是搞什么“私有制”或“非国有化”。

二、中国国有企业在产权制度改革中向现代企业制度推进

如上所述，我国国有企业的深化改革和现代企业制度的创建，也是遵

循企业制度演变的一般规律要求，以产权制度改变为核心，并随着产权制度改革的深化而逐步推进。其具体过程可分为以下三个步骤。

第一步，实行所有权同支配权的权能分解的改革。近、现代企业产权制度演革是沿着改变产权的所有制性质（由个体私有制转化为资本主义私有制）、产权所有者结构（由单业主到合伙制）及产权的权能分解（公司制的出资者的狭义所有权同法人的占有权的分解）的先后顺序而推进。而社会主义国有企业的产权制度的改革，本质上是社会主义公有制实现形式的自我完善，因此它首先主要的不是改变产权的所有制性质，也主要不在于产权所有者结构的多元化。而占主要地位的，首先是适应国有企业成为自主经营、自负盈亏的商品生产者、经营者的市场主体的要求，在国有企业中进行所有权同支配权的权能分解的改革。即通常所讲的把所有权同经营权分离开来，使国有企业都成为有独立的经营自主权和与此相联系的财权的经济实体，从而以市场为取向的整个经济体制改革，才能借以立足与起步。这种权能分解改革的具体实现形式，一开始是采用放权让利、扩大企业自主权的措施，继而推行经营承包责任制以及部分小型企业的租赁制的改革。在放权让利、扩大企业自主权阶段，国家的指令性计划有所松动，即允许生产单位在完成国家计划之后，可以自由出卖自己的少量产品，从而这少量产品也就开始转化为商品。这样一来也就陆续出现了许多买卖计划外的农产品与工业产品的小市场。在这种小市场的孕育下，首先在农村、继而在城市，就从集体经济和全民所有制经济中，分裂出一些人从事个体和私人的工商活动。从而一些既与公有制企业相对立，又是公有制经济补充的个体、私人所有制经济成分应运而生。它们在国家政策的扶植下，逐渐同国有经济一起形成了以公有制经济为主体的多元化经济成分的格局。这种格局也就是小国市场主体形成的起点，因而也是市场形成的起点。它体现了小市场孕育大市场、小商品经济发展为市场经济的辩证关系。小国经济小的市场机制作用与市场经济的萌生，是在中国改革的“本土上”发生的，并非像有人所讲的那样，是什么“外域的”“引进的”东西。对社会主义市场经济而言，这还只是市场主体萌生的开始。因为作为国民经济主导成分的全民所有制经济除了少量计划外的产品成为商品进入市场外，绝大部分仍然是计划调拨的产品，因此就这种经济成分的整体而言，还只具有市场主体的因素，基本上还不是市场主体。随着市场取向的改革的发展，国有企业的改革，就由放权让利、扩大企业自主权的初级形式推进到了承包制和租赁制改革的形式，从而使国有企业的产权制度，实现了所有权与支配权的分解。企业由于获得了国有资产的支配权，因而也就成为相对独立的经济实体，社会主义市场经济体制，才开始在国有经济中初步找到了立足点。由此可见，国有企业实行经营承包制对企业市场主体化及经济体制改革的起步，起过极其重大的作用。当然，这还只是市场取向改革的起步，而不是它的终点。

第二步，产权所有者结构变革与改革部分资产所有制性质的产权改革。随着改革深入，在国有企业中，企业产权的所有者结构与所有制性质单一化同国有企业作为市场主体所应具有的活力的矛盾突出。这个矛盾表现在三个方面：一是国有企业的产权所有者只是政府一家，因而政企不分、企业作为政府的附庸同它作为市场主体的地位有着明显的矛盾；二是国有企业摊子庞大，相当部分设备陈旧、技术落后、运转不灵，而独家所有又同吸收非国有资金充实改造、发展能力有矛盾；三是国有企业大中小上百万个，遍布于全国各地的各行各业，而作为国有产权所有者的管理机构难于合理管理、营运，也不便于国有资产集中力量发挥国民经济的主导作用和增强其在国际市场上的竞争力，并在一定程度上妨碍非国有企业在现阶段积极作用的发挥。因此，继承包经营、租赁经管的改革之后又推出了国有企业的兼并联合、建立企业集团和引入非国有资金组成合资、合作企业以及向非国有经济出卖少量小型国有企业的改革。这是产权制度中的所有者结构及转变部分资产的所有制性质的改革。它标志产权制度改革的进一步深化，更有利于社会主义市场主体的发育、成长。与这第二步改革相适应的同步改革是开始建立国有资产管理的专门机构同政府的行政职能机构分开，这也有利于国有企业摆脱政府附庸的地位及诸多的行政干预，更加独立地走向市场，发挥市场主体的作用。这种改革是对国有企业的产权所有者代表的一定程度上的易位，因而，在一定意义上讲，也具有企业产权制度改革的性质。

第三步，试行建立以公司制为具体形式的现代企业产权制度的改革。公司制产权制度的基本特征是：投资主体多元化、资本来源社会化、出资者的有限责任制、确立法人财产权。公司制的改革把产权制度改革的三个组成部分（产权的所有者结构、产权的权能分解及部分产权的所有制性质变革）集中于一体，是企业发展史上，企业市场主体化改革的一种较高级的形式和发展阶段。我国国有企业产权制度的改革，正在结合中国国情进入建立以公司制为具体形式的现代企业制度的试行阶段。但是，目前西方的公司制并不是企业产权制度演革的终点。尤其是在中国，国有企业作为社会主义市场经济的微观基础和占主导地位的市场主体，更不能完全照搬西方股份制企业产权制度的模式。按照中国的国情继续推进企业产权制度的进一步发展，创建中国式的现代企业制度，也就是今天中国国有企业改革所面临的根本任务。

三、现代企业产权制度演革的新趋势与创建中国式现代企业制度的基本要求

1. 现代企业产权制度演革的新发展迫势。到目前为止，西方通行的占主导地位的以股份公司为具体形式的现代企业制度，实际上只是一种单一资本联合的产权制度。只有资本才能入股分红，享有保值、增值的权利，至于作为社会生产投放要素的劳动力、科技成果，虽然也越来越多的西方理论经济学家承认为“劳力资本”“科技资本”，但是在他们的产权理论以及西方股份公司的产权制度中，并没有在实际上予以承认。同为投入要素的劳动力及科技成果，并没有同投入的资本要素一样获得增值的权力，它们只能在市场交换中得到等价物。因而作为体力、脑力的所有者，这表明西方股份公司的产权制度，仍保持着它产生的、17 世纪中叶的重资本、轻劳动、轻科技的那个时代的特征。显然，这同当今世界新技术革命深入的时代、知识社会的时代，科技发明及劳动力的要素在国民经济增长中的贡献越来越大并超过了资本作用的客观现实不相适应。所以，从这个意义上讲，单一资本联合的股份公司的产权制度，已经落后于现实，称不上是现代企业制度了。

据有关记载和论证表明，20世纪初科学技术在国民经济增长中的贡献为5%～20%，而现在已上升为60%～80%，而资本增加所做的贡献只有10%左右。至于素质较高的劳动力在国民经济增长中的贡献更是越来越大。所以，在西方国家，有的社会学家和经济学家也提出了要给“雇员所有权”的政策主张。如美国劳动部部长罗伯特·赖克，他在1995年6月5日英国《金融时报》上发表《为什么光是经济增长还不够?》的文章明确指出，“人是经济增长的真正发动机”，应给职工以“店员所有权”。他在文章中说，西欧、日本、美国，所有这些国家共同的一点是，它们都空前地注重依靠人，认为人是经济增长的真正发动机。在光是经济增长还不够的时候，进行人力投资是答案中的一个重要的部分。因此，他建议：“工人们可以通过补偿与公司经营情况联系在一起时，雇员们考虑问题和行为方式就会更像企业家。像有关社会保证的规定和税收减让这些公共政策可以对这些形式的‘雇员所有权’起到促进作用。”最近，巴西《圣保罗报》，也发表了题为《没有培训的劳动力的日子屈指可数》一文，同样强调指出，现在对员工的激励要使他们“共享利润和成果”。正因为如此，西方公司中的某些精明的管理者，也开始向企业的少量职工和科技发明者赠送一些股权以资鼓励。虽然这不是产权制度的根本改革，但也充分表明当今单一资本联合的产权制度向要素资本联合与劳动联合的产权制度的转化已是一种客观发展的必然趋势。与这种趋势相适应的产权概念也必须改变。即应将原来单一资本联合的企业产权的概念称之为“资本产权概念”。因为那里只有资本所有者的权利。而现在由于必须承认劳动力要素、科技成果也是资产，而且也必须把劳动的好坏同分享利润和经营成果联系起来。因此，单一的资本产权概念，就有发展对“要素资本产权概念”与“劳动资本产权概念”以及“要素产权”和“劳动产权”有机结合“联合产权概念”的客观必要性。所谓“资本产权”是“主体对资本的权利”，所谓“要素产权”，是“主体对要素资产的权利”（不仅包括资本所有者，还有劳动力所有者、科技成果发明者，对自己的要素资产的权利）；所谓“劳动产权”是劳动者进行的劳动，不仅要获得作为劳动力价值的工资，而且要获得同劳动数量、质量相联系的剩余产品分配权，即“劳动者对自己劳动的权利”。所谓“联合产权”是要素所有者对自己要素的权利同劳动者对自己劳动的权利的有机联合。产权概念及其实现形式的产权制度的这种客观发展的新趋势，在中国进行企业制度改革、建设社会主义市场经济的市场主体时，更应把它们变为现实。

2. 创建中国式现代企业制度的基本要求如前所述以股份公司为其具体形式的西方现代企业制，集中历史上企业产权制度演革的成果，因而具有投资主体多元化、出资者的有限责任制度、法人财产占有权的等特征。而且随着技术革命的深入、信息社会的到来，客观上产生由单一资本联合体要素向资产联合与劳动联合有机结合的经济联合体转化的趋势。作为社会主义市场经济的市场主体的国有企业的改革，则应该也能够把这一客观要求变成现实。因此，经过改革创建的中国式现代企业制度，应具有这样一些综合的基本要求：（1）在国有制为主体条件下投资主体多元化；（2）劳动力与科技成果资本化、股权化；（3）出资者有限责任制；（4）法人财产权的确立；（5）企业职工集体承担法人职能；（6）由作为经营者的企业劳动者联合体同作为所有者的要素资产联合体（股份公司）的代表机构的董事会之间建立经营承包责任制；（7）公司内的股份公有制与企业劳动联合体的部分集体所有制的有机结合；（8）按劳分配与按要素资产分配有机结合，并以按劳分配为主。在国有企业的改制、创新中，真正实现了这些基本要求，也就实现了社会主义市场经济的市场主体与社会主义初级阶段公有制的新的发展形式“合二为一”。其具体实现形式，则应是建立劳动联合与资产联合有机结合的社会主义经济联合体。

（原载《改革与战略》1996 年第 3 期）

劳动价值论的拓展与制度创新

一百多年前，马克思揭示了商品的价值源于生产劳动，商品中包含的劳动具有“二重性”，劳动的“二重性”源于私人劳动与社会劳动的二重社会属性的矛盾，从而形成了他的劳动、劳动价值论的核心。在此基础上，他进一步揭示了剩余价值的秘密以及资本的产生、成长与运行，直到最后灭亡的客观规律。当今，在新的条件下，深化与拓展对这一理论的核心部分的认识，有利于推动制度创新，促进计划经济向社会主义市场经济转变、传统经济向知识经济转变。

一、关于“生产劳动”概念的拓宽及其限度

马克思关于“生产劳动”的概念，并不像一些人所认为的那样，只停留在对简单劳动的分析上，而是“与时俱进”、随再生产过程的推移一再拓宽。

（一）马克思本人对“生产劳动”概念的一再拓宽

这主要表现在以下两个方面：

1.“与时俱进”把生产劳动概念从简单劳动过程向协作劳动过程拓展。起初马克思在分析简单劳动过程时，他阐述只有在直接的物质生产中，劳动者利用劳动资料直接作用于劳动对象，并“改变自然物质形态”的活动①，才是生产劳动。后来在分析资本主义生产的“协作”劳动过程

① 马克思：《资本论》第1卷，人民出版社1975版，第87页。

时，他便一再拓宽了“生产劳动”的概念。这时他已明确界定，物质生产领域的总体劳动中，每一个执行一定职能的劳动者的劳动，都是“生产劳动”。例如，他在《资本论》中指出：“从简单劳动过程的观点得出的生产劳动定义，对于资本主义生产过程是绝对不够的”。“产品从个体生产者的直接产品转化为社会产品，转化为总体工人即结合人员的共同产品。总体工人的各个成员较直接地或较间接地作用于劳动对象。因此，随着劳动过程本身的协作性质的发展，生产劳动和他的承担者即生产工人的概念也必然扩大。为了从事劳动，现在不一定要亲自动手，只要成为总体工人的一个器官完成它所属的某一职能就够了”[①]。后来他又对“生产劳动”概念的这一拓宽作了具体的说明。他已明确把资本主义工厂生产过程中的所有体力、脑力劳动者，包括用劳动资料作用于劳动对象的“直接体力劳动者”以及不直接作用于劳动对象的“经理”“工艺师”“小工”“监工”等，所有“总体工人”或“结合人员”的各个成员，都界定为“生产劳动者”，他们的劳动都是“生产劳动”。马克思阐述，“在资本主义生产中，许多劳动者共同生产一个商品……这些或那些劳动者的劳动同生产对象之间直接存在的关系，自然是各种各样的。例如，前面提到过的那些工厂小工，同原料的加工毫无直接关系；监督直接进行原料加工的工人的那些监工，就更远一步；工程师又有另一种关系，他们主要是从事脑力劳动，如此等等。……所有这些劳动者结合在一起，作为一个生产集体，是生产这些产品的活机器。”[②]“在总体劳动过程中有的人多用手工作，有的人多用脑工作，有的人当经理、工程师、工艺师等等，有的人当监工，有的人当直接体力劳动者或者做十分简单的粗工；于是劳动能力越来越多的职能被列在生产劳动的直接概念下”[③]。他在说明经理的劳动也是生产劳动时，深刻地指出“凡有许多人进行协作的劳动，过程的联系和统一都必然要表现在一个指挥的意志上，……就像一个乐队要有一个指挥一样。这是

① 马克思：《资本论》第1卷，人民出版社1975年版，第555-556页。
② 《马克思恩格斯全集》，第26卷，人民出版社1979年版，第443-444页。
③ 《马克思恩格斯全集》，第49卷，人民出版社1979年版，第100-101页。

一种生产劳动，是每一种结合的生产方式中必须进行的劳动”①。因而在资本家同时兼任经理时，“产业利润中也包含一点属于工资的东西（在不存在领取这种工资的经理的地方）。资本家在生产过程中是作为劳动的管理者和指挥者出现的，在这个意义上说，资本家在劳动过程中起着积极的作用。这种与剥削相结合的劳动（这种劳动也可以转给经理）当然就与雇佣工人的劳动一样，是一种加入产品价值的劳动”。② 马克思甚至把“专制国家”中，“执行由一切社会的性质产生的各种公共事物”职能的“政府的监督劳动”，也同资本主义生产中经理的生产劳动一样等同起来看待③。可见马克思在界定和拓宽“生产劳动”概念的论述中，其客观的、实事求是的态度，足以令我们这些后来者折服。

2. 随再生产过程的推移，马克思又把“生产劳动”概念，拓宽到了流通环节上执行“运输”“保管”职能的劳动上。马克思在《资本论》第二卷第六章中，对此进行了明确地论证。他说：“产品从一个生产场所运到另一个生产场所以后，接着还有完成的产品从生产领域运到消费领域。产品只有完成这个运动，才是现成的消费品”④“产品在消费中才得到最后完成”⑤，因而他认为产品生产出来达到消费者手中前所消耗的“保管”费用、“运输”费用，是“生产过程在流通中继续进行”的费用。这些费用追加到商品价格中时会按照各个资本家分担这些费用的比例进行分配，而且一切追加价值的劳动也会追加剩余价值。“运输劳动的价值追加”是“把价值追加到所运输的产品中去”⑥。

（二）按马克思分析的逻辑，新的条件下“生产劳动”的概念必当进一步拓宽

当年，马克思界定的“生产劳动概念”，是对资本主义生产劳动过程

① 《马克思恩格斯全集》，第 25 卷，人民出版社 1979 年版，第 431 页。
② 《马克思恩格斯全集》，第 26 卷，人民出版社 1979 年版，第 550-551 页。
③ 马克思：《资本论》第 3 卷，人民出版社 1975 年版，第 432 页。
④ 马克思：《资本论》第 2 卷，人民出版社 1975 年版，第 168 页。
⑤ 《马克思恩格斯选集》第 2 卷，人民出版社 1966 年版，第 205 页。
⑥ 马克思：《资本论》第 2 卷，人民出版社 1975 年版，第 154、168 页。

的劳动的规定性的揭示。而且主要揭示的是，直接生产领域创造价值，特别是剩余价值的劳动的生产性，而再生产的其他环节除了“保管”“运输”劳动，是直接生产过程在流通中的继续而具有生产性外，其余活动则只是实现产品价值、剩余价值的非生产性的劳动。而且认为这些劳动消耗，是对直接生产领域中的生产劳动的扣除。马克思指出，在资本主义生产中，生产劳动概念缩小了，资本主义生产不仅是商品的生产，它实质上是剩余价值的生产，工人单是进行生产已经不够了，他必须生产剩余价值，只有为资本家生产剩余价值或者为资本的自行增值服务的工人，才是生产工人。因此，生产工人的概念，绝不只是包含活动和效果之间的关系、工人和劳动产品之间的关系，而且还包括一种特殊社会的历史产生的生产关系。所以，古典政治经济学一直把剩余价值的生产看成生产工人的决定性的特征①。马克思在具体讲到资本主义再生产过程中，在流通环节上消耗的商品“买卖时间”时指出，这种商品的买卖时间，对于作为总体的资本主义生产过程来说，是一个必要的因素，比如说同燃烧一种生热用的材料时花费的劳动一样，这种能量的消费不转化为热，而且是热的一种扣除。② 他在讲到流通过程中在“货币”上的劳动消耗费时，也是同样论述的。马克思指出，金和银作为货币商品，对社会来说，是仅仅由生产的社会形式产生的流通费用，这是商品生产的非生产费用，这种费用随着商品生产，特别是随着资本主义生产的发展而增大，它是社会财富中必须为流通牺牲的部分③。由此看来，马克思的揭示十分清楚地告诉我们，对于资本主义的总生产过程来说，“生产劳动”与“非生产劳动”的区别，在于能否为产业资本创造价值与剩余价值。但是如果撇开生产过程的资本主义生产关系，马克思则又明确地阐明，社会总生产过程的各个环节，都是生产的要素。因为“生产、分配、交换、消费”构成一个总体的各个环节、一个统一体内部的差别④。在社会生产中，产品在生产环节中生产出

---

① 马克思：《资本论》第1卷，人民出版社1975年版，第556页。
② 马克思：《资本论》第2卷，人民出版社1975年版，第147页。
③ 马克思：《资本论》第2卷，人民出版社1975年版，第153-154页。
④ 《马克思全集》第2卷，人民出版社1979年版，第205页。

来以后，只有进入消费领域，才是现成的消费品[①]。产品在消费中才得到最后完成[②]。所以，从产品生产出来直到被消费掉的整个过程中，所经历的中介环节都应是产品“完成”过程的生产因素或生产环节。因而这些中介环节中消耗的劳动，也应该是社会总生产过程中的“生产劳动”。在商品生产存在的条件下，这些生产劳动，必然形成价值，并追加到商品中去。

我国现在已处在社会主义初级阶段，在社会总生产中起主导作用，并决定整个社会生产的基本性质的是社会主义商品生产。因而，马克思在撇开资本主义关系对生产一般中的生产要素、生产劳动的分析，完全符合当时的经济条件，也正适合于由传统经济向知识经济转化的趋势。

按照马克思分析此类问题的逻辑方式，现阶段生产劳动的概念，则必然要进一步拓宽。

第一，生产劳动概念应拓展到从产品生产直到产品消费全过程的必要劳动消耗。这个社会生产全过程的社会必要劳动的消耗，不仅包括原来已由马克思的论述，列入生产劳动概念之内、直接物质生产环节中的“协作劳动”或“结合劳动”的各个成员直接或间接作用劳动对象的劳动，以及直接生产领域在流通中继续的“保管”“运输”劳动。而且，现在还应包括原来未曾列入生产劳动概念之中，过程中属经营和分配活动的会计、统计、审计和流通中的商业买卖、金融保险，以及在消费环节上为生活服务的餐饮、住宅、理发、文娱、沐浴、旅游等社会必要劳动的消耗。这些社会必要劳动的消耗，同样会形成价值，或一次、多次的加入社会产品中。正如马克思谈到生产一般时所论述的那样，“生产、分配、交换、消费”构成一个总体的各环节、一个统一体[③]，产品只有完成各个环节，最后在消费中才得到最后完成。[④] 所以在产品最后完成前所经过的各个环节中消耗的劳动，都应该是完成产品所需要的生产劳动。当商品生产还存在的条

① 马克思：《资本论》第 2 卷，人民出版社 1975 年版，第 168 页。
② 《马克思全集》第 2 卷，人民出版社 1979 年版，第 205 页。
③ 《马克思恩格斯全集》第 2 卷，人民出版社 1979 年版，第 205 页。
④ 马克思：《资本论》第 2 卷，人民出版社 1975 年版，第 168 页。

件下，所有这些社会必要劳动的消耗都会形成价值，加入产品中。

第二，生产劳动概念，还应拓展到生产“生产力要素”的劳动消耗上。按照马克思的分析，劳动生产力的决定因素有五个：工人的平均熟练程度，科学的发展水平和在工艺上应用的程度，生产过程的社会结合，生产资料的规模和效能，以及自然条件[①]。它们既然是生产力的决定因素，因而其本身就在生产之中，或者将要加入生产之中，成为生产要素。所以，对这些生产力的要素，也就是生产的要素本身进行的生产、再生产、加工、改造、素质的提升和维护，当然是应属于物质生产的总范畴之中，其消耗的社会必要劳动，也必然形成价值，追加到物质产品中去。因而“生产劳动”的概念，也就必然应扩大到生产、再生产这些生产力要素（即生产要素）的劳动消耗上。所以，为“劳动力”这一生产力的决定要素生产、再生产和提升其素质，所消耗的教育、文体、医疗卫生等劳动消耗；为“科学技术的发展和在工艺中的应用”这一生产力的决定因素，所进行的科技研究开发、实际应用等劳动消耗；为维护和改善生产的“自然条件”这一生产力的决定因素，所进行的维护生态平衡、保护环境和治山、治水、治沙、防污、治污、改良土壤等劳动消耗；为优化和提高“生产的过程社会结合”方式所付出的改革管理的劳动和挑选、培训管理者的劳动消耗等，都应是生产劳动概念拓宽的范围。

第三，“生产劳动”概念还应拓宽到宏观上对整个国民经济的资源配置、管理、监控等方面的社会必要劳动的消费上。因为现在的社会主义社会的生产同马克思讲的生产一般的特征基本一致，而且生产的整体性、社会化和国际化的程度极大的提高。因而，在宏观上管理经济的那部分社会必要劳动消耗，正像微观企业的“结合劳动”“协作劳动”需要指挥、监管的劳动一样，都是生产性的劳动；其社会必要量的部分也都会形成价值、加到产品中。例如，作为全民所有制经济所有者代表的国有资产管理机构的资产经营劳动，政府中按经济规律和国内外经济发展的客观趋势，制定国民经济计划，进行国民经济宏观调控以及国家工商行政机构执行监

① 马克思：《资本论》第1卷，人民出版社1975年版，第53页。

管职能的劳动等，都应如同工厂中的经理、监工的劳动一样，算作是生产劳动。正像秦朝李冰父子在都江堰工程建设中，组织、指挥、监督等工作，也属于生产劳动一样，是同一的。而且在一定意义上讲，这种组织、指挥、监督的生产劳动，比一般生产劳动更具有重大的作用和意义。因为协作会创造新的生产力，协作会把“社会力”并入社会生产力①。它同科学技术把“自然力”并入社会生产力一样，其作用和意义具有同一性。

可见社会主义市场经济条件下的生产劳动概念得到大大拓展，但只应在社会物质生产和为物质生产服务的领域中拓展，其范围应包括三个大的方面：(1) 产品的社会生产、再生产四个环节及为其服务的社会必要劳动的消耗；(2) 对生产力要素（即生产要素）进行生产、再生产和维护、改善、提高其素质所消耗的社会必要劳动；(3) 在宏观上国有资产机构的高层资产经营活动及政府管理、调节、监控国民经济运行的社会必要劳动消费。

(三)“生产劳动”范围拓宽的限度以及拓宽后社会总产品价值量增加与个别商品中价值量下降的趋势

以上分析表明，随着“生产劳动”范围的拓宽，几乎所有现在称之为第三产业（服务业）、第四产业（从服务业中分出的知识产业，包括教育、科学技术的研究开发等）的劳动，都被拓宽为形成价值的生产劳动。然而这些现在被称之为第三产业、第四产业的劳动，既有为社会经济服务的劳动，也有为上层建筑的政务活动、政治宣传、宗教活动、国防军事等服务的劳动。即使是为经济服务的劳动消耗中，除了为实物经济服务的劳动外，也还有被市场投机活动所利用的服务劳动。现在的国内、国际金融劳动中，被投机行为利用的比重相当大，甚至大到惊人的地步。据有关资料记载，我国2000年上市公司在股市募集的3400亿资金中，真正投到实体经济上的不到10%，其中90%以上用作炒股投机的基金。1998~1999年，世界外汇交易量每天高达1.5万亿到2万亿美元，其中只有2%，同实体经济运行相连，98%都用在投机炒作之中。为这些投机活动服务所消耗的

① 马克思：《机器、自然力和科学的应用》，人民出版社1997年版。

金融劳动不仅是非生产的，而且造成了巨大的社会劳动浪费。因此不能笼统地把整个第三、第四产业的劳动，算作是生产劳动。第三、第四产业的劳动作为生产劳动，必须有两个明确的限度：第一，它们必须是为实体经济服务所消耗的劳动；在理论上，既不应混淆经济与上层建筑的界限，也不能把符合社会需要的经济活动同经济中的投机活动，都看成是创造价值的生产性劳动。第二，所消耗的服务劳动，必须是社会所必要的量（或平均需要的劳动量），而不是服务劳动者的个别劳动量。

再者，由于“生产劳动”范围的拓宽，而且随传统经济向知识经济的转化，生产性的、社会必要的第三、第四产业的劳动会迅速增加，因而必然出现总产品的总价值量的迅速增加。迅速增加的这些劳动本身及其被服务的物质生产更具有创造力。例如，科技劳动会把自然力并入社会生产力；素质高的管理劳动会把“协作力”“生产的社会结合力”加入社会生产力，从而使整个社会生产力、劳动生产率迅速增长。从而个别产品中包含的劳动量，即个别价值量会大大降低，在市场上卖得更便宜。这就是知识经济来临所形成的社会总产品、总劳动、总价值量迅速增加，而个别产品中包含的劳动量，即个别劳动量迅速下降的总趋势。这种趋势不仅会使市场上的产品越来越便宜，而且产品的品种、功能更加丰富，产品的质量不断提升，新产品不断涌现。这正是社会主义市场经济条件下，生活水平不断提高，人本身的全面发展，以及社会不断进步的物质条件。

二、知识劳动力商品中的“劳动二重性”的新特点及其所导致的分配、产权制度的革新趋势

在社会主义市场经济条件下，科技、管理等知识劳动力，在市场上仍然表现为商品，生产这种劳动力商品的劳动同样具有“劳动二重性”。在知识经济来临时代，这些知识劳动力商品的“劳动二重性”，表现出一些新的特征，正是这些新的特征，导致了分配和产权制度的革新趋势。

第一，生产知识劳动力商品所消耗的劳动，多于乃至倍增于生产一般普通工人劳动力商品所消耗的劳动，因而在市场上前者比后者卖的价格要高（工资较高）。

第二，知识劳动力商品的使用价值，在使用时，其是一种复杂劳动过程，它会比普通工人劳动力使用时形成更多的价值，并更大于知识劳动力本身的价值。这是资本所有者或经营者之间，在市场上竞相雇佣知识劳动力的动因。在传统经济向知识经济转化阶段，市场上的知识劳动力商品很短缺，因而在市场供求、竞争规律作用下，便出现了竞相以高价抢购知识劳动力商品的现象，从而出现了知识劳动者参与本身制造的剩余价值分配的制度改良的客观趋势。例如，一些科技工作者和管理者，凭借自身劳动力的素质，及其使用时所形成的价值量的大小，从购买、使用知识劳动力的企业那里，无代价地获得大小不等的股权、期权，参加红利分配等。这是在资本占主导的制度所允许的限度内，出现的分配、产权制度改良、革新的一种新趋势。

第三，科技、管理等知识劳动力使用时，能分别把“自然力”与社会“协作力”[①] 并入社会生产力，从而大大提高社会劳动生产率，使得购买和使用这些劳动力的企业，其产品的个别劳动量大大降低，因而在新技术、新管理尚未在社会上普及的时期内，就会获得大量“垄断性超额利润”（因为新科技、新管理在一定时间内具有垄断、独占性）。这些企业及其所在的国家，会因此很快成为国内乃至世界财富聚集的中心，如比尔·盖茨的微软公司及许多这种新技术公司聚集的美国等发达国家。在这种态势下，对于科技、管理等知识劳动者来说，在社会的收入分配中和产权制度改良、革新中，所占的份额及其所处的经济地位，也会发生新的变化，产生新的特征。这些新的变化、新的特征，主要表现在两点上：（1）他们的知识劳动力在一定的有效时间内可以在市场上卖得“垄断性”的高价，获得比一般劳动者高得多的“高工资”；（2）知识劳动力购买和使用者的企业，在激烈的竞争下，不得不按知识劳动力的素质及其使用时创造的价值和为企业所带来的“垄断性超额利润”的大小，而使其分享部分劳动生产率提高所带来的超额利润，乃至分割出部分产权。由于科技劳动和管理劳动，在知识经济中的地位越来越重要，所起的作用越来越大，因而推动了

① 马克思：《机器、自然力和科学的应用》，人民出版社 1997 年版，第 5 页。

单一资本联合产权制（单一的资本入股的股份制）向要素资产联合产权制（资本、劳力、科技成果入股的“泛股份制”）转化，从而导致了单一的按资本分配制向按要素资产分配制的转化。因此，作为实行社会主义市场经济体制的中国，更应适应这一经济转化、制度变迁的客观潮流，并把它同中国特色社会主义初级阶段的实际相结合，积极推动产权制度、分配制度的改革、创新。在国有企业改革中努力构制公有制为主的劳动联合与要素资产联合的联合产权制度，切实实行以按劳分配为主的按劳分配与按要素分配相结合的分配方式。

三、现阶段商品中的“劳动二重性”和经济体制的创新，直接缘于全民企业劳动的“三重社会属性”

马克思从商品的二因素出发，揭示了商品中劳动的“二重性”，以及这种劳动的“二重性”的直接原因，是私人劳动同其所具有的社会性的二者之间的矛盾。现阶段，我国的社会主义全民所有制企业生产的产品仍然是商品，因而商品的二因素以及包含在商品中的“劳动二重性”也仍然存在。但是，社会主义全民所有制企业的劳动已不是私人劳动，所以现阶段商品中包含的“劳动二重性”，也不可能再是由于私人劳动同它的社会劳动性质的二重社会属性之间矛盾的产物。而是现阶段全民企业劳动的“三重社会属性”，既统一又矛盾的结果。现阶段我国的全民所有制企业，在改革中，实行企业的产权的权能分解，企业成为相对独立的经济实体，是自主经营、自负盈亏的商品生产、经营者。因而企业劳动就具有“三个三重性”。即为社会、为企业集体、为个人提供利益、满足需要的“三为性”；同一劳动同时受所有者的国家、经营者的企业集体和劳动者自己自主支配的“三自主性”。正由于这种“三为性”“三自主性”，也使它同时具有“三重社会属性”。即企业同一劳动既属于企业集体所有，也属于所有者的国家所有，还属于劳动者自己所有。这种全民企业“三重社会属性”，体现着三者之间存在既统一又有差别的物质利益。所以产品谁也不能无代价的拥有，只能通过商品等价交换实现三者的利益。既然要通过商品交换，因而个人劳动转换为社会劳动都必须进行抽象和折算。生产商品的劳动既是具体的，它创造使用价值，又是抽象的，比较其中的劳动量、价值量，才能做到等价交换。所以商品的二因素及包含的“劳动的二重性”，也就显现出来。由此可见，社会主义全民企业商品中的“劳动二重性”，以及社会主义公有制同市场经济的有机结合的体制创新，都是由于现阶段全民企业产权的权能分解，社会、企业集体、个人利益的差别性的矛盾，所导致的全民企业劳动的“三重社会属性”所决定和所要求的。

再者，现阶段全民企业生产的商品中，劳动的“二重性”在其形成中所进行的劳动抽象与价值量的折算，同私有制下商品中的劳动的抽象与价值量的折算不完全相同，其有自己明显的特点。后一种抽象与折算，只经过市场上一次完成。而前者，即全民企业生产的商品中，劳动的抽象与折算，要经过两次抽象与折算完成。第一次抽象和折算，是在企业内部进行，即将个人的具体劳动抽象为企业一般劳动，并通过企业必要劳动量标准（标准劳动定额、标准产量或标准效益）把不同的个人劳动量折算为企业承认的劳动量。第二次抽象和折算，即把企业局部的具体劳动，抽象为人类一般的劳动，并经过市场，通过社会必要劳动量（即价值量）为标准，把企业局部劳动量折算为社会必要劳动量，并通过等价交换得以实现。在企业内部进行的第一次折算的标准，“企业必要劳动量”是企业内部进行按劳分配的尺度，在市场上进行的第二次折算的标准，“社会必要劳动量”是市场上等价交换的尺度。所以，社会主义全民企业的个人劳动转换为社会承认的社会劳动的过程，也就实现了社会主义的按劳分配原则与市场经济的等价交换原则的有机结合，体现了社会主义的按劳分配规律同市场经济的价值规律作用的有机统一。而且，企业内部的按“企业必要劳动量”的折算与市场上的按“社会必要劳动量”的折算，都是通过竞争来实现的。这种企业内部与市场上的竞争的有机结合，它是社会主义公有制的动力机制与市场经济动力机制的有机结合。当然，这两种竞争也会拉大社会成员之间的收入分配和财富分配的距离，甚至形成社会的弱势群体，潜藏着两极分化的种子。这需要在分配制度、产权制度上的创新以及国家税收、转移支付、社会保障等方面予以调节，使社会主义的共同富裕得以实现公平与效率，从而得到最优的统一。

值得注意的是，在经济全球化的条件下，全民企业劳动还需要转换为国际社会劳动。这需要在前述两次抽象、折算的基础上，加上一次在世界市场上，以国际社会必要劳动量为标准的抽象、折算，这就增加了国别社会必要劳动量与国际化必要劳动量之间的矛盾和竞争。这种矛盾和竞争，对发展中的国家既是机遇又是严峻的挑战。因而应把我国的企业放到这种竞争中去拼搏，以提高自己的竞争力，力争扩大社会主义市场经济在世界经济中所占的份额。但是，商品的国际社会必要劳动量同国别社会必要劳动量之间的差距的竞争，既可以使一些国家成为财富聚集的中心，也可以使一些国家更加贫困起来。在 1971 年，全世界最贫困的国家只有 25 个，到 2000 年时，就已上升到 49 个。这里的关键在于能否在生产中不断采用自主创新的高新技术，大大提高劳动生产率，把自己的国别社会必要劳动量降至在国际社会必要劳动量之下，做到了这一点就能立于不败之地，逐步赶上和超过发达的国家。由此可见，现阶段社会主义全民企业劳动的“三重社会属性”，不仅是现阶段商品中的“劳动二重性”存在的原因，并使“劳动二重性”在其形成中的劳动抽象、折算具有明显的特征，进而揭示了全民企业劳动的“三重社会属性”，正是社会主义市场经济体制创新及完善的根由。

（收录于中国《资本论》研究会第 11 次学术年会（2002）论文集）（原载《湘潭大学学报（哲学社会科学版）》2002 年第 3 期）

第三篇
联合产权制度是社会主义市场经济的基石

中国式现代企业制度的基石应是劳动联合与资本联合的有机结合

目前，我国国有企业的改制已进入攻坚阶段，它是关系改革全局成败的大问题，国内外对此都十分关注。显然，中国既不能走私有化的道路，也不能在国有制的基础上把西方股份制的一套办法原封不动地搬过来。而是既要经历一个中国企业制度现代化的改革过程，也要经历一个现代企业制度中国化的改造过程。把这两个过程统一起来的途径和基础，则应是劳动联合与资本联合的有机结合。

一、劳动联合与资本联合的有机结合是创建中国式现代企业制度的必由之路

在国有企业改制中，实行劳动联合与资本联合的有机结合，有其客观必然性。这可以从如下三个层面来观察。

（一）单一的劳动联合的历史局限性及其在改革中趋向劳动联合与资本联合相结合的必然性

改革前，国有企业实行的是按照单一的劳动联合的思路，以苏联为榜样建立起来的一种企业制度。它的基本特点是，社会全部生产资料归联合劳动者的共同体所公有；社会生产的管理由劳动者联合体的代表机构承担；劳动者个人在这个联合体内分工协作，各尽所能按劳分配。它的实质是在经济上保证劳动者的主人地位，充分发挥其在生产和管理中的主动

性、积极性，促进生产力的发展。但是，这种思路在我国现阶段的生产力水平上，不可能完全实现。在改革前，中国也没有找到恰当的具体形式来实现。在我国社会主义初级阶段，受社会生产力水平的限制，既不可能把全社会的生产资料统统归联合劳动体所公有，也不可能立即降低市场、商品、资本范畴的积极作用，又不可能实行单一的按劳分配制度。因此，中国国有企业制度改革过程中，一方面，要革新这种从苏联搬来的国家高度集权的企业体制及单一劳动联合的超越现实的历史局限性的部分，并要有分析地保存公有制为主体的、充分发挥劳动者在生产和企业管理中的主人地位和积极性等劳动联合的主要特点。目前在改革的试点中，有的企业也像西方那样，把广大劳动者排除在“治理层”之外，视之为纯“雇佣”工人。那样企业的活力就会是无源之水、无本之木。因为企业活力的源泉，在于脑力劳动者和体力劳动者的积极性、智慧和创造力①。如果没有劳动者参与管理、监督及聪明才智的发挥，企业也就难以成为社会主义市场经济的微观基础。另一方面，这种劳动联合的特点也必须同资本联合有机地结合起来，在充分发挥劳动的积极性的同时，也把资本的积极性充分发挥出来。因为在目前条件下，货币资本仍然是劳动力同生产资料相结合的媒介，是每一个新办企业的第一推动力和持续的动力。② 社会主义初级阶段的经济发展，迫切需要开发这种“第一推动力”。

（二）单一的资本联合的局限性及其在中国化改造中趋向资本联合与劳动联合有机结合的必然性

现在，被称为现代企业制度典型的具体形态的西方通行的股份制，就是一种单一的资本联合体。它的确有许多优点应为我国所借鉴和吸取。如资本的社会化、投资主体多元化、出资者承担有限责任、法人财产权的确立、产权的证券化及其流动性以及在此基础上形成的科学管理等。这些，能够充分地调动资本所有者的积极性、创造规模、经济效益、优化企业组织结构及产业结构等。但是这种单一的资本联合的股份公司，也有其历史

① 引自《中共中央关于经济体制改革的决定》。

② 《马克思全集》第 24 卷，人民出版社 1979 年版，第 393 页。

局限性。

首先，在这种产权制度中，劳动者没有产权可言，也就理所当然地被排斥在公司“治理层”之外，只是一个单纯的“雇佣工人”，在产品分配中也就只能得到劳动力价值，剩余产品是进不了劳动报酬之中的。这样也就谈不上职工的主人翁地位与积极性的发挥。而且还会因此日益加深资本与劳动之间的矛盾。例如，在单一资本联合的股份制改革中，出现了一头热、一头冷、中间不冷不热的现象，即出资者（主要是政府）着急、劳动者消极、经营者不急（等待、观望）的状态。这是矛盾产生、发展的先兆，这样下去企业的活力难以增强和持续，以致出现萎缩。因为社会主义市场经济的微观基础，绝不能建立在劳动者无权与消极、被动的基础上。因此，以公有制为主体的企业改革中，必须进行劳动联合与资本联合的有机结合，别无他路。

其次，在这种单一的资本联合的股份公司中，董事会既是出资者的权益代理机构，又是企业经营管理的最高决策机构，二者“合二而一”。如果把这套制度原封不动地搬到国有企业的改革中，那么按股份制的一股一权的运作规则，作为最大股东的政府的代表将在董事会中起举足轻重的作用，这样也就很难实现政企分开。正如日本经济学家奥村宏所指出的那样，股份制有两个功能，一是筹集资金，二是集中对企业的支配。①

再次，在单一的资本联合的股份公司中，以法人财产作为企业自负盈亏的保障并不能对企业经营者和职工群众发挥多大的激励与约束作用。因为法人财产是出资者出资形成的，它的增大也是资本的增值与扩张。因此企业亏损与破产仍然是由出资者来承担责任的（只不过是有限责任而已），而经营者和职工群众并无切肤之痛。以上充分表明，这种单一资本联合的股份制必须实行中国化的改造，使之同劳动联合有机地结合起来，方可成为中国现代企业制度的重要组成部分。

---

① 王忠：《访问录》，转引自《经济日报》，1993年9月23日。

（三）资本联合与劳动联合的有机结合是现代企业产权制度及其理论发展、演革的客观趋势

当今在经济学中通行的所谓产权，是指主体对财产的权利。但是直到今天，一般都把这种产权概念的内涵只局限于对社会生产投入要素之一的资本的权利上，而对劳动力及科技发明等投入要素的权利，均未纳入这种产权概念的内涵之中。尽管随着新技术革命的深入发展及信息时代的到来，西方先进的理论经济学已开始承认了劳动力也是资本，即所谓“人力资本”，并承认了知识也是“产权”，但是西方传统的产权管理论仍然把他们排斥在企业产权概念的内涵之外。所以，以这种产权理论作为基础的股份制企业的产权制度，只保证投入的资本可以入股分红，实现保值、增值。而同样作为生产要素的劳动力、科学技术则只能作为资本的附属物，通过市场评价求得保值，不能入股分红，获得保值、增值的平等权利。显然，这种产权制度及其理论仍然是停留在股份制产生的 17 世纪中叶的重资本、轻劳力、轻科技的时代上。它不仅违背了市场经济的等量资产获得等量回报的公平原则，也同新的时代的要求很不相适应。20 世纪以来，特别是第二次世界大战以后，蓬勃发展的新技术革命，对经济的增长、发展起了巨大的推动作用。因此进入企业生产过程的科技发明以及具有较高文化科学技术素质的劳动力的作用与地位已逐渐赶上了有形资本（生产资料资本）的作用与地位，甚至开始超过有形资本的作用而占首位。例如，科技发展在国民收入增长中的作用已由 20 世纪初的 5%~20%上升到现在的 60%~80%。正因为如此，邓小平同志把科学技术概括为“第一生产力”。至于有较高文化科学素质的劳动力的地位、作用也越来越为先进的经济学家、管理学家、实业家所重视。他们把这种劳动力称之为“人力资本”。例如，哥伦比亚经济学家、德林大学教授吉列莫、马亚·穆尼奥斯曾在《经济增长中的人》一文中指出，当人力资本与有形资本之比较高时，人力资本与国内生产总值之比也较高，国内生产总值的增长也较高。二战后的德国和日本之所以能在废墟上迅速复兴，原因在于其人力资本素质较高。因此，他强调，为提高未来劳动力教育水平、职业或专业技能而进行

的投入，不是消费，而是和工厂、机器设备等有形资本的投入一样，是人力资本的投资。有的经济学家明确指出，随着知识社会的到来，在创造价值方面，劳动要素作用的地位同资本要素作用的地位将发生根本性的转换。韩国实业家金一燮在1994年11月23日的《每经周刊》上撰文指出，随着从产业社会向知识社会转化，创造力、科技和信息的重要性将会大大加强。产业社会的特征在于它只是资本增值的源泉，人类是资本创造增值所必需的手段。但即将到来的知识社会则将是依靠人类的创造力来创造价值，资本成为将这一价值具体化的手段，将成为创造价值的源泉和手段的地位互换的时代。未来最重要的创造价值的要素将是知识和创造能力。尤其是美国劳工部长罗伯特·赖克，1995年6月5日，他在英国《金融时报》上发表《为什么光是经济增长还不够?》的文章，明确指出人是经济增长的真正发动机，提出要给职工以“雇员所有权”的对策主张。他在文章中指出，西欧、日本、美国这些国家共同的一点是，它们都空前地注重依靠人，认为人是经济增长的真正发动机。在光是经济增长还不够的时候，进行人力资本投资是答案中的一个重要部分。因此，他建议工人们可以通过补偿制度分享经济增长带来的好处。这种制度将使他们能以分享利润和生产力提高的好处的形式来领取其部分收入。当用这些形式将补偿与公司经营情况联系在一起时，雇员们考虑问题和行为方式就会更像企业家。像有关社会保证的规定和税收减让等公共政策可以对这些形式的“雇员所有权”起到促进作用。在资本主义国家里，仍然提出了“雇员所有权”的问题，难道在我们社会主义国家的公有制为主的企业中，可以不通过改革来确保职工主人翁地位的经济权益，反而可以使其退回到完全“雇佣劳动者”的地位上去吗？由此可见，陈旧的、狭隘的产权概念与单一的资本联合的产权制度已到了非突破不可的时候。作者认为符合时代要求的新的产权概念的内涵，应定义为：产权是主体对于生产要素资产的权利。因而，现阶段的股份制企业，也应由单一的资本联合体为资本联合与劳动联合有机结合的经济联合体所代替。其具体形式则应是一种资本、科技、劳动力均可入股分红、保值增值的“泛股份制”企业（下文将进一步论述）。这样才有利于充分调动资本所有者、劳动者、科技发明者各个要素资产所有者的积极性，并创造科技进步和劳动力素质提高的经济条件，从而实现生产要素的素质提高及优化其配置，产生更高、更新的生产力。现在西方一些公司的某些精明的管理者，也开始向企业的职工、科技发明者赠送一些股权以资奖励，这虽然还不是产权制度的根本改革，但也充分表明单一资本联合的产权制度向资本联合与劳动联合相结合的产权制度的转化已是一种客观发展的必然趋势。在社会主义初级阶段的市场经济条件下，虽然还不能实现单一劳动联合的公有制产权制度，但塑造资本联合与劳动联合有机结合的产权制度的新的实现形式应是题中之义。湖南长沙铜乐实业公司（原长沙市民族乐器厂），从 20 世纪 80 年代初就实行一种资金、技术、劳力等要素入股的“泛股份制”，企业规模与经济实力得到迅速发展。这些充分表明资本联合与劳动联合有机结合的新型产权制度是顺应世界经济、科技发明潮流和符合中国国情的企业产权制度。1988 年 8 月 27 日，《光明日报》曾发表过一则报道，推广该厂的经验。作者也曾带领部分研究生和本科毕业生实地调查，并在《湖南社会科学》杂志 1989 年第 2 期发表了《评泛股份制》的论文。后来还在笔者的专著与一些论文中推广过这一创新。可是，当前我国有些人，不识世界潮流，不思中国国情，把西方已落后的产权制度及其理论不加分析地捧为至宝，从一个极端走到了另一个极端。他们否定了单一劳动联合的产权制度及其理论的同时，又一百八十度地转到了推广单一资本联合的产权制度。这种片面性如不克服，势必将我国的企业产权制度改革引向歧途，带来危害，更不符合世界经济、技术的发展潮流，而且它已使国有企业的改革实践与理论研究处于一筹莫展的境地。这难道还不应该是反省过去、探讨新的思路的时候吗?

二、创建以劳动联合与资本联合的有机结合为基础的中国式现代企业制度的具体形式与途径

（一）在生产要素相结合的层次上实行劳动联合与资本联合的有机结合

这种做法是建立资本、劳力、科技发明等要素均可入股的“泛股份

制”。就资本入股而言，在国有大中型企业中，除了国有股以外，还可以吸收社会其他资本和外资入股。这是对西方股份制中资本联合的特点与优点的吸取。就劳力和科技入股而言，就是把每个劳动者当年所得的工资总额（劳动力的价值的货币表现）以及投入生产的科技发明的市场评价的总价值额，折合成股权，同资本一起同样获得保值增值，实现其劳力与科技成果的资本化。劳动者、科技发明者（即脑力劳动者），不仅得到他们的劳动力、科技发明的等量报酬（保值），而且同时得到相应的红利（增值）。因而他们也同资本所有者一样，都成为企业“资产”的所有者——股东，并按股份制的运作规则，获得相应的所有者权益和事实上的企业主人的地位，从而有利于大大调动企业劳动者、科技人员和出资者各方面的积极性。

（二）在企业所有者与经营者相联结的层次上实行资本联合与劳动联合的有机结合

依作者看来，作为社会主义市场经济的微观基础的企业的经营权应属于企业职工的劳动联合体，由这种联合体充当法人。作为联合资产的所有者的代表机构的董事会，只具有转让经营权的发包权、对企业的监督权、企业上缴所有者的利润的再分配权。它应该是出资者联合资本的管理、营运机构，而不是企业生产经营的决策机构。企业生产经营的决策则应按其重要程度和范围的大小，分别由职工大会代表大众、职工选举或招聘的经理决定。在公司中，作为职工的劳动联合体代理机构的企业管理委员会同资本联合体代理机构董事会之间的联系，是经营者同所有者之间的关系。他们之间联系的纽带应该是责、权、利相结合的经营承包责任制。这就形成了所谓“股包结合”的新型企业制度。这样就能充分调动资本联合体与劳动联合体的积极性，也能有效地实现所有权与经营权的适当分离及政企分开。在以国有股为主、以政府为出资代表的条件下，经营权同所有权的分离是政企分开的先决条件。有一种见解认为承包制同股份制不能相容。这是一种误解，其实它们属于不同层次的范畴。股份制是解决资产组合问题，而承包制是所有者已定条件下的一种经营方式。两者解决的问题不同，它们不仅不会相互排斥，而且两者应该结合。这种结合既能够保护所有者资本的保值、增值，又能充分调动经营者、劳动者的主动性和积极性。它是现代企业制度发展的必然趋势，是同保证所有者出资资本的保值、增值相连的给经营者、劳动者以充分的经营自主权的一种企业经营制度。现在国外一些大企业的跨国公司，对在外国的子公司，也开始采用类似经营承包制的责、权、利相结合的经济责任制。因为子公司多了，远离母公司，委派经营制既难以充分发挥被委派者的主动性、积极性、灵活性，也必须付出高额代理成本用于对委派的经理进行监督。上面所述美国劳工部长罗伯特·顿克提出的给工人们以“雇员所有权”的主张中，也提出给工人们分享利润和生产力提高的好处，要与公司经营情况联系在一起，也表明，职工同所有者之间建立责、权、利相联合的经营责任制，在资本主义国家里，也是现代企业经营制度的一种发展趋势。我国搞改革，搞建设，都要具体分析，不能采用“狗熊掰棒子的手法，掰一个丢一个”，最后剩小的一个，又不够充饥。中国的国有企业改革，开始搞承包制，后来股份制的风潮一来，又完全否定了承包制，而股份制又不能很好地解决企业经营者与职工的主动性和积极性，这种人云亦云，缺乏分析的做法岂不有一点儿像“狗熊掰棒子”的手法呢？

（三）在公司内的股份共有制与企业职工的劳动者集体所有制相结合的层次上实现劳动联合与资本联合的有机结合

在上述企业同作为资本联合体代表机构的董事会的经营承包责任制关系中，企业创造的纯收入除了完成国家税收、按合同上缴所有者的份额以及按比例扣除资本增值的积累部分后，剩余的部分就是“企业留利”，这部分留利应归企业职工集体所有。因为按经营承包制的运作规则，税后利润理应是交完所有者后留存企业积累，这部分留利应是承包经营者的联合集体所公有的。因而这部分留利除了用作职工的集体福利、奖金开支外，其中用于再投入本企业的部分所形成的股权，应属于企业职工集体所有的资产，从而形成了公司中股份共有制同劳动者集体所有制的并存局面，以及它们之间的一长诸长，一消诸消的长消联动机制。显然，这是资本联合与劳动联合在更深程度上的有机结合。这里的集体所有的部分，正是企业集体经营者自负盈亏的真正的经济基础。它必将对企业的经营者、劳动者形成强大的激励与约束机制，出资者也会因此更多地获利，而不会像有些人所想象的那样，会因此出现劳动吞食资本权益的后果。而且留归企业集体所有的部分是经营成果的一部分，即增量，而不是存量；它是所有者与经营者之间的利益分配问题，根本谈不上像有的人所指责的是什么出资者的资本或所谓国有资产的流失问题。在市场经济条件下，作为经营者的职工集体所得的同经营好坏相联系的利益转化为再投入的资本，集体所有的产权，也是天经地义的，是彻底贯彻市场经济原则的必然结果。在国有企业推行股份制时，可以吸收个人、私人、外资入股，为什么不允许让职工经营的报酬入股转化为资产呢？实质上，它的存在有着极大的好处：第一，这部分集体所有的资产是作为经营者自负盈亏的经济基础，从而使承担盈亏责任的首先是经营者的资产，而不是出资者的资产，从而形成一种出资者资产（主要是国有资产）的外围保护圈；第二，这部分集体所有的资产的存在是保证企业职工在企业中主人地位的重要经济条件，而且这部分资产同整个企业的资产是消长连动的，一长诸长，一消诸消，因而将大大提高企业职工对企业全部资产保值、增值的关切度；第三，企业一部分经营利益不断转化为职工的集体资产，也就意味着这部分经营利益不断转化为整个企业的资本投入，壮大整个企业的资本势力。如果不允许它进行这种转化，那么就会造成企业资源的极大浪费，或者变成职工个人的消费基金而消费掉，或者可能被企业转作他用。一些同志，一方面期望通过股份制广泛吸收社会与国外的资本，壮大企业的资本力量，但却害怕和不许企业职工把应得的经营利益转化为职工集体所有的股份再投入企业，扩大资本的来源，显然是悖理的。在社会主义初级阶段，以公有制为主体的不同公有制、不同所有制形式，不仅会在整个社会存在，而且也会在以国有资本为主的股份制企业内部中存在。这是同生产力水平与人民觉悟水平相一致的。它既体现了市场经济的要求，也保持了有中国特色的社会主义的特点。它可能成为中国国有企业的创举、马克思主义在制度创新方面的新发展。应该让群众对改革这个新生事物加以扶植、培育，而不应该百般的斥责和绝对的否定。

（四）在公司的收益分配的环节上实现劳动联合与资本联合的有机结合

在以上劳动联合与资本联合有机结合为基础的企业制度创新的具体形式中，在分配方式上体现着按劳分配与按资分配的统一。在这里，资本按股获得股息与红利，这是属于按资分配。而劳动者以劳动入股后，不仅得到劳动力的价值（工资），而且按劳动股参加分红。这样劳动所得就突破了劳动力价值的范围，因而具有按劳分配的性质。而且这种按劳分配是通过劳动力价值折合成虚拟资本股而实现，并采取按资分配的外部形式出现，因而它同按资分配形成了有机的联系。这是社会主义市场经济条件下，资本联合与劳动联合有机结合中的一种特殊形式的按劳分配。它的出现具有客观必然性。不仅如此，这种按资分配与按劳分配的有机结合，还表现在公司中两个层次的联合体的两种分配体制的有机结合。在公司的资产联合体机构董事会中，其是将经营者上缴的利润除去用于再投资部分外，在资本、劳力、科技等资产股权之间进行按资分配。而在作为经营者职工的劳动联合体中，除了上缴和集体扣留部分以外，则是在职工之间进行按劳分配。这两种分配又通过两个联合体之间的经营承包责任制作为纽带而有机地联结起来。

（原载《改革与战略》1995 年第 6 期）（收录于全国高校社会主义经济理论与实践研讨会第 9 次会议（1995）论文集）

论通向马克思“自由人联合体”设想的过渡性的两个产权制度模式

《资本论》所揭示的社会主义公有制的基本特征，集中体现在该书中所提出的“自由人联合体”的科学设想上。这个联合体的核心是财产的“直接公有制”。按马克思的原意，可以把它简称为“劳动产权制度”。历史已经证明，达到这种“联合体”的劳动产权制度的目标，必须经历一系列的过渡产权制度模式，在生产力不很发达的国家尤其如此。本文试图剖析马克思在《资本论》中所提出的“自由人联合体”即“劳动产权制度”的科学设想的基本特点、精神实质，以及实现此目标过程中已经经过的和正在构建的集权、分权的过渡性的两个产权制度模式。

一、“自由人联合体”的目标产权制度及基本特征

马克思在《资本论》中提出“自由人联合体”的科学设想时指出：“设想有一个自由人联合体，他们用公共的生产资料进行劳动，并且自觉地把他们许多个人劳动力当作一个社会劳动力来使用。这个联合体的总产品是社会的产品。这些产品的一部分重新用作生产资料。这一部分依旧是社会的。而另一部分则作为生活资料由联合体成员消费。因此，这一部分要在他们之间进行分配。这种分配的方式会随着社会生产机体本身的特殊方式和随着生产者的相应的历史发展程度而改革。仅仅为了同商品生产进行对比，我们假定每个生产者在生活资料中得到的份额是由他的劳动时间决定，劳动时间就会起双重作用。劳动时间有计划的分配，调节着各种劳

动职能同各种需要的适当比例。另一方面，劳动时间又是计量生产者个人在共同劳动中所占份额的尺度，因而也是计量生产者个人在共同产品的个人消费部分中所占份额的尺度。在那里，人们同他们的劳动和劳动产品的社会关系，无论在生产上还是在分配上，都是简单明了。”① 这里讲的“自由人”，是指摆脱了资本主义枷锁而获得了自由的生产劳动者，由他们形成的联合体，即社会主义社会。他们在生产上、分配上的相互关系，有以下基本特征：一是生产资料公共所有，即劳动者共同占有制。任何人在生产资料面前一律平等，不会因生产资料占有的差别而获得产品分配和利益上的差别。二是由公有制所决定的联合劳动力的两重自主支配性，即劳动者的劳动力既是由自己自觉支出，也是由劳动者自己的联合体自由支配、使用。这同资本主义条件下劳动力“在资本家手中”作为“资本的生存条件”②“在资本家的监督下进行”③ 有着本质的区别。三是由公有制所决定的“二为”性，即表现为这个联合体的产品是社会的产品，一部分用作生产资料，依旧是社会的，用于社会整体的长远利益，另一部分则是作为生活资料由联合的成员消费。这同资本主义条件下，工人的劳动“是为了资本家”④ 的，有着本质的区别。四是生活资料在联合体成员之间的分配是以个人在共同劳动中所占份额为“尺度”，即“按劳分配原则”。它同资本主义的按资分配，也具有根本性的区别。五是由公有制及上述劳动的两个二重性，决定了劳动的二重社会属性（归属意义）。它既属于社会，也属于个人。这是同资本主义私有制度下“劳动属于资本家”⑤ 的又一根本性区别。

以上特征表明，“自由人联合体”的设想，实质上是一种社会主义公有制的产权制度，其核心是联合劳动者的直接占有制。正如马克思在《资本论》第三卷中所进一步阐明的那样，社会主义将实现一种“联合起来的

① 马克思：《资本论》第1卷，人民出版社1975版，第95-96页。
② 马克思：《资本论》第2卷，人民出版社1975版，第44页。
③ 马克思：《资本论》第2卷，人民出版社1975版，第44页。
④ 马克思：《资本论》第1卷，人民出版社1975版，第201页。
⑤ 马克思：《资本论》第1卷，人民出版社1975版，第210页。

生产者的财产，即直接的社会财产”[①]，可以把这种“联合起来的生产者的财产制度”，简称为“联合劳动产权制度”或“劳动产权制度”。如前所述，实现这种劳动产权制度，不是一蹴而就，需要经过长期的系列过渡产权模式。

二、初期的过渡性集权式产权模式的历史必然及其弊病

通向未来的“自由人联合体”目标的一系列过渡性模式中，首先是社会主义国家已经经历的集权式产权模式，这既是历史的必然，也有严重弊病。因而它长久得不到改革和转换所造成的损失也是十分严重。

（一）初期过渡性集权式产权模式的历史必然性

马克思曾经在《哥达纲领批判》中指出：“在资本主义社会和共产主义社会之间，有一个从前者变为后者的革命时期，同这个时期相应的也有一个政治上的过渡时期，这个时期的国家只能是无产阶级专政”[②]，同时，这个时期也是一个经济上的过渡时期。这个过渡时期的体制模式，马克思和恩格斯早在 1847 年的《共产党宣言》一书中就有一些基本轮廓的描述，他们指出：“无产阶级将利用自己的政治统治，一步一步地夺取资产阶级的全部资本，把一切生产工具集中在国家即组织成为统治阶级的无产阶级手里”“尽快地增加生产力的总量”“通过拥有国家资本和独享垄断权的国家银行，把信贷集中在国家手里”“把全部运输业集中在国家手里”“增加国营工厂和生产工具，按照总的计划开垦荒地和改良土壤”“把农业和工业结合起来，促使城乡之间的对立逐步消灭”……[③]。这充分表明，在马克思、恩格斯看来，建立“自由人联合体”的“直接占有”的联合劳动产权制度，就必然要有一个这样的过渡性的，国家高度集权的产权制度模式。俄国十月革命以后，新生的社会主义国家包括中国在内，显然是按照这种模式的要求建立自己的政治、经济体制。根据当时的历史环境，

① 马克思：《资本论》第 3 卷，人民出版社 1975 版，第 494 页。
② 马克思、恩格斯：《马克思恩格斯选集》第 3 卷，人民出版社 1966 年版，第 99 页。
③ 马克思、恩格斯：《马克思恩格斯选集》第 1 卷，人民出版社 1966 年版，第 259 页。

建立这样的过渡体制模式显然是非常必要的。不仅捍卫了年轻的社会主义国家，并使它强大起来，而且为后来的建设和改革创造了物质条件和国际环境。

（二）集权式产权模式运行过久的弊病与危害

过度集权的产权体制模式，尽管是历史的必然，且具有重大的历史功绩。随着时间的推移，它的弊病也愈益突出，由于它运行的时期太久，给社会主义事业带来了灾害性的后果。

这种过渡性集权式产权体制模式的主要弊端是，由于过度集权，并久久得不到扭转，从而使得地方、特别是企业处于无权状态。劳动者的“直接占有”和主人地位没有真正得到保障，既限制了基层和群众政治上、经济上的积极性，又造成了政权机构和经济管理机构的官僚化，严重脱离了自己的主要基础——劳动群众。以致政权部门、经济管理机构的某些人，在缺乏劳动群众的监督下走上了专权、腐败的道路。由“人民的仆人”转化成了“人民的老爷”。加之经济资源配置长期过度倾向于与军事有关的重工业，致使农业、轻工业极为落后，各种生活资料供应都十分紧张。尽管发展速度很快，但人民得到的实惠很少。再者，在高度集权的情况下，企业只是政府的附庸，从而缺乏发展社会主义商品经济的基础，如此等等，限制了社会主义公有制优势的发挥，以致危及社会主义制度的根基。在这种情况下，改革旧的高度集权的计划经济体制成为历史的必然。

三、正在改革中创建的分权基础上的“联合产权”模式

改革的初期，我们的经济体制改革，从农村到城市完全是从中国的实际出发，核心是改集权的产权模式为分权的产权模式，即集体土地和国有资产的所有权分别留给集体和国家自己，而把占有权、使用权交给农业生产者和工厂的全员职工。其具体做法就是在农村和工厂先后实行经营承包制。尽管这些形式尚不完善、需要发展。但它符合马克思《资本论》第三卷中提出的有关科学设想，即实现了“联合起来的生产者财产、即直接的

社会财产”的基本要求。[①] 因为在这里，公有的资产产权进行了权能分解，所有权与占有权分别由劳动者的两个层次的联合体所占有。正由于这样，各层次的劳动联合体的积极性统统调动起来。所以农村的农民、工厂的企业职工在 20 世纪 70 年代末至 90 年代初十多年里，热情非常之高，经济非常活跃。它证明了这样一条真理，在社会主义制度下，什么时候保证了劳动者在产权方面的直接占有权，就能充分发挥劳动者的主动性、积极性，把经济搞好、搞活。什么时期否定了劳动者这种在财产面前的“直接公有制”“直接占有制”，社会经济就会走下坡路，以致使社会主义的经济、政治制度异化、变质。因为社会主义公有制的本质也就是联合起来的“生产者财产”，即“直接的社会财产”。

再者，正是因为工厂、农村的公有制实现了这种所有权与占有权的分离，使农村家庭生产者以及企业成为相对独立的经济实体。所以社会主义市场经济也就随之借以萌芽、产生和发展起来。由此可见，我国的市场经济是在公有制的所有权与经营权分权的基础上产生、发展起来。并非一些人所讲的那样，是什么从外国引进来；也不是某些人所认为的那样，它是公有制与市场经济的简单相加在一起形成的两张皮。所以，社会主义公有制经济的产权的权能分解，既是公有制的新的实现形式，又是市场经济的微观基础，它是社会主义公有制同市场经济的有机融合。

20 世纪 90 年代以后，中国把这种改革推向了新的发展阶段，提出了在国有企业中建立以股份有限公司制为具体形式的现代企业制度的任务。这当然是一个进步。因为股份有限公司制确有很多优点。例如，投资主体多元化、投资者的有限责任制、法人财产权的确立、资本产权证券化及其流动性等。但是西方股份制也有其致命的弊病。如果不加分析地死搬硬套于中国，就可能背离“社会主义制度自我完善”的改革方向，或者新瓶装旧酒，返回到集权模式上去。原因有以下四点：

第一，在西方的股份公司中，劳动者无产权可言。在那里他们仅仅是

① 马克思：《资本论》第 3 卷，人民出版社 1975 版，第 494 页。

出卖劳动力的雇佣工人。在分配上“剩余价值是绝对到不了工人手的”[①]。这是同劳动者的“直接公有制”原则相违背。它严重地妨碍了企业劳动者的积极性的发挥。由此可见，并非某些人所认为的那样，股份制是完全“中性”的，可以不加改造运用于社会主义企业制度。

第二，按照西方股份制的办法，套用于中国的国有企业，不仅不能真正实现所有权同占有权的分解，政企的分开，而且反而会使这种“不分”更加严重，更加名正言顺。因为按照西方股份制一股一权的运作原则，最大的股东在董事会里具有垄断的权力。如果原封不动把这一套搬过来，那么政府作为最大的投资者，它的代表就在董事会中具有举足轻重的决策权，甚至直接由他们担任董事长、总经理的职务。因而所有权与占有权，政府与企业，也就会通过这种人事任免权力而名正言顺地在企业的治理机构中实现更加紧密地结合。这样在“现代企业制度”的招牌下又会换汤不换药地回到旧体制的集权模式，使通向“自由人联合体”目标的过渡进程，开起倒车来。

第三，实行股份制时，还有一个法人财产占有权交给谁的问题。按西方股份制的办法，占有权是由董事会及其代表董事长和公司的经理承担。那么，企业职工也就只可能是雇员，而不存在劳动者联合体的直接占有，实际上也就抛掉了社会主义全民所有制的国家所有、企业职工劳动联合体直接占有这一精髓。企业职工的所谓主人翁地位，也就失去了产权制度的保障，“工人在企业的主人翁地位”也就会因人而异，时而被一些领导人所尊重，时而又被另一些领导人所抛弃。

第四，照搬西方股份制的办法，不可能产生出良好的“经理阶层”“企业家队伍”。西方企业制度沿革的历史表明，经理的出现并成为今天人们称之为“经理阶层”“企业家队伍”的现象，是随着产权的所有权同使用权、支配权最后同法人占有权这一权能分解的演化过程而逐渐形成的。当所有权同经营权都统一集中在资本所有者手中时，相对独立的经理阶层就无法产生。因此，在我国培养“经理阶层”“企业家队伍”，最主要的

① 马克思、恩格斯：《马克思恩格斯全集》第 6 卷，人民出版社 1979 年版，第 492 页。

条件是，企业真正实行所有权与占有权、政府与企业的分离和分开。如前所述，中国实行以政府投资为最大股东的公司制是很难实现这种“分离”与“分开”。因而企业的治理层，特别是董事长、总经理必然按政府意志办事。董事长、经理们也就缺乏锻炼成为“企业家”的前提。另外，照搬西方股份制，劳动者实际上处于“雇佣工人”的地位，主人翁地位没有在产权制度上得到保证，他们就不可能真正进入治理层，主动发挥管理和监督作用。所以那些主要由政府决策挑选的董事长、经理们，就缺乏群众的经常直接监督，从而他们中一些人就可能规避政府的监督，收买政府的某些官员，以权谋私，把企业变成他们自己的私人财产，成为穷庙里的“富方丈”。这实际上也是一种形式的私有化。在某种意义上讲，它比公开的私有化更坏，因为它不易让人们发现。一旦发现，这种私有化，也就已经完成。所以，在公有制为主的企业中，绝不能丢掉劳动者“直接公有制”“直接占有”这一核心原则。否则，就不会有中国特色社会主义的现代企业制度。

总之，中国建立的现代企业制度，应是中国式的现代企业制度。既要求大胆吸收西方公司制的优点为我国所用，又必须坚持联合劳动者“直接公有”的核心原则，实行社会整体的劳动联合体与企业微观的劳动联合体之间的所有权与法人占有权的分解。在此基础上，既可以吸收一些其他非公有制投资者入股，也可以因为这种所有权与占有权的分解而使社会主义市场经济得到充分发展的基础，并在这种产权的权能分解的基础上通过两个层次的劳动联合体的监督和激励，形成一支良好的企业家队伍。

四、以联合产权制度为核心的中国式现代企业制度的具体形式

如前所述，中国式现代企业制度的基本要求，必须以权能分解为基础、两个层次劳动联合体有机结合的联合产权制度为基础。这种联合产权制度的具体形式主要包括以下几个方面：

第一，建立以公有资本为主体的要素资产联合体。这种联合体来源于群众创造的一种“泛股份制”，即不但资本入股，劳动力、科技成果也可以入股。资本入股不仅要以国有资本股为主体，还可以吸收非国有资本入

股，以便充分调动资本所有者、劳动所有者、科技成果所有者献出自己要素资产的主动性、积极性，更好地形成由这些要素资产结合而产生的结合生产力。

第二，公司要素资产产权的权能分解应是所有权属要素资产所有者联合体，法人财产占有权归于企业职工劳动联合体，并把两个联合体有机结合起来，形成“联合产权制度”。即前一个联合体以股东选举产生的董事会为代表，后者以企业职工选举产生的企业管理委员会为代表，在两个联合体之间，通过责、权、利相结合的经济纽带联结起来。即企业劳动联合体对要素资产联合体承担保值增值的经济责任，并以此为条件获得该要素资产的法人占有权，进行自主经营、自负盈亏。而作为要素资产所有者联合体的代表机构董事会，则承担所有者的职能，它有要求企业保值、增值的权利和对经营者的监督权力，但无权干预法人占有者的经营活动。

第三，企业的厂长经理由企业管理委员会在经理市场上招聘，也可以由职工群众民主选举产生。这样他们就受到内外两种优胜劣汰的竞争机制的激励和监督。德才兼备、有能力、善管理的人，就会被企业职工民主推举出来，或者为众多企业竞相以高薪聘请，而那些缺德少才的无能者，则会在这种内外两种竞争机制面前，被无情地淘汰。而且在日常经营行为中，企业经理也会受到企业劳动者的直接激励和监督。经营得好，则可以连续加薪聘请，反之，就会被辞退、降薪或提前免职。董事会也代表所有者的利益，对企业经理发挥监督作用，向企业管理委员会提出对经理的奖励和免职、辞退的建议权。这样就能够及时有力地防止“公仆”转化为“主人”，有利于经理市场的形成，有利于精明能干的企业家队伍的成长。最近，河南省一系列企业实行民主选举厂长的改革，大获成功。这一可喜经验表明：职工民主选举厂长（经理）的办法，不仅是造就企业家队伍的基本途径，而且是当前搞活企业与推进以“联合产权制度”为核心的中国式现代企业制度改革的共同突破点。通过民主选举的企业厂长普遍感受到极强的信任感和责任感，另一方面，职工亲手选定领头人感到气顺劲足，主人翁责任感和主动性焕发出来，开始形成上下一心保生存、求发展的良性关系。

上述典型例证充分表明，在进行中国式的现代企业制度改革中，从社会主义的中国实际出发，将企业产权权能分解后的所有权归属于以国家为主体的出资者所有，而将法人财产占有权交给企业劳动者集体，贯彻两个层次的“劳动者直接公有制”“劳动者直接占有制”，对于搞活社会主义国有企业具有何等重要的地位。它不仅仅是当前国有企业扭亏为盈的一种权宜之计，更是社会主义市场经济改革中，创建中国式现代企业制度的基石，是劳动联合与要素资产联合有机结合的“联合产权制度”的良好的、必然的开端。历史的经验一再表明，社会主义企业制度实现马克思的“劳动联合”则兴，离开“劳动联合”则衰，这是不依人们意志为转移的，是社会主义经济制度产生、存在和发展的客观规律。

第四，在上述两个联合体的有机结合下，其分配方式，也就必须是按劳分配与按资分配的有机结合。即企业创造的剩余产品，除了照常向国家纳税外，通过经济责任制的契约形式，按规定向要素资产所有者上缴资产增值的利润，由董事会按要素股额进行按资分配。剩下的企业“利润”，除按契约，追加再生产的投资外，其余则一分为二，即一部分作为职工集体福利开支，以唤起企业职工的凝聚力，另一部分则按劳动的贡献分配。由此可见，劳动者的总收入包括三个组成部分：一是作为劳动力市场价格的基本工资部分；二是劳动力的年价格折成资本股的按股分红部分；三是在企业劳动联合体内按劳分得剩余产品。这三个部分加起来就是按劳分配与按要素资产分配的有机结合，在企业经营得好、留利较多的情况下，企业还可以用一部分属于集体所有的利润投入再生产，所形成的股权属企业职工集体所有。这种企业集体股的增值部分，也可以追加用于集体福利或按劳分配的部分。

以上所述各个方面，构成了社会主义“联合产权制”的基本框架、基本特征。它是以产权制度为核心、国有资本为主体的中国式现代企业制度的基础。由于所有权与法人占有权的分离很彻底，所以企业能够成为自主经营、自负盈亏的商品生产者，市场经济的真正微观基础。由于所有权与法人占有权的分解及分解后它们之间的责、权、利的有机结合，正好也就是公有制为主的要素资产联合体和劳动联合体的有机结合所形的联合产权制度，即公有制的新的具体形式。所以它体现了市场经济的微观基础和社会主义公有制新的实现形式的有机结合。因而以此为核心而建立起来的企业制度，也应是现阶段中国式的现代企业制度，通向未来的“自由人联合体”目标的又一重要的过渡性的产权制度模式。

（原载《当代经济研究》1997 年第 5 期）

联合产权制是社会主义市场经济的基石

目前，国企改革已进入攻坚的关键时刻。采用何种产权制度模式关系着改革的成败，必须引起决策者们的高度重视，绝不应等闲视之。改革的实践与相关研究表明，高度集权的单一劳动联合体与单一的资本联合体都不能成为社会主义与市场经济有机结合的微观基础，必须对二者进行彻底的改革、改造，建立一种适合中国国情的企业联合产权制度，方可能实现社会主义公有制的新的实现形式同市场经济的微观基础的有机融合。

一、高度集权的单一的劳动联合体不能成为社会主义市场经济的微观基础

改革前的国有企业是一种产权的各种权能未予分解的、政府高度集权的劳动联合体。即企业的产权归全社会劳动者所共有，由企业局部劳动者联合进行生产，其中没有剥削者的存在，产品归全体劳动人民所共有，实行按劳分配。但是企业资产的所有权、占有权、支配权以及使用权的全部产权的权能都高度集中在政府手中。它是一种超越历史发展阶段的产物。实践表明，它不适应社会主义初级阶段的实际。它既不符合社会主义初级阶段仍然存在市场经济的要求，也不能真正落实劳动者主人翁的地位。因而它不可能成为社会主义市场经济的微观基础。

1. 高度集权的单一劳动产权制度，无论在微观或宏观层面，均排斥一切非公有制的存在。这不符合我国社会主义初级阶段的生产力总体水平不

高，以及其多层次性的客观实际。因而就不能充分调动一切积极因素为社会主义建设服务，也是市场经济缺乏存在、发展条件的一个重要根源。

2. 高度集权的、产权权能不予分解的企业制度下，企业无法成为相对独立的经济实体，以及自主经营、自负盈亏的商品生产者和经营者。因而，它既不能充分利用市场经济的动力机制与配置资源机制，更无法释放其“八仙过海，各显神通”的巨大能量。

3. 高度集权的公有制（单一劳动联合体）下，国有资产的占有、支配和使用权，均集中于政府手中，企业劳动者个人与集体处于无权的地位，社会主义制度下劳动者应有的主人翁地位没有在企业产权制度中得到真正落实，劳动者也难以体会自己是主人，因而劳动者对企业资产乃至对国家政治的关切度不高。

4. 高度集权的公有产权制度（单一劳动联合体），其所有权代表是各级政府，从而造成政资不分、政企不分的局面，致使全民所有制经济整体的资产管理与企业的经营管理同政府的政务管理混为一体，并要求其为政府的政务活动乃至官员的“政绩”服务，因而导致经济管理的行为往往违背经济规律和市场运行的基本原则。企业资本增值的绝大部分也往往被政府各个部门掠夺式的取走，因而企业从根本上失去了自我改造、自我发展的能力，实乃“竭泽而渔”。这是全民所有制企业实力不断萎缩、活力日趋枯竭的根本原因所在。

由此可见，改革全民所有制经济整体的管理体制及企业的产权制度的具体实现形式，不仅是实现社会主义与市场经济有机结合的基本要求，而且还是社会主义公有经济生死存亡的根本问题。

二、照搬单一资本联合体的西方股份制也不能实现社会主义与市场经济的有机结合

如前述，高度集权的单一劳动联合产权制度不能成为社会主义与市场经济有机结合的微观基础，那么当前一些学者们普遍向人们推荐的西方股份制办法，是否就可以解决这个问题呢？其实不然。尽管西方股份制的企业制度，现在还正是资本主义市场经济较为普遍的微观基础。它的许多优

点，如投资主体多元化、资本社会化、出资者有限责任制、法人财产权的确立，以及资本证券化、资本流动等，都可以被吸取作为中国式现代企业制度、社会主义市场经济微观基础的一些构件，但是西方股份制企业制度是一种单一资本联合体，如不加以改造就不可能成为社会主义同市场经济有机结合的微观基础。

1. 西方股份制是单一的资本主义要素产权制度，它把同样属于生产要素，而且作用远远超过资本要素的科技成果和劳动力排除在资本之外，不能同资本要素一样保值、增值。据有关记载，当今在发达国家的国民生产总值的增长中，资本的贡献为10%，科技的贡献为60%~80%，体力劳动的贡献为10%~30%。这既不符合等量资产获得等量回报的市场经济的平等原则，也不符合科技进步与“人为本”的客观要求。它没有摆脱股份制产生时（17世纪）的重资本，轻科技、轻劳动力的痼疾。

2. 在西方股份制的产权制度中，劳动者只是一个雇佣劳动者。他们所获工资也只是劳动力的等价物，根本无产权可言，因而也就不存在劳动者主人翁地位可言。这是同社会主义基本制度不相容的，因而也就谈不上在它的基础上建立起社会主义同市场经济的有机结合的社会主义市场经济的新机体。

3. 将股份制的一股一权及其委托代理制运作规则原封不动地套用于中国国有企业，那么最大的出资者（政府的代表）就在董事会中起着决定性的作用，经理也应由这个政府代表董事会来委派，并实际上主要是对政府负责，政企不仅难以分开，而且还会名正言顺地得到加强。因而所谓政企分开，企业成为自主经营、自负盈亏的商品生产和经营者的要求，也就可能成为一句空话。市场经济也会因此缺乏立足之地，而逐渐衰竭，以致最后而不复存在。

4. 按股份制的委托代理制原则，厂长（经理）主要由最大的出资者的政府来委派，并对政府负责，而政府的官员也不是真正的直接的出资者，只不过是层层委托代理而产生的代表，对国有经济资产的增值与否并非有切肤之痛，从而形成企业的厂长（经理）上无真正的、得力的所有者的有效监督，下面作为雇佣劳动的职工既无权也无动力去进行监督，从而厂长（经理）很容易视公有财产为个人私有，以老板自居。因而“富了方丈穷了庙”的普遍现象就很难以消除。

由此可见，无论是单一的劳动联合产权制度或单一的资本联合的产权制度，均不能成为社会主义与市场经济有机结合的基础，二者如不进行彻底改革与改造，并在改革、改造中实现有机的融合，那么定将危及社会主义市场经济机体的生存与发展，从而危及改革的成功和有中国特色的社会主义的前途与命运。

三、塑造联合产权制度实现社会主义与市场经济的融合

如上所述，无论是单一的劳动联合产权制度或是单一的资本联合产权制度，均不可借以建立起与社会主义市场经济有机结合的社会主义市场经济的新机体，而必须经过对二者的改革、改造，使之有机融合起来，形成公有制为主体的联合产权制度为核心的中国式现代企业制度，方可作为社会主义与市场经济有机结合的社会主义市场经济的坚实基础。为此必须进行以下几方面的改革。

1. 建立以公有制为主体的要素资产联合体的“泛股份制”。在这种要素联合体中，不仅有资本入股，而且有劳动力、科技成果资本化，即按劳动力的年龄值与科技成果的市场价值同资本一样折合股份，保值增值。而在资本股份中不仅以全民公有资本占控制地位，而且积极吸收非全民所有的各种成分的资本入股，故名为“泛股份制”。它既能充分发挥公有制的主导作用，又能充分调动一切资源来为社会主义经济建设服务。

2. 在上述“泛股份公司”中实行出资与所有权同法人财产占有权的分离，由企业劳动者集体获得法人占有权，通过劳动者集体民主选举企业管理委员会作为劳动者的代表机构执行这种法人占有权职能。在公司的要素资产所有者联合体的代理机构（董事会）同作为法人的劳动集体的代理机构（企业管理委员会）之间，用责任、权利有机结合的资产经营责任制纽带联结起来。企业对要素资产所有者承担保值增值的责任，企业则自主经营、自负盈亏。企业按资产经营责任制的合约上缴给所有者的资产增值部分由董事会按资产要素股额分红，企业留利部分按合约留下一定比率的

扩大再生产费用外，其余部分由企业按劳分配。既体现了按劳分配与按要素资产分配的有机结合，又表明企业是以国家为主的出资者所有的，也是企业劳动者集体所有的。

3. 在企业内部实行占有权与支配权的分解，即企业的厂长（经理）由企业的劳动者集体占有代表机构——管理委员会在经理市场招聘，并对委员会负责。厂长（经理）既是企业的法人代表、企业实物资产的直接支配者，又直接处于企业劳动群众、市场以及所有者的监察委员会的三重激励与监督下，既可以把长期以来颠倒了的“主仆”关系，再颠倒过来，从根本上解决“富了方丈穷了庙”的问题，又可以培养、开拓出符合社会主义市场经济要素的经理市场，造就大批优秀的企业家。

4. 把竞争性的全民所有制企业同垄断性的、生产经营公用产品的国有企业分离开来。建立竞争性的全民所有制经济的独立体系，由全国人民代表大会下设的国有资产管理委员会充当所有者代表结构，并下设各种投资公司、控股公司，分层实施所有者的具体职能，从根本上解决政资分开、政企分开的难题，使全民所有制经济（包括独资公司、控股公司）真正发挥社会主义同市场经济的两种优越性的有机结合。

通过以上改革所形成的劳动联合与要素资产联合有机结合的、公有制为主体的联合产权制为核心的、中国式现代企业制度，也就是社会主义公有制新的实现形式同市场经济的微观基础的“合二为一”。从公有制新的实现形式而言，这个联合体是全民所有制与企业劳动集体有机结合，以及企业劳动者集体占有同厂长（经理）支配的有机结合的分权模式的新型企业制度，从而也确保了这种新型企业（公司）的劳动联合体的基本性质及劳动者的主人翁地位。从市场经济的微观基础而言，正由于这个联合体中实行出资者所有权同法人财产占有权的分离，劳动者集体占有权同厂长（经理）的支配权的分离，以及竞争性全民所有制经济的所有者代表机构同政府的分离，从而使得这种企业（公司）成为相对独立的、自主经营、自负盈亏的商品生产者，即成为真正的市场经济的微观基础。正由于这种同一经济联合体（企业或公司）既是社会主义公有制的新的实现形式，又是市场经济的微观基础（市场主体），因而社会主义与市场经济也就必然以它为基石实现有机的结合。

这种以公有制为主体的劳动联合与要素资产联合的联合体为基石而实现的社会主义与市场经济的有机融合，不仅体现在微观方面，而且也由微观基础决定了社会主义与市场经济在动力机制、配置资源机制以及其他方面的有机结合。例如，在动力机制方面，建立在上述公有制为主体的联合产权制度基础上的劳动者掌握企业的法人财产占有权所体现的主人翁地位的动力机制，以及按劳分配所形成的动力机制同市场经济的价值形成的动力机制、竞争动力机制必然有机结合起来，形成社会主义市场经济的合力动力机制。同样，在配置资源机制方面，在公有制为主的联合产权的基础上，也必然会使社会主义公有产权配置资源机制、社会主义协作配置机制同市场经济的价格、供求、竞争资源的机制有机结合起来，形成社会主义市场经济配置资源的全力机制。这样也就必然显示出社会主义与市场经济有机结合而形成的社会主义市场经济的巨大优越性。

（原载《湘潭工学院学报（社会科学版）》1999 年第 1 期）

论公有制为主导的两种联合产权制

——在企业改革中构建公有制为主的要素资产者联合与劳动者联合相结合的联合体

目前，我国社会主义与市场经济有机结合的改革，已进入攻坚时刻。采用何种产权制度及其实现形式，作为二者有机结合的社会主义市场经济的微观基础，是关系改革最终成败和社会生产力是否持续快速发展的关键，必须引起理论工作者和决策者们的高度重视，千万不能等闲视之。采用何种产权制度及其实现形式，必须以能否适应社会生产力持续快速发展的要求和能否符合社会主义市场经济建立的改革目标为其标准。

依作者的研究，社会主义与市场经济有机结合的社会主义市场经济，是以公有制企业的产权权能分解为其起点，而以公有制为主的联合产权制度的建成为其确立的标志。

一、社会生产力及其整体结构中各要素的地位对产权制度起决定性作用

所谓产权是指经济主体对财产拥有的权力，简称产权。其实质也就是马克思所阐述的，生产过程中人们之间在生产资料面前相互发生的经济关系，即生产资料所有制关系在法律上的表现[①]。企业产权制度是在一定社会形态或在一定社会形态某一发展阶段的企业产权关系的实现形式。它主要包括四个组成部分。一是企业产权归谁所有、属何等所有制性质，所有

① 马克思、恩格斯:《马克思恩格斯选集》，人民出版社 1966 年版，第 82 页。

者的代表是谁；二是各要素所有者与劳动者，在企业产权关系中所处的地位及其在收益分配中所得的份额；三是企业产权所有者结构是一元还是多元，是自然人还是法人；四是企业产权的权能（即狭义的所有权、占有权、支配权、使用权）是否分解、如何分解，以及分解后的各权能主体之间的责、权、利关系。

由于产权与产权制度的本质是生产关系及其表现形式的经济关系，因而它的性质及其演变决定于生产力的性质和状态，并对生产力的发展产生积极或消极的作用。适合生产力发展要求的产权关系、产权制度，能推动生产力的发展，反之，不适合者则会阻碍生产力的发展。但生产力是起决定性作用，即生产力发展，生产关系及其表现形式的产权关系、产权制度也会迟早发生相应的变革。这是不以人们意志为转移的。人类经济发展史已经证明了这一点。例如，石器时代低下的原始社会生产力产生了原始的绝对平均的公有制。铜器时代的生产力产生了奴隶社会的产权制度，作为劳动者的奴隶无法拥有奴隶主所有的财产权利。铁器时代的生产力产生了封建的地主土地所有制。蒸汽机时代的生产力确立了资本主义私有制。社会化的机器加大了生产力，导致了社会主义公有制的产生。

不仅不同社会形态产权的演变是受社会生产力发展所决定，即使是同一社会形态中企业产权制度的部分质变或实现形式的演化，也是由生产力的发展所推动。例如，近代资本主义企业产权制度的演化中，无论是从个体小私有制转变为资本主义大私有制，以及资本主义企业制度从单业主制，转变成合伙制、股份制，以及产权权能分解的每一步，即狭义所有权、占有权、支配权、使用权的分解，都无不是反映生产力发展的不同阶段的要求。社会主义社会的企业产权制度在初级阶段同高级阶段的重大差别，也是由生产力的状况所决定，是不以人们的意志为转移的。

不仅如此，社会生产力的整体性质和水平状况，对社会的产权制度及其实现形式的演革起决定性的作用，而且生产力整体结构中各要素地位、作用的转化，也对产权制度及其实现形式的演革发生重大的作用。按照马克思的论述，生产力是由五个因素决定的，包括：工人的平均熟练程度，科学的发展水平和它在工艺上应用的程度，生产过程的社会结合，生产资料的规模和效能，以及自然条件[1]。这五个因素，它们在生产力结构中的地位与作用，在不同时期是不同的。因而，在不同的时期，它们对社会生产关系、财产关系，及其法律上的表现形式的产权制度的变革，所起的决定性作用也是不同的。例如，在原始公社的游牧时代，各部落逐水草而居，因而作为生产力要素的自然条件的水草地，在原始人的生产中起着决定性的作用。因而，原始人部落对优良水草地的占有，就有特殊重要的意义。各个不同的部落，往往会因争夺对优良水草地的占有权而厮杀，乃至发动战争。后来，国家和法律产生以后，土地的所有权，也就是由这种占有权演化而来。在奴隶社会，对作为生产力决定因素的劳动者的奴隶的拥有，也就是奴隶主财产权的象征。在封建社会的财产权，对可耕地的拥有是主要象征。在资本主义社会里很长时期内，产权主要体现为对资本的拥有，即对生产资料的垄断。但是随着 20 世纪 70 年代以后，以微电子技术为中心的新技术革命，迅速地改变了生产力的结构。科学技术进步、劳动者素质的提高已成为经济增长、社会生产力提高的决定性因素（在国民经济增长的贡献中，科学技术的进步占 60%~80%，劳动者素质的提高占 10%~30%，资本投入的增长仅占 10%）。因而正是科技进步和劳动者素质的提高，促成了今天的企业单一资本产权制逐步向资本产权、科技产权、劳动力产权和劳动产权相结合的联合产权制度转化的客观趋势。产权制度历史发展的轨迹与趋势，已越来越向人们表明，不仅社会生产力整体的性质、水平，而且它的整体结构中各个因素地位与作用的转化，是决定社会产权制度及其实现形式变革的根本动因。因而，科技进步、劳动者的素质与活劳动的质量，已成为产权制度改革和进步的基本的决定性因素。

二、适应生产力发展和社会主义市场经济的要求，需要改革单一的劳动联合与单一的资本联合的产权制度

如上所述，现在在生产力结构中和国民经济增长中，科技进步与劳动

① 马克思：《资本论》第 1 卷，人民出版社 1975 年版，第 53 页。

者素质的地位显著提高，它已成占主导地位的因素。当然，资本也仍然是不可缺少的条件。因而西方股份制企业中单一资本联合体的产权制度和计划经济时期高度集权的、单一的劳动联合体的产权制度，都必须改革，而且在改革中，必然形成一种劳动联合与要素资产联合有机结合的联合产权制度。

（一）高度集权的单一劳动联合体的局限性及其改革的必然性

改革前的国有企业，是一种产权的各种权能未予分解的、政府高度集权的劳动联合体。即企业的产权归全社会劳动者所共有，由企业局部劳动者联合进行生产，其中没有剥削者的存在，产品归全体劳动人民所共有，实行按劳分配。但是企业资产的所有权、占有权、支配权以及使用权的全部产权的权能都高度集中在政府手中。它是一种超越历史发展阶段的产物。实践表明，它不适应社会主义初级阶段的实际。既不符合社会主义初级阶段仍然存在市场经济的要求，也不能真正落实劳动者主人翁的地位。因而，它不可能成为社会主义市场经济的微观基础，促进生产力的持续快速发展。

（二）西方股份制的单一资本联合体的局限性及其改革的必然性

高度集权的单一劳动联合产权制度不能成为社会主义与市场经济有机结合的微观基础，促进生产力的持续发展。那么当前一些学者们普遍向人们推荐的西方股份制办法，是否就可以解决这个问题呢？其实不然。尽管西方股份制的企业制度，现在还正是资本主义市场经济较为普遍的微观基础。它的许多优点，如投资主体多元化、资本社会化、出资者有限责任制、法人财产权的确立，以及资本证券化、可以流动等，都可以被我们吸取来作为中国式现代企业制度、社会主义市场经济微观基础的一些构件，但是西方股份制企业制度是一种单一资本联合体的产权制度，如不加以改造就不可能成为社会主义同市场经济有机结合的微观基础，而且会妨碍技术进步、劳动者素质的提高和活劳动积极性的发挥，从而造成周期性的社会需求不足，生产相对过剩的危机，导致社会生产力的停滞和破坏。

三、建立以公有制为主导的两种联合产权制度，实现社会主义与市场经济的融合，促进生产力的发展

如上所述，无论是单一的劳动联合产权制度或单一的资本联合产权制度，均不可借以建立起社会主义与市场经济有机结合的社会主义市场经济的新机体，而必须经过对二者的改革、改造，使之有机融合起来，形成以公有制为主体的联合产权制度为核心的中国式现代企业制度，方可作为社会主义与市场经济有机结合的社会主义市场经济的坚实基础。

但由于我国现在处在社会主义初级阶段，社会上除了主导地位的社会主义公有制企业，还有与之共同发展的私有制民营企业的存在，因此，在改革中应建立以公有制为主导的要素资产联合与劳动联合相结合的联合产权制度。即在公有资本为主的企业中构建公有制为主的联合产权制度；在私有制为主的民营企业中，则提倡建立一种以私有制为主的要素资产者联合与劳动者联合的产权制度。在社会整体中，则应以前一种联合产权制为主导。

（一）构建公有制为主的要素资产联合与劳动联合相结合的联合产权制度

这种公有制为主的联合产权制度的实现形式，也基本适应农村的产权制度实现形式的调整和改革。当前，农村应在稳定联产承包的基础上，建立起以公有制为主的双层经营的村级经济联合体。这种村级经济联合体，也应是资本、劳力、科技成果和剩余土地使用权①入股分红的“泛股份制”公司。这种泛股份制公司，应经营为农业产前、产中、产后服务的各种行业。它们应是农业产业化的龙头公司，或是城市龙头公司和农户之间的中介基地。形成一种“城市大龙头公司+村乡级小龙头公司+农户”的新型的农业产业化体系。这样农产品加工的较高的附加值，及流转的商业利

① 剩余土地使用权，是指国家机关、企事业单位、农民集体、公民个人以及三资企业，在具备法定条件的情况下，依照法定程序或依约定对国有土地或农民集体土地享有的占用、利用、收益和有限处分的剩余权利。

润，便可以较多地留在农村，扼制城乡收入与财富分配两极悬殊或分化的发展势头，并逐渐缩小这种差别。这种村级的联合产权制的泛股份公司，其公司内部的产权关系也应参照前述城镇的公有制为主的泛股份公司的做法办理。

（二）在非公有制经济中提倡建立一种改良式的以私有制为主的联合产权制度

私有民营经济在我国的社会主义市场经济发展中，占有相当重要的地位，为了更好地为社会主义建设发挥积极作用，也必须顺应生产力和产权制度发展的大趋势，改革、改良单一的资本联合的产权制度，建立一种以私有制为主的要素资产入股的“泛股份制”。它也应适当引进按劳分配的因素。如让雇员参加一定量的利润分配和分享因劳动生产率提高的好处。其实，在西方资本主义企业中，因为科技革命、劳动者和科技工作者在国民经济增长中贡献的提高、资本贡献的降低（资本的贡献 10%，科技的贡献 60%~80%，劳动力的贡献 10%~30%），他们也不得不顺应客观要求，在实践上和理论上进行一些改良。例如：一些公司向职工无偿赠送一点股票；在利润中支付一定的奖金；给予职工增加一些福利待遇等。在法制上，也与此相应地有所改良。例如，据说美国一些州，已修改了公司法，把原来规定的、公司为追求资本的以利润最大化为目的，修改为公司为利益相关者的利益服务。利益相关者，既包括资本所有者，也包括经营者、劳动者以及债权所有者。在理论上，如前所述，原担任过美国劳工部长的社会历史学家罗伯特·赖克，在 1995 年发表的《为什么，光是经济增长还不够》一文中指出，由于“人是经济增长的真正发动机”，所以应该给予职工以“雇员所有权”，即“参加利润分配”“分享劳动生产率提高所得的好处”[①]。真正这样做的某些企业，实质上已经形成了一种改良型的、以私有制为主的资本与劳动联合的联合产权制度的实现形式，即以私有制为主的联合产权制度的实现形式。既然西方一些地区的一些企业，也在进行这种产权制度的实现形式的改良，那么作为社会主义国家中市场经济的

① 英国《金融时报》，1995 年 6 月 5 日。

一个重要组成部分的民营经济的产权制度的实现形式，也应遵循这个方向，积极进行改良和改革。

上述两种联合产权制尽管其性质和做法有着重大的区别，一个是以公有制为主，另一个是以私有制为主，但它们都有要素资产联合与劳动联合的因素在内，因而也都有按要素资产分配与按劳分配相结合的因素存在。这对原有单一资本联合产权制的重资本、轻劳动、轻科技的弊病有所克服。从而大大有利于技术进步与经济的增长和快速发展。对于资本所有者（包括公有与私有资本所有者）而言，尽管所获得的剩余产品的比重相对缩小了，但其绝对量却会大大增加。这样，原来的收入分配和财富分配的严重不公及因此而造成的社会需求不足，对经济的阻滞和破坏作用，会得到较大的缓解。不过只是“缓解”而已，因为这里的资本与劳动的矛盾、生产与消费的矛盾，还没有得到根本的解决。在社会主义初级阶段，也不能期望在短期内完全得以解决。所以，这两种联合产权制度也都是过渡性的。其中，那种基本属于社会主义性质的、以公有制为主的联合产权制度，它是以按劳分配为主，实行按劳分配与按要素分配相结合的分配方式的微观基础。在现阶段，它符合生产力的要求，将推动生产力的发展，在国民经济中应起主导作用。在未来生产力的高度发展过程中，它将逐渐过渡到社会主义高级阶段的、单一的劳动联合的产权制度，并在它的基础上实行单一的按劳分配方式。而作为社会主义国家里的市场经济组成部分的，以私有制为主的联合产权制度的民营经济，也将随着生产力的高度发展，资本在国民经济增长中作用的进一步下降，而逐步向公有为主的联合产权制度过渡，转而逐步完成向单一的劳动联合产权制度以及单一的按劳分配制度过渡。资本与劳动的矛盾、社会生产与社会需求的矛盾才可以从根本上得到解决。这是生产关系一定要适应生产力发展的社会历史发展规律所决定的，是不以人们的意志为转移的。但是，这需要经历一个长期的、生产力高度发展的历史过程，千万不能“拔苗助长”。

由此可见，我国的社会主义与市场经济相结合的改革，是从公有制的产权的权能分解开始的，而一旦以公有制为主导的劳动者联合和要素资产者联合的联合产权制度普遍建立起来并成为社会主义市场经济存在、运行的微观基础之时，也就是社会主义与市场经济有机结合的社会主义市场经济的最后确立之日。

（原载《湘潭大学学报（哲学社会科学版）》2004 年第 1 期）

论公有制为主的联合产权制及其在经济史上的地位

作者多年来研究公有经济的产权制度改革，深感关于公有制企业的产权制度如何改革，及改革后的具体实现形式问题，尚没有得到很好的解决。近些年来，我国一些地区对国有企业的大量民营化、外资化以及对剩下部分又完全照搬西方股份制企业的做法，出现了很多经济和社会问题。其中，出现的两极分化现象，是一个不容忽视的大问题。本文阐述关于公有制经济产权制度改革、创新的，一种以公有制为主的劳动者产权和要素资产者产权有机结合的联合产权制度的理论和具体形式的设想。

以公有制为主的劳动者联合与要素资产者联合有机结合的联合产权制度，曾在中华人民共和国成立初期的农村初级社中，出现过它的雏形。它是土地、耕牛、农具等生产资料入股和劳动入股相结合的联合产权制度，采用的是按劳分配和按生产资料的股额分配相结合的分配方式。在改革开放以后，自20世纪90年代初期起，又在一些地方企业（如湖南长沙的民族铜乐厂等）的改革中，出现了一种新型的“泛股份制”。这种“泛股份制”，实行劳动入股、资本入股、科技入股，入股的资本中既有全民的资本、集体的资本，也有个人的资本。在分配上，也是采用按劳分配和按要素资产股分配相结合的分配方式。[①] 后来相继在国外、国内一些科技产业公司（如美国的微软、中国的联想）也主动把公司35%左右的股份无偿分

① 刘桂斌. 评泛股份制［J］. 湖南社会科学，1989（02）：4-7。

配给自己的员工。我国关于国有企业的改革政策中早有明文规定，科技入股可以占到企业总股本的35%。20世纪90年代中期，西方的一些学者主张应给职工以“雇员所有权”，即参加企业利润的分配和分享劳动生产率增长的好处。作者进行较长时期的深入研究后，提出了一种以公有制为主的劳动者联合和要素资产者联合相结合的联合产权新理论，并根据各地实践经验设置了这种产权制度的具体实现形式，期盼它能在国有企业和城乡集体企业中得到广泛的试验和推广。

本文的主要目的在于揭示这种新型产权制度出现的历史必然性，及其在经济史上的地位和作用。

一、以公有制为主的联合产权制度的具体形式

既然改变资本独占剩余价值的、单一资本产权制度，创建劳动者联合同要素资产者联合相结合的联合产权制度，是生产力要素结构中科技进步和劳动者素质提高成为占主导因素的客观要求和迈向知识经济时代的客观必然趋势，那么作为社会主义产权制度的改革，就应自觉地推进建立公有制为主的联合产权制度改革。借以提高科技工作者、管理工作者和素质不断提高的劳动者，在产权制度中的地位和参与剩余价值分配的份额，促进科技创新、劳动生产率大幅度提高和社会生产力的快速发展，以适应向知识经济时代过渡的要求。根据当今已有的实践经验和客观发展的要求来看，这种以公有制为主的劳动者联合与要素资产者联合相结合的联合产权制度，其具体形式，主要包括以下四个方面的内涵：

1. 建立以公有资本为主的要素资产者联合的泛股份公司。在这种要素资产者的联合体中，不仅有资本入股，而且有劳动力、科技成果资本化，即在这里，劳动者与科技工作者，不仅照样获得工资，而且还按劳动力的年价值与科技成果的市场价值同资本一样折合成股份，获得增值（分享利润）；而在资本股份中，不仅以公有资本占控制地位，并且积极吸引非公有的各种成分的资本入股。“泛股份制”既能充分发挥公有制的主导作用，又能充分调动一切资源来为社会主义经济的发展服务。

2. 在这个要素资产者联合体内，实行产权的出资者所有权、法人财产

占有权和经营管理的支配、使用权的权能分解。要素出资者所有权的权益，由要素所有者的股东选举的董事会为代表享有；法人要素资产占有者的权益，则由企业职工劳动者集体选举的管理委员会为代表享有；经营管理的支配、使用权，由企业管理委员会在市场上招聘的厂长（经理）执行。厂长（经理）直接对企业法人要素资产的占有者代表的管理委员会负责。作为占有者代表的企业管理委员会，既直接对本企业占有的劳动者集体负责，也代表企业集体职工对所有者的代表董事会负责，并承担保值增值的责任，企业是自主经营，自负盈亏。

3. 在以董事会为代表的所有者和以职工选举的管理委员会为代表的占有者之间实行要素资产经营责任制；在管理委员会同与支配、使用者的厂长（经理）之间，实行生产、经营管理责任制。厂长（经理）的基本年薪在经理市场上议定，奖金则同企业经营成果挂钩。企业的年纯收入，按合同规定的一定比例上缴所有者部分，由董事会按要素资产股的份额分配。剩下部分除按一定比例用于扩大再生产和企业职工集体福利外，其余盈利实行按劳分配。这样，按劳分配与按要素资产分配，就在联合体内得到了有机的结合，成为全面调动要素所有者的积极投入、劳动者的积极劳动、科研工作者的开拓创新、经营者的积极谋划的强大动力。而且为劳动者提高自身的素质、培养其子女等，提供了可靠的物质保障。从而使建立在这种产权制度及其实现形式上的公有制为主的社会主义市场经济充满了活力。能使那种劳动者只获得劳动力价值、全部剩余产品归资本所有者的单一资本产权制度基础上的两极分化状态得到改变。厂长（经理）由劳动者集体选举的管理委员会招聘，并对管理委员会负责，同时，厂长（经理）受劳动者集体、经理市场和所有者的董事会的三重激励和约束，让“富了方丈穷了庙”的现象也难以出现。由于广大劳动者的消费需求不足，从而造成的经济停滞或危机等现象，也可以得到基本消除，显示其建立在这种公有制为主的联合产权制度基础上的、社会主义市场经济的特殊强大的生命力。从而，也可以摆脱世界资本主义经济衰退或周期性的社会需求不足，生产相对过剩危机对我国的冲击和羁绊。

4. 把竞争性的全民所有制企业同垄断性的、生产经营公共产品的国有企业所有者代表的职能分离开来。国有企业所有者代表职能仍由政府承担。全民所有制企业则建立竞争性的全民所有制经济的独立体系，由全国人民代表大会下设的国有资产管理委员会充当所有者代表机构，并下设各种投资公司、控股公司，分层实施所有者的具体职能。在企业内部则由企业劳动集体选举的管理委员会承担企业法人资产占有者的职能；厂长（经理）由占有者在市场上招聘而来，承担支配、使用权职能。从根本上解决政资不分、政企不分，所有权同占有权，占有权同支配、使用权不分的难题，使全民所有制经济（包括独资公司、控股公司）真正发挥社会主义同市场经济两种优越性的有机结合。由于政资、政企的分开，使得所有权与占有权、支配权得以切实分解，这就从根基上消除了作为所有者代表的某些政府官员的寻租活动同公司经营者滥用权力，窃取公有财产的行为结合起来的现象，并从微观上保障社会生产与社会需求的协调。

以上这些关于以公有制为主的劳动者联合同要素资产者联合相结合的联合产权制的基本构造，也适应于农村双层经营中的集体经营层次的产权制度创新的要求。

二、公有制为主的联合产权制的历史地位和作用

（一）以公有制为主的联合产权制，使治理结构中的委托代理制变为分权制，较好地解决历史性的所谓“道德风险”问题

在单一资本联合的“现代企业制度”中，企业的直接控制者是对别人资本的经营管理者。资本所有者同他们的关系只是一种委托代理关系，本质上也是一种雇主与雇员的关系。他们存在利益目标的重大差别和对抗，雇主获得的是雇员创造的全部剩余产品，而创造剩余价值的雇员却仅仅只获得自己劳动力的等价物——劳动力的价值。所以在这种实际上极不公平和极不合理的委托代理关系中，被委托者不可能全心全意地只去为别人的资本增值而效劳，这样就产生了所谓的“道德风险”问题。作为所有者的代理人的经营管理者，就会利用拥有的公司的控制权，除了追求更高的货币收益外（如更高的薪金、奖金、津贴等），还力图获得更多的非货币收

益。例如：建造给自己享受、消费的办公条件，追求气派的业务旅行和商业应酬；为了追求晋升、个人的权势地位，获得更高的未来收入，而盲目扩大经营规模，追求销售收入最大化及无意义的市场份额，以扩大自己的声誉和影响；等等。从而造成资本的收益率的降低，同资本所有者追求资本利润最大化的目标相违背。因此，资本所有者总是竭力挖空心思来建立包括设立外部董事等众多制度和机制来约束经理们的行为。一些为资本追逐利润最大化而作辩解的经济学著作，也竭力论证为约束和激励代理人行为的各种制度，是“降低交易费用”所必需的办法。[①]

其实，上述这种委托代理关系中所谓的“道德风险”问题以及所谓“内部人控制”问题，只不过是单一资本产权制内在的固有矛盾的产物，也表明在新的经济时代到来时，那种单一资本产权制度的统治，已难以维系了。如果单一资本产权制度转变为公有制为主的联合产权制度，那么这种委托代理制所固有的矛盾及其所派生的“道德风险问题”及所谓“内部人”或“外部人”的“控制问题”，都可以获得较好的解决。

1. 在单一的资本产权制度中，作为委托人的所有者同作为别人资本的控制者的代理人，从企业中获得的收入是本质上不同的范畴，两者具有此长彼消的对抗性，而在公有制为主的联合产权制中，这种利益的对抗性可以得到基本消除。在单一资本产权制中，作为委托人的出资者，获得的是企业劳动者创造的全部剩余价值，而作为被委托的代理人所获取的仅仅只是他本人的劳动力的价值。这样由他们管理的劳动和工人劳动创造的剩余价值都被资本所有者全部拿走。让经济增长、发展贡献越来越小的资本，拿走了全部剩余产品，而贡献越来越大的科技工作者、管理者和劳动者却无权涉足剩余产品的分配，仅仅只能拿到劳动力本身的等价物。因而，作为代理人的管理者，就会感到不公平，因而心理极不平衡。于是，造成其在不周密的监控条件下，管理者便会利用自己所掌握的那部分控制权，千方百计地找各种借口，或避开所有者的监控，去获取属于剩余价值范畴内的种种利益，“道德风险”便由此而生。

---

① 道格拉斯·诺思. 经济史上的结构和变革［M］. 北京：商务印书馆，1992.

但是，一旦单一资本联合的产权制度被公有制为主的劳动者联合同要素资产者联合相结合的联合产权制度所代替，情况和性质就发生了根本的变化。在公有制为主的联合产权制度中，资本独占剩余价值的那种既不公平又不合理的制度格局，就会宣告结束。在这里各要素资产所有者和管理者、科技工作者和一般劳动者，都分别按股份制的按股分配原则和按社会主义的按劳分配原则，明明白白、堂堂正正和相对公平地参与剩余价值的分配。因而，那种代理人“偷偷窃取”剩余价值的所谓“道德风险”的经济基础就基本不复存在了。

2. 在单一资本联合的企业中存在所谓“内部人控制”和“外部人控制”问题的矛盾，也可以在以公有制为主的联合产权制度中得到较好的解决。

在单一资本联合体的治理结构中的委托代理关系上，有所谓“内部人”的经理或经理同工人结合起来，对付作为“外部人”的所有者，存在使资本追逐利润最大化目标无法实现的“道德风险”问题。而在公有制为主的联合产权制中，则基本上消除了所有者同经理之间的所谓“外部人”和“内部人”的严格界限。在这里除了一部分单纯用货币资本投资者是“外部人”外，其余一些货币资本投资者、要素资产投资者，以及劳动者都是“内部人”。因而，因所有者同经营者的信息不对称，作为所有者的外部人无法周密地监控作为代理人的内部人，而产生“道德风险问题”的条件，也基本被消除。在这里，作为法人财产占有者的企业劳动集体，以及作为劳动者的工人和科技人员，他们同时也都是企业资产的所有者、占有者的成员。他们不仅了解企业的生产、营运等各方面的信息，而且直接参加重大经营决策，他们有权利，也有责任积极地对经理人员进行监督，因为这同他们每一个人的切身利益相关。在这种情况下，经理人员作弊，侵犯企业的共同利益的“道德风险问题”就很难出现了。

3. 作为要素市场的单一资本联合体的企业内的要素交换，存在着实际上的不平等，是“道德风险”产生的土壤。以公有制为主的联合产权制建立后，其内部关系主要是联合体成员之间的责、权、利有机结合的经营责任制和生产责任制关系，可以较好地消除这种土壤。

单一资本联合体内的劳动力要素的买卖，表面上是市场的公平等价交易，但存在实际上的不平等，因为劳动力使用时创造的价值大于劳动力本身价值的剩余部分，归资本所有者无偿占有，这是产生“道德风险”的重要土壤。而在公有制为主的联合产权制度内，是通过经营管理者对要素所有者的经营责任制，首先保证了要素所有者的一定比例的资本增值。因而所有者也就没有必要为了防止所谓“道德风险问题”去对经营管理者实施烦琐的监督、干预。从而也可以充分发挥经营管理者、科技工作者和直接劳动者的经营、研发和生产的主动性和积极性，增加联合体的共同利益，这也是生产力的一大解放。如果像单一资本产权制那样，所有者用这个监督、那个干预，成天盯住管理者和劳动者，这等于把他们捆绑起来。这样来对付财富和利润的创造者，那么企业的效率和活力又从何而来呢？那些大谈私有制有效率、公有制无效率的学者，如果没有固执的偏见的话，能否真正地愿意看到这一点呢？公有制为主的联合产权制度中，则既充分发挥劳动者、科技工作者和管理者的主动性、积极性，又能调动资本所有者的积极性，因而，既有公平，也有效率，是公平与效率的有机统一。

（二）以公有制为主的联合产权制是社会主义公有制同市场经济有机结合的根本结合点和微观基础

任何市场经济都要以自主经营、自负盈亏的商品生产者和经营者的企业和经济组织为自己的微观基础，市场机制才可能存在和运行。这种微观基础，如果都是由私人企业和单一资本联合体组成，那么这种市场经济就是资本主义市场经济；如果作为市场经济微观基础的，这种自主经营、自负盈亏的商品生产者和经营者的企业和公司是以社会主义公有制为主体，那么这种市场经济就是社会主义市场经济。如果在改革中把公有制企业着力改变为以公有制为主的劳动者联合同要素资产者联合相结合的联合产权制的公司，那么它们也就成为社会主义公有制同市场经济有机结合的结合点和坚实的微观基础。因为这种联合产权制的公司，都实行着所有者同作为占有权和支配权的经营管理权的分解制，所以它们都成了自主经营、自负盈亏的商品生产者和经营者，因而它们是名副其实的市场经济借以存在和运行的微观基础。而这些公司又都是以公有制为主体，企业劳动者集体又是在所有权和占有权分离制中，承担着占有者的职能，在企业完成上缴所有者的部分利润后，实行按劳分配，因而它基本属于公有制的企业和公司。这种企业和公司是二重性质的结合，即一方面它基本上属于社会主义公有制性质，另一方面它又是自主经营、自负盈亏的商品生产者和经营者。这种典型的社会主义公有制同市场经济有机结合的经济实体，如果在整个社会的企业总体中占主体地位，那么这个社会的整体经济也必然会是社会主义公有制经济同市场经济有机结合的社会主义市场经济。即便是私有制不存在了，只要公有制企业实行所有权同占有权、支配权分离，还是真正独立和相对独立的经济实体，那么社会主义市场经济也就必然会存在。现在存在部分私有制，且发挥一定的积极作用，并非因为它们是社会主义市场经济存在的必要条件，而是由于现阶段的生产力不高，而且多层次所决定的。由此可见，社会主义公有制同市场经济有机结合的结合点在于，同一企业既是社会主义公有制为主体的企业，又是所有权同占有权、支配权分解的独立或相对独立的经济实体的有机统一。

（三）以公有制为主的联合产权制度是现阶段的相对公平分配和创建相对和谐社会的经济基础

当今世界，单一资本产权制度仍占统治地位，在我国由于现在所处的是社会主义初级阶段，所以民营企业和外资企业仍占有相当大的比重，它们在现阶段，在公有制经济的主导下，发挥着重要的积极作用，但它们实行的都是单一的资本产权制度。即使是公有制企业，在改革中，也还存在着照搬单一资本产权制度模式进行营运的情况。这是当今世界范围内，包括中国在内严重存在着的分配不公、两极分化，从而潜伏着经济、社会、政治危机的根源。因为单一资本产权制度的根本特征，在于资本独占或基本独占剩余产品和科学技术进步、劳动生产率提高所带来的好处，而劳动者，包括体力、脑力劳动者，在生产中获得的只是劳动力的价值。这样，生产越发展，科技越进步，经济效益越高，资本所有者手中的财富就越积聚和集中，而劳动者则越来越贫困，甚至有更多的失业者陷入绝对贫困之中。所以，在单一资本产权制为经济的微观基础的社会里，两极分化是不可抗拒的客观必然趋势。

在社会保障中，由国家和社会出面的转移支付、社会救助会起一定的补救作用，但它只是治标，而不是治本。在产权制度不公的基础上所派生的分配不公和两极分化严重存在的条件下，各种经济的、政治的、社会的矛盾都可能会爆发和潜伏待发。因此，单一资本产权制度，也同时是社会难以真正存在的、持久“和谐”的总根源。经济工作者和政府的决策者们，都应警醒地能够“在如无声听惊雷”和“居安思危”。为了实现现阶段的相对公平分配和社会的相对和谐，就必须改变单一的资本产权制度，逐步建立起劳动者联合同要素资产者联合的联合产权制度。处在社会主义初级阶段的中国，则更应依从社会经济发展的客观趋势，努力创建起以公有制为主的联合产权制度。这在社会主义中国的企业产权制的深化改革中，是完全能够做得到的，也是应该做到的。

以公有制为主的联合产权制度，如上所述，它已改变了资本独占剩余价值和科技进步、生产率提高所带来的好处，以及劳动者包括脑力、体力劳动者只获得劳动力价值的那种局限性。它实行的是资本、劳力、科技成果等要素资产和劳动者的活劳动，分别按股份制的一股一利原则和按劳分配原则，参加剩余产品分配，这是现阶段的按贡献分配的、相对公平的分配原则。现阶段，按这种相对公平的原则分配剩余价值，就可以基本避免社会成员两极分化，从而求得全社会的相对和谐发展。因而以公有制为主的劳动者联合与要素资产所有者的联合有机结合的联合产权制，就必然是相对公平分配和创建相对“和谐社会”的经济基础。

（四）以公有制为主的联合产权制度是后发国家生产力跨越式发展的根本动力和可靠的制度保障

当今世界处于传统的物质经济向知识经济过渡的时代，在生产力要素结构中，科学技术进步和劳动力素质的提高这两个要素，已取代资本的主导地位，成为占主导的和起决定性作用的要素。在这种格局中，后发国家要在生产力上赶上和超过发达国家，更快地进入知识经济时代（社会总产品中知识价值的含量占到75%以上），就必须致力科技自主创新和竭力提高劳动者的素质。而推动科技创新和提高劳动者素质的根本动力，在于改变单一资本产权制中资本独占剩余价值和技术进步、劳动生产率提高所带来的好处的现有制度格局，提高科技工作者和素质日益提高的劳动者在剩余价值分配中的份额，及其对企业资产的占有权和支配权。而这正是建立以公有制为主的劳动者联合同要素资产者联合所要实现的客观要求和目标。由此可见，这种以公有制为主的联合产权制度，是科技进步和劳动者素质不断提高，实现生产力跨越式发展的强大动力和可靠的制度保障。

（五）以公有制为主的联合产权制是以统筹兼顾的宏观调控为主导同市场配置资源的有机结合的发展和运行机制的经济基础

以统筹兼顾的宏观调控为主导同市场配置资源的有机结合的经济发展和运行的调节机制，是实现社会生产力跨越式发展的基本保证。因为统筹兼顾的宏观调控在国民经济发展、运行机制中充分发挥主导作用，能使得经济、社会、自然资源和环境的协调发展，形成新的巨大的宏观协作生产力，避免相互掣肘、瓶颈制约以及个别部门、个别区域的孤军冒进所造成的生产力过剩和资源浪费。这样形成的巨大的宏观协作生产力，是实现生产力跨越式发展的强大合力。因为，协作产生新的生产力，不仅在微观的企业劳动协作是如此，在宏观上的全社会各部门、各领域以及对内对外的协作，也是如此。而且宏观上的协作所产生的新的巨大的协作生产力，是个别微观企业内劳动协作产生的新的生产力所无法与之比拟的。因为社会、经济、环境资源之间和国内国外经济之间以及它们的各自内部的组成部分之间，都在客观上存在着质的依赖关系和量的比例关系。即马克思经济学早已揭示的，客观上有比例、主客观结合上的按比例发展规律。按此规律办事，能相互协调、相互配合、相互补充和相互促进，形成新的巨大的协作生产力；违背它，就会相互掣肘、相互拖累，甚至相互抵消，破坏社会生产力的发展。所以后发国家实现生产力的跨越式发展，赶上和超过发达国家，就必须充分发挥和依靠国家的统筹兼顾的宏观调控的主导作用，所形成的协作产生的新的巨大社会生产力。那种只见树木不见森林，只强调微观生产力、微观效率和微观竞争力，而看不到也不愿看到宏观生产力、宏观效率和宏观竞争力的西方新自由主义经济理论，显然是非常片面的。而后发国家，特别是发展中的社会主义大国的中国，则是微观、宏观的生产力、效率和竞争力都要。这样，才能真正实现跨越式发展。两者均有，何乐而不为？

充分发挥国家统筹兼顾的宏观调控作用，才能相对集中资源投向实现跨越式发展道路的各基本点和战略重点的需要，从而充分发挥社会主义能够“集中力量办大事的优越性”。

社会生产力的跨越式发展，在充分发挥国家统筹兼顾的宏观调控的主导作用的同时，还必须充分利用和发挥市场的组织生产和促进生产力发展的基础性作用。这是因为当社会经济的微观基础是独立和相对独立的经济利益主体时，它们的经济联系就不可能听凭行政指令来无偿调配和捏合，而必须通过市场等价交换来进行组合和调节。这就是市场配置资源、组合生产力的重要作用。由于市场等价交换的“等价”不是按各自的个别价值（或个别劳动量）来计量的，而是以社会必要劳动量为尺度。因而，各经济主体为争取各自的个别劳动量低于社会必要劳动量，而获取超额利润的激烈竞争，就必然推动科技进步、管理改善和资源的节约，从而推动社会生产力的进步。同时各经济主体为了占据有利的销售市场、原料市场、投资市场而进行的激烈市场竞争，也是在自发地优化资源配置、调整经济结构、组织社会生产力的过程。当今，包括中国在内的许多发展中国家，积极推进企业和市场经济体制改革的重要原因之一，也就是力图在充分发挥国家统筹兼顾的宏观调控的同时，也充分利用和发挥市场配置资源、组织生产力和促进生产力发展的作用，并把两者有机结合起来，实现本国家经济和社会进步的跨越式发展。

而实现这两个机制有机结合的统一的微观经济基础，则应当是公有制为主的联合产权制。这是因为，统筹兼顾的国家宏观调控的主导作用的充分发挥，必须是国家手中掌控有强大的经济实力和国家的经济命脉，才能有力量引导社会资金的流向。“四两”可以“拨千斤”，但国家手里必须有许许多多的“四两”才行。国家手中控制的经济实力，核心是强大的公有经济的存量和不断增长的增量。因而，以公有制为主的联合产权制的企业的国有资本的存量，及其所获得的不断增长的资本增值，是国家宏观调控发挥主导作用的微观基础。而作为这种微观基础的联合产权制的企业，本身又都是所有权同占有、支配和使用权相分离的、独立的、自主经营的经济实体，所以国家宏观调控，所要求的国有企业的资本存量或增量的转移又必须通过市场，并贯彻等价交换的原则。所以，以公有制为主的联合产权制的企业，就是国家统筹兼顾的宏观调控的主导作用同市场配置资源有机结合的微观基础。

（六）以公有制为主的联合产权制在人类经济发展史上是一种不可或缺的过渡性的产权制度

在人类经济发展史上，经历过原始社会的绝对平均的原始公社的公有产权制；以对奴隶的人身的占有为财产权的奴隶主产权制度；以对土地的垄断占有的封建产权制度以及以资本对剩余价值的独占为标志的资本主义产权制。俄国十月革命以后，产生了劳动人民对生产资料公共占有的社会主义公有产权制。实践证明，过渡到完全的社会主义公有制，还必须经历一种过渡的产权制度。这种过渡产权制度，就是以公有制为主的劳动者联合和要素资产（资本、土地、劳动力、科技成果、管理者等）联合相结合的联合产权制度。这种联合产权制度是同社会主义初级阶段的生产力性质和水平相适应的。随着生产力的发展、科技的进步，以及随着物质经济向知识经济转化，这种以公有制为主的劳动者联合同要素资产者联合的产权制度，将会被全面的公有制和单一的劳动联合的、完全的社会主义公有产权制度所替代。那时，现在这种公有制为主的联合产权制度，才算完成了它在人类经济史上一个特殊阶段的垫脚石的使命。当然，这需要经历一个相当长的时代才能实现。

（原载《海派经济学》2006 年第 2 期）

第四篇
经济全球化下后发国家的发展路径探索

全球性公司兼并联合与我国国有企业资产重组

当前，全世界正在兴起一场全球性的工业公司和商业银行兼并高潮，它对我国正在进行现代企业制度改革和遇到较大困难的国有企业是一个严重的挑战。因此，正确地认识这种挑战，并实施正确的战略对策，对于我国的国有企业的生存和发展及深化改革有重要的意义。为此本文将在分析当前全球性公司兼并的特点、规律及对我国的影响后，着重探讨我国国有企业结构调整与资产重组应有的对策。

一、全球性公司兼并联合的规律、特点及其对我国的影响

（一）优胜劣汰是市场竞争的绝对规律与常态

人类近、现代经济史证明，哪里有市场经济哪里就有竞争。市场竞争的必然趋势就是优胜劣汰。这是一种不以人们的意志为转移的绝对规律。正是这种规律的作用，推动着生产与企业组织由分散走向集中，生产和企业规模的逐步扩大，以适应生产社会化和技术进步的客观要求。所以，企业兼并、资产重组是这种规律作用下的经济发展的一种实现形式。世界上发达国家的经济，由自由竞争阶段发展到集中垄断阶段，就是在这种规律作用下，通过许多企业的兼并联合活动而实现的。而且进入这个阶段后，这种兼并活动不但没有停止，而是每时每刻都在继续发生。例如，美国现在每年有十几万家企业在竞争中倒闭或被吞并，又有十几万家企业在竞争

中新生；在德国，每年有 28 万家企业被淘汰，同时每年也有 35 万家企业新建起来，只有 5%的新建企业的寿命能够超过 5 年。正是大量企业的进入与退出市场的变化，使这些国家的产业、产品结构及时地实现调整和优化。

这种每时每刻都在发生着的优势企业对劣势企业的兼并，以及弱小企业的联合抗衡，已是市场经济机体生命运动的常态。

（二）一国或全球性兼并高潮发生的规律性

如上所述，企业兼并活动是市场竞争的绝对规律，是市场经济生命运动的常态。但是，由于条件与环境的较大变化，这种规律的作用往往会出现显现的、突出的形态。它表现为一国之内或全球性的企业兼并高潮。这种兼并高潮的出现，当然也不是纯偶然的，而是有其规律性的。世界近、现代经济史表明，它们一般发生在以下三个时期：

第一，经济周期的危机阶段。在这个时期内，生产相对过剩，社会需求严重不足，大量产品积压。在这种危机的打击之下，大批经济力量薄弱的企业，纷纷倒闭、破产。反之，经济实力比较强的企业则趁机大量收购、兼并价格低廉的倒闭或即将破产的企业，以此扩大规模，发展壮大自己。随着危机向全球的扩展，也就出现了全球的企业兼并高潮。与此相抗衡的一些力量较弱的中小型企业则纷纷联合起来，以求得生存和发展。例如，现在遍布世界各大国的连锁经营商店，最早出现在美国爆发的经济危机期间的 1859 年。当时，美国的一些中小商人为同大资本家的兼并活动相抗衡，实行连锁经营，结果大获成功。

第二，新技术、新产业蓬勃兴起时期。这时由于采用新技术，发展为新产业的企业得到迅猛的发展，便必然以自己的优势去兼并那些仍然使用老技术的传统产业的企业。这种趋势发展到一定的程度，也就形成了一国或全球性的企业兼并高潮。例如，19 世纪后期，以钢铁、冶金、化工、电力为核心的新技术、新产业蓬勃兴起之时，也就是全球性企业兼并与联合的高潮出现之日，在这种兼并、联合的高潮中，各工业发达国家中占统治地位的卡特尔、辛迪加、托拉斯、康采恩等巨型公司就应运而生。第二次世界大战之后，20 世纪 50 年代以来，以电子技术为核心的新技术、新产业群的蓬勃兴起，使得企业之间的兼并竞争大大超出了一国的范围，从而形成了一大批超巨型、世界性的跨国公司。

第三，国际上新兴市场的出现和开拓时期。每当国际上新兴市场的出现和开拓时，需求必定猛然增加。这时，各大国为了扩大对新兴市场的占领份额，也会展开激烈的企业兼并与竞争。这一方面表现为在国内进行兼并竞争，以便集中生产和资本杀向新兴市场，从而推动本国企业组织制度的激烈变革，另一方面，则在新兴市场的国际争夺中，形成全球性的兼并与联合高潮。例如，亚洲、非洲、拉丁美洲以及俄罗斯与东欧一些国家，对内搞市场经济体制改革，对外实行开放政策，从而形成了所谓“十大新兴市场”。各工业大国内部及各国之间出现的兼并、联合高潮，就是同争夺“新兴市场”的占领份额有关。

历史上也曾出现过同样的状况。例如，早在 15 世纪到 18 世纪 60 年代期间，由于美洲的发现，绕过非洲的航行开拓了新的世界市场，需求迅速且不断地增加，因而资本主义的生产组织在其推动下，也就经历了简单协作的手工工场到分工较细的工场手工业工场，再到机器生产的工厂制的演化过程。马克思、恩格斯对这一演化过程，在《共产党宣言》一书中，作过极为生动而深刻的描述。他们指出，美洲的发现绕过非洲的航行，给新兴的资产阶级开辟了新的活动场所。东印度和中国的市场、美洲的殖民化、对殖民地的贸易、交换手段和一般的商品的增加，使商业、航海业和工业空前高涨。以前那种封建的和行会的工业经营方式已经不能满足随着新市场的出现而增加的需求了。工场手工业代替了这种经营方式。但是，市场总是在扩大，需求总是在增加。甚至工场手工业也不能再满足需要了。于是蒸汽和机器引起了工业生产的革命，现代工业代替了工场手工业。这些充分表明，世界新兴市场的发现与开拓，不仅会推动生产组织的调整、规模的扩大，而且会推动生产组织制度的演革。

（三）当前全球性企业兼并高潮的特点及对我国国有企业调整、资产重组的影响

1. 当前全球性公司兼并高潮的特点。以上三种场合所出现的全球性兼

并高潮，在20世纪历史上都出现过。例如，全世界范围内特别是美国在20世纪30年代和60~70年代的两次公司兼并高潮，就是属于前述的第一种情况，它们发生在经济周期的危机阶段或危机到来之前，而20世纪80年代的公司兼并高潮，则是在以微电子技术为核心的信息技术革命和信息产业刚刚兴起时期出现的。而20世纪90年代，出现的全球性兼并高潮，则属于第二、第三种情况的综合而形成的。它具有以下三个基本特点：

第一，来势之猛，规模之大，空前未有。据华尔街日报报道和美国证券数据公司的报告，1995年全世界的公司兼并总额达到了8660亿美元，比1994年猛增51%，1996年第一季度全球用于兼并公司的金额达1352亿美元，比1995年第一季度高26%。在这两年的全球性的兼并高潮中，美国名列榜首。例如，美国工商界在1995年的公司兼并，创下总额为4580亿美元的最高纪录，比1994年增加了32%。1995年仅第一季度美国用于兼并公司的金额总共为782亿美元，比上一年第一季度增加了36%，是1989年以来数额最高的一个季度。1996年以来，这种趋势更是有增无减，1996年第一季度美国兼并的总额达到1050亿美元。

第二，这次全球性兼并高潮以“信息高速公路”为中心的技术革命为强大动力。美国公司兼并活动首先集中在“信息高速公路”技术革命的载体方面，如媒体、娱乐、电讯等领域。1995年，这些领域被风靡一时的大规模兼并活动搅得天翻地覆。例如，大娱乐公司迪斯尼，收购拥有美国三大电视网之一的大都会——美国广播公司；西屋电气公司收购美国大电视网哥伦比亚广播公司；时代杂志的母公司时代——华纳公司，收购拥有有线电广播电视网CNN的特尔纳广播公司等。1996年，美国电讯业发生的两次地区性电话公司的合并，也震撼了美国的工商界。四月份，美国西南部的电话公司SBC通信公司宣布收购西海岸的太平洋电讯集团。合并以后，这两家公司共掌握3000万条电话线路，占美国长途电话市场的25%。接着，又传出美国东部的两大电话公司贝尔大西洋电话公司和Nynen电话公司兼并的消息。兼并后新公司的业务范围横跨美国12个州和华盛顿特区。美国从东部的缅因州到维吉尼亚州的居民和企业都成为它的用户。这些大公司围绕信息业领域进行的兼并活动，一方面是争相并购其他公司，另一方面也把和自己主要业务无关的分支机构脱手，以便集中优势战胜对手。如国际电话电报公司和美国电话电报公司都分化成几家独立公司。通用汽车公司最近也把属下的电子数据系统公司脱手。

第三，受新兴市场出现所推动的商业银行兼并激烈。为了适应信息技术开发和占领新兴市场的兼并竞争对资本的大规模的需求，各大国商业银行的兼并活动也频频出现，1995 年，美国出现了 15 起金额在 11 亿美元以上的银行兼并活动，其中大通、曼哈顿银行收购化学银行的两次行动创造出美国最大的银行，合并后的资产达到 3020 亿美元。1995 年，美国公司在银行的支持下，在收购外国公司方面的投资增加了 46%，达到 640 亿美元。德、英、日等经济大国也跟美国一样，在国内及大国之间进行激烈兼并竞争的同时，把兼并的矛头大举伸向亚洲、东欧等所谓“新兴大市场”，以扩大其占领份额。1995 年各国公司向英国、澳大利亚和俄罗斯投下的资金最多，其中德国最多。它在国外收购的总资产增长 61%。日本一方面在国内银行之间进行大规模兼并，另一方面又把自己在美国的一些公司出卖，以集中资本积极扩大对亚洲“新兴市场”的占领。例如，1996 年，在世纪范围内引起轰动的一次兼并发生在日本，4 月 1 日，东京银行和三菱银行完成了正式合并的计划，创造了以资产而论的世界上最大的一家银行。合并以后，东京三菱银行的总资产高达 7200 亿美元，超过中国大陆的国民生产总值。日本松下公司一方面把自己在美国的音乐公司卖给了西格拉姆公司，另一方面相当积极地在占领亚洲市场上又重新缔结联盟。英国也积极在“新兴市场”上推进兼并活动。如，英—荷娱乐公司的波利格拉姆公司最近将它在印度音乐公司中的股份增加到 51%，达到了控股兼并的目的。

2. 全球各国工业大国争夺“新兴市场”的兼并风潮对中国的直接影响。如上所述，目前各工业大国为争夺“新兴市场”占领的份额而展开的兼并竞争十分激烈，中国大陆被他们称作为最大的“新兴市场”之一。各国际大财团抢占市场的登陆战已很激烈，它们的这种争夺对我国经济发展既有机遇，也有很大的压力。一方面，如果我们的政策、策略得当，就可以利用他们的矛盾，获得更多的一些外资和先进技术，为我所用。另一方面，如果我们失去警觉，忽视“以我为主”“为我所用”的根本原则、立场，那么当我们的国有经济处于严重困难的时候，就可能出现“饥不择食”“久病乱投医”的局面，而堕入大国财团的陷阱。事实上，这种状况在一些行业、一些地方已较普遍地出现了。例如，我国已有一些行业，如饮料、化妆品、洗涤用品、照相胶卷、电池等行业，已被外国企业集团，整个行业、成建制地挤出这些行业或被兼并掉。即使是作为我国国民经济支柱的钢铁工业，也出现了这种“危机”。据 1996 年 11 月 29 日的《中国经济导报》报道：“目前，外商正与我国钢铁工业开展抢占市场制高点的激烈争夺。国外一些大钢铁企业不仅努力扩大进入中国市场的产品数量，而且极力在中国寻找合资项目。更应引起高度重视的是，这些外国大钢铁集团的合资项目几乎都集中在不锈钢、镀锌板等要害产品和品种上。冶金部部长刘淇认为，一旦被外国钢铁企业抢先占领了市场制高点，民族钢铁工业的出路就艰难多了。因此，引进外资时，一定要考虑到保护民族钢铁工业。”荆纪在《钢铁工业：你准备好了吗?》中着重指出，有些行业，企业在被外资兼并时，已出现大量资产流失的局面。例如，四川某名牌啤酒厂近几年异军突起，名声日盛，若有资金扩大规模，则可年均多产 10 万吨。此情况被比利时一家大啤酒公司看中，边拉边压，一个价值上亿元的名牌，却被对方压到 5000 余万元买走。据美国斯坦福大学经济学家钱颖一估计，从中国 1988 年实行《破产法》后的几年内，在破产、兼并、联合中，中国的国有资产的 200 亿元到 400 亿元被流失。

此外，全球性的大国抢占“新兴市场”的兼并浪潮卷入中国，也就必然激发暂时处于弱势的中国经济，特别是中国的国有经济的产权主体，竭力推进国有企业组织结构调整和资产的重组，联合自强，提高竞争能力，以便同国外财团抗衡。外国各大财团围绕争夺新技术、新产业的霸权开展的兼并竞争，也会激发中国的企业，特别是国有企业积极联合，以增强新技术利用、开发的实力。

由此可见，当前全球性公司兼并高潮是中国目前国有企业组织结构调整、资产重组重要的国际背景和重要的动因。当然，当前中国国有企业的调整与重组，更有自己的特殊原因。因而这种调整、重组也应有自己特有的目标、途径和对策。

二、我国国有企业结构调整、资产重组的生存、发展战略

我国目前正在广泛推进的国有企业组织结构的调整与资产重组的活动，不仅有全球性的公司兼并高潮为其背景，并受其影响外，更是由于摆脱困境，求得生存与发展的迫切需要。它实际上已成为国有经济现在所必须实行的一种生存、发展战略的首要组成部分。

（一）当前国有企业困境的严重性及其原因

综观国有企业的现状，大部分处于较严重的困境之中。主要表现在：（1）近年来，经济效益一再下滑，亏损面越来越大，亏损额累累增加。据有关统计，1996 年 1~4 月全部国有企业出现净亏 25 亿的窘境；（2）设备陈旧，历史包袱沉重，负债率高（75%以上），多数企业已无自我改造、自我积累、自我发展的能力；（3）全国各地区，各行业的产业、产品结构严重趋同，产品积压增多，且“小而全”“大而全”的企业居多数，形不成规模经济，很难在国内、国外市场上同竞争对手抗衡；（4）各地各部门低水平重复建设、重复引进，出现大批新上企业和外国财团、私人、个体以及乡镇企业一哄而起，共同挤占原有国有企业有限的 2.5 亿人口的城市市场，至于 9.5 亿人口的农村市场，一方面由于种种原因难以开拓，另一方面在不切实际的要求下，许多国有企业的生产与经营也不屑于面向农村，因而原有国有企业的市场越来越狭小，以致被推到某些拐角。这种困境如果长期得不到缓解，将严重威胁着国有经济的生存，更谈不上发展和主导作用的发挥。

多数原有国有企业较长时期处于以上困境的原因很多，但其中最主要的有三个方面：

第一，国有企业改革思路遭到困惑、摇摆，成效甚微。例如，在建立现代企业制度方面，存在严重忽视国情全盘照搬西方股份制的倾向。这样既不能达到产权清晰、权责明确、政企分开的要求，又违背了社会主义“确保劳动者在企业中的主人翁地位”的基本原则。以致一些企业向上无

专一、明确、得力的所有者来维护国有资产的保值、增殖的权利，向下无群众参加管理监督的积极性、主动性的状况，从而出现一些厂长（经理）为所欲为。视国有企业为个人所有，乘机大量侵吞国有财产，出现了许多“富了方丈，穷了庙”的怪现象。另外，在改革的着力点上，没有集中力量攻克政企不分、政资不分的体制弊端，而是绕道而转，仍然在扶植非公有制企业“扩大产权主体多元化”方面大做文章，把主要的经济增长点寄托于非国有经济的发展。至于国有资产管理体制的改革，很多地方也还停留在“集权、放权”的传统改革的定式上。因而，统一的国有经济被地方、部门的行政机构分割成众多小块的“诸侯经济”的格局。企业是政府的附庸的地位，不但没有得到根本改变，而且还有日益严重的趋势。国有经济体制改革的上述被动局面，是目前国有经济处于上述困境的主要根源。

第二，各地区各部门忽视国家承受能力，盲目追求大干快上，相互攀比速度，致使粗放型增长方式长期得不到转变。这种经济发展的思路和增长方式，是以政府的行政机构为投资主体并不承担投资经济责任，以及政府作为国有企业的所有者可以以所有者身份加紧对企业索取的国有资产管理体制为依托的。在这种体制的支持下，各级政府和各部门行政机构，便可以集中较大量的国家资源去上新项目、铺新摊子为重复引进搞配套工程，从而致使原有企业在这种“索取”下，被挤得无力更新、改造和发展，以致有相当一部分连简单再生产也无法维持下去，更无法把经济增长方式从粗放型转到集约型方面去。

第三，新上的项目、新铺的摊子以及新引进的外资企业几乎是与原有国有企业处于同一产业层次、生产同一结构的产品。但这些新上项目，新引进企业在地方与部门行政机构的支持下，实力比较雄厚，且得到许多倾斜政策的优惠，因而它们同原国有企业竞争时具有更大的优势。所以，大量原有国有企业在这种不平等竞争下，不得不处于严重的困境之中。

（二）国有经济求生存、图发展的战略

国有经济（主要是国有企业）所处的严重困境，既有国际兼并竞争非常激烈的背景，又有中国国有企业的体制与增长方式方面的特殊原因。因

此，急需要制定和推行一种生存与发展战略，使之从困境中解脱出来，求得较快的振兴和新的发展。这种求生存、图发展的战略应包括以下两部分：

第一，以市场需求和产业结构优化为导向，进行企业组织结构调整、国有资产重组。这是国有企业求生存、图发展的当务之急。因为它可以化弱为强，集中优势，增强市场竞争力，使国有企业从困境中摆脱出来。

第二，以企业组织结构调整、国有资产重组为契机和动力，加速国有资产管理体制和建立中国式现代企业制度的改革。这是实现市场经济与社会主义公有制有机结合的中心环节，也是国有经济振兴并充分发挥其主导作用的必由之路。

这两个方面相互联结，前者为后者打好基础，提供动力，后者是前者发展的必然结果。由此构成了国有经济求生存、图发展的整体战略。

（三）国有企业的调整、重组战略

如前所述，国有企业组织结构调整、国有资产重组是国有经济摆脱困境，求生存、图发展战略的首要组成部分。而实现这个部分的战略，必须坚持实现以下战略目标与步骤、途径：

1. 坚持在调整、重组中维护社会主义国有经济的生存与发展，而不是削弱它和搞私有化。当前国有经济的严重困难是体制上、经营方式上和缺乏平等竞争的条件等多方面的原因造成的，而不是某些人所讲的“无优越性”或“国有经济与市场经济不相容”造成的。因此，当前推行的国有企业的组织结构调整和国有资产的重组活动，包括“关、停、转、并、联、迁”等具体形式在内，主要应在国有经济内部优化结构、盘活存量、增强活力，以求得生存与发展。而不能像有些人所期望的那样，通过此次调整、重组来削弱国有经济，搞私有化。例如，有的人发表文章写道，国有企业也应像国外做的那样，留下 10%～15%，最多 25%的公共产品产业，其余通通实行“非国有化”“民营化”。而且他们还详细论证，由于外资企业和私人企业的快速发展，以及国际大财团已纷纷进入中国大陆，已经具备收购中国国有企业，实行多数国有企业“民营化”的条件。如果真的按照他们的这种意见办事，那么还会有中国特色的社会主义市场经济体制吗？事实上，占中国国有经济的70%～80%的竞争性企业，如此庞大的资产，有多少民族私人资本买得起呢？岂不绝大部分国有资产会被国外大财团收购吗？那样，中国还能保持经济上，乃至政治上的独立性吗？其实，这正是外国大财团梦寐以求的事。显然，国有企业的调整、重组绝不应走到这样的斜路上去。这不仅中国人民不会答应，而且也是违背社会发展的客观规律的。

至于小企业，也应该是通过调整、重组把它们搞活。它们中的大多数能够成为搞活后的大、中型国有企业“团队”的小分队、卫星工厂、子公司。美国的未来学家托夫勒也讲过“大中有小才有美”。外国许多大公司，往往有几百个乃至几千个中、小型企业为之配套、联合。像日本的松下电器公司的零部件80%以上来自与之配套的中小企业的产品；美国的通用汽车公司就有6000家中、小企业与之协作。为什么国有大中型企业就不可能在调整与改组中，把众多的国有中、小型企业联合和协作配套起来形成一些大型企业集团呢？有些地方竟要把小型企业统统“民营化”（即私有化），而且已经或正在出卖给外资企业，甚至提出了“靓女先嫁”的主张。本文作者认为这些做法是一种短视行为。如果都像他们这样去做，占90%以上的小型企业都卖掉了，私有化了，甚至被外国企业所吞并，只剩下10%～15%的公共产品产业，那能够保证公有制的主体地位与国有经济的主导作用吗？世界经济发展的潮流表明，以大中型企业为核心联合众多小型企业组成大型企业集团，正是当今企业组织形式发展的基本趋势。如果我国的国有企业也能这样做，定能振兴起来，在国民经济的整体中充分发挥其主导作用，哪能孤零零地只留几个大中型企业了事呢？

2. 充分发挥国有资产产权市场与公有产权机制在调整、重组中配置资源的作用。国有企业组织结构的调整与国有资产的重组，实质上是国有资产的配置问题。至于在什么产权市场上与利用何种机制来实行这种配置，有着不同的看法。目前，在理论界与实际工作者中，有一种较为普遍的见解，认为这种调整与重组，应完全推到社会，乃至世界产权市场上，任凭社会和世界的竞争机制自发调节、配置，实现其优胜劣汰。其认为只有这样，才是搞市场经济。其实，这种见解并不全面，他们把目前向市场经济过渡阶段同将来的市场经济体制建成阶段完全等同起来；把市场机制的作用同企业产权机制配置资源的作用完全对立起来。事实上，我国还是处在由计划经济体制向市场经济体制转变的过渡阶段。国有经济的资产管理体制改革与建立中国式的现代企业制度远未完成，市场经济与社会主义公有制的有机结合的优越性远没有发挥出来，加上其他多方面的原因，国有企业正处于严重困难之中，其实力当然远不如外国大财团。而我国现在的市场，包括产权市场在内，实际上已经成为世界性的了，外国大财团已大批地登陆在中国的市场。在这种情况下，强调把国有企业组织结构调整与国有资产重组推向社会产权市场，实质就是推向世界产权市场。这无异于“以弱对强”“将肥肉塞进虎口”，自己搞垮自己。任何市场主体，为了保护自己的财产，都会在市场的“商战”中，做到“知己知彼”“打得赢就打，打不赢就跑，或者暂时不打”。哪有明明知道自己不如对手，却要为了所谓“维护市场的自由竞争原则”，去以弱对强，把自己的资产白白送给强者的？即使在私有制为基础的公司，在激烈的市场竞争中，发现自己处于劣势时，必然会利用自己的产权机制及时调整和重组资产，使其结构优化、实力增强后再战。因此，美国产权经济学家科斯把企业称之为“市场的替代”。私有制公司的资产所有者，非常重视产权机制对自己资产的配置效用，力求做到“先自强后出击”，难道国有经济的资产者主体，就无权或不应该这样去做吗？

由此可见，在社会主义市场经济条件下，有两种产权交易市场，即国有资产的产权交易市场、社会产权交易市场。也有两种配置资源的机制，即市场经济的计划、市场机制同社会主义公有制的产权机制和协作机制。要学会正确地把两种产权交易市场和两种配置资源的机制有机结合起来，并灵活地、适当地选择其主次及其搭配的办法。在当前条件下，国有企业组织结构的调整与国有资产的重组，则主要应由国有资产的公有产权交易市场与公有产权机制来合理配置。待国有经济体制改革基本完成，实现市场经济与社会主义公有制有机结合及其优越性的充分发挥之时，中国的国有企业则一定也会驰骋于整个社会以及国际的产权市场，并充分发挥社会主义公有产权机制的作用，日益扩大自己的占领份额，充分显示社会主义市场经济的巨大优越性。

三、国有企业结构调整、资产重组的难点与对策

实施上述国有企业战略性的调整与重组是一项很艰巨的事业，存在着许许多多的难点或困难。其中最突出的有四大困难：企业重组中的下岗职工安置难；企业沉重债务处理难；地方、部门分割的“诸侯经济”突破难；以及所谓企业办的社会事业剥离难。对这些难点与解决办法，也存在着一些不同的看法，本文作者认为应做具体分析，分别对待。

（一）关于下岗职工安置难的问题及其对策

当前，在国有企业普遍陷入困境的情况下，调整、重组过程中的下岗职工难以安置，尤其在社会保障制度没有建立和完善之前，这种困难更为突出。但是，调整和重组工作又非进行不可，为此必须找出解决困难的良策。根据目前各地处理这个问题的经验来看，可以采取以下三种措施：（1）对兼并带职工的困难企业的优胜企业实行优惠政策，例如，在三年内免除因兼并而增加的那部分资产及产品的全部或部分税负；（2）有条件的地方将破产和被兼并企业的下岗职工由政府有关部门分别集中进行再就业训练，逐步转到新的工作岗位；（3）对离、退休人员及伤残人员由地方社会保障部门同有关企业统筹负责安置，并以此为契机将社会保障制度从速建立起来。

（二）关于债务处理问题及其对策

被兼并企业的债务负担过重，这也是妨碍调整、重组顺利进行的重要困难之一。因为现在国有企业普遍负债率高（75%左右），那些将要破产或被兼并的企业，其负债率大大超过平均负债率75%的水平。这也是兼并者所无法承受的，并害怕因此而把自己拖垮。因此，必须采取两方面的对策。一是，凡是超过75%的平均负债率的债务部分，在国有经济内部进行兼并时，应由国家政策予以冲销。其余属75%以内的负债额部分，随企业资产并入优胜者企业时，给予这部分债务以三年的停息挂账的优惠政策，

因为困难企业过高负债率的责任，并不完全在他自身，有相当一部分是由政府不恰当的干预、过多的索取或过重的历史包袱所致。所以，在国有企业进行调整、重组中，作为所有者的国家将要付出一定的成本与代价也是情有可原的。若因这些成本与代价的付出带来了调整后的国有企业的活力与大发展，那么这些成本、代价就会得到加倍补偿，而且其经济和社会效应是无法用所付成本、代价来计量与比较的。

（三）地方、部门分割的“诸侯经济”突破难的问题及其对策

在调整、重组中遇到部门、地方所有制的权利格局的严重阻碍，致使产业、产品结构趋同的问题难以得到顺利的解决。如果问题得不到很好的解决，那么国有企业的生存与发展就会遇到严重的挑战。然而，这种“诸侯经济”现象是由于体制和增长方式上的原因长期形成的，并非通过一个命令所能解决的，而是必须承认现实，采取先易后难、分步骤解决的对策。按本文作者的意见，应分三步走。第一步，各地方、各部门运用产权配置资源机制，对自己所属部门或地区内的一切产业、产品结构相同的企业进行重组。因为这是一个所有者把自己所属的分布在不同企业的资产进行重新调整、合并，完全是所有者自己权利范围的事，也符合科斯的“企业是市场的替代”的基本原理。第二步，对不同部门、不同地区的产品、产业结构相同的国有企业，则必须通过国有资产的产权市场，在客观的资产评估的基础上，进行产权的等价交换来实现其调整与重组。由于这种重组是在国有资产的产权市场上完成的产权交易，因此，其实质只不过是国有产权在国有经济内部的不同部门、不同地区的流动而已。它不会削弱国有经济的力量，通过重组还可以收到 1+1>2 的结构效益，从而大大增强其市场竞争的实力。第三步则是通过社会产权市场进行产权交易。即，在社会产权上同各种产权主体进行交换，包括同私人、“三资”、外国独资企业进行产权交易。对于经过国有经济内部调整、重组而强大的国有企业来说，只有在这种社会产权市场，包括世界产权上进行竞争，才能壮大、发展自己，充分发挥其在国民经济中的主导作用，体现其社会主义市场经济微观基础的无比活力和优越性。但是，这种社会市场由于外国财团的进

入，其产权交易实际上已世界化了，当国有经济体制改革尚未完成，国有经济竞争力十分脆弱，国有企业处在严重困境的特殊情况下，一般应予以缓行（实力雄厚企业例外）。

（四）企业办的社会事业剥离难的问题需要做具体分析

企业办社会事业，即指某些大中型企业创办以来，相继为职工的福利而办起的一些服务性事业。如：公共食堂、幼儿园、托儿所、俱乐部、医疗单位、子弟学校以及一些厂内商店等。现在有一种观点，把这些事业统统称之为企业的包袱，企图在这次企业组织结构调整与资产重组中，统统剥离出去，并收回其原来的投资。本文作者认为，这种看法是不公道的，脱离了中国的实际，也的确是难以做到的。因为，我国是一个发展中的社会主义国家，在新中国成立初期为了建立自己的工业化体系，不仅在城市，而且在一些距离城市比较远的地方，办起了一些国有的企事业单位，“兵马未到粮草先行”，因而很自然地要办些为职工生活及福利服务的事业，否则这些国有事业单位的开办及正常运转是不可能进行的。这些“企业办的社会事业”，曾立过汗马功劳。至今有许多仍然是不可缺少的。它们的设立还使劳动者体会到自己的主人翁地位，增强了凝聚力。现在为了搞市场经济难道就应该统统取消它们吗？目前工厂有困难，工人也有困难，克服这些困难也少不了要职工的齐心努力，包括深化企业的改革也是如此，都需要有职工的献计、献策，怎么能把工厂的许多困难转嫁到职工身上呢？当然，为了加强核算，节约资源，克服大锅饭弊病，应该把这些福利事业单位尽可能办成既面向职工也面向社会的单独核算单位，力争做到自负盈亏。原来的投资经过评估，有条件的可以转为股份或债券，无条件这样做的，可以收取相当于银行的利息，以致有的停息挂账若干年还应由工厂在留利中适当拨款以维持运转，其发展在企业调整与资产重组时，应根据这些原则，分情况灵活处理，而不能用一刀切的办法搞所谓统统“剥离”。在这些问题上，不应完全照搬西方股份制的做而应考虑中国的国情。

四、以国有企业的调整与重组为契机推进“两个转变”

国有企业组织结构的调整、资产重组同国有经济的体制改革、增长方式的转变是生存与发展战略的两个有机组成部分。前者是后者的起步和基础，后者是前者发展的必然要求。也只有推进后者，前者的成果才能巩固和发展。

（一）调整、重组必然推动整个国有经济的体制改革

国有经济的体制改革，包括国有资产管理体制的改革和建立中国式现代企业制度的改革。如前所述，在调整与重组中遇到的最大困难之一，是国有经济分割成实际上的地方、部门所有制状态。这种分割也是造成国有经济产业、产品结构趋同、重复建设、重复引进的根源。因而，如果不进行国有资产管理体制的改革，如果不通过改革实现政企分开、政资分开，那么当前的结构调整、资产重组的工作，还等不到它的结束，新的一轮的调整与重组又会要开始。因为这种政企不分、政资不分以及与之相连的地方、部门分割，在每时每刻地制造着产业、产品结构趋同、资源的浪费。而从根本上消除国有经济的部门、地区分割，唯一的办法要实行政资分开的改革。按本文作者的探讨，这种政资分开的改革应该是将全部国有资产进行分类管理。即凡公共产品产业即垄断性企业的国有资产管理机构仍设在政府里面。因为公共产品产业除了有为整个社会经济服务的性质，还具有宏观调控手段的作用，理应由设在政府里的国有资产管理机构来管理、营运。而非垄断的、竞争性产业的国有资产管理机构，则应从政府机构中分离出来，放在人民代表大会之下，由人大常务委员会管辖。该国有资产管理机构，下设国有资产营运总公司与国有资产监察委员会。总公司负责对这部分国有资产保值、增殖的营运工作，监察委员会则专门负责对总公司及其下属投资公司、控股公司的管理、营运活动进行监督。

国有经济体制改革的另一部分，即企业制度的改革，它也同当前的国有企业的组织结构调整、资产重组密切相关，因为在这种结构调整与资产重组过程中，新组合的企业不能重复以前的那种产权不清、权责不明、政企不分、管理不科学的旧体制了。因此，通过调整、重组来推动企业深化改革，加快中国式的企业制度的建立就十分必要了。这种改革，主要应遵循这样一种思路：既不能原封不动地照搬、照抄西方股份制的做法，也不

能回到原来的计划经济生产单位的旧体制上去，而是要把市场经济的微观基础与社会主义公有制的新的实现形式有机地结合起来，建立一种以劳动联合与要素资产联合有机结合的中国式现代企业制度。其具体做法是：（1）建立资本、劳力、科技成果等要素资产入股的“泛股份制”的资产联合体（以国有股为主体）；（2）实现企业劳动者集体充当法人的劳动联合体，由这个联合体的劳动者集体选举产生企业管理委员会作为企业经营的权力机构，并招聘厂长（经理），在企业管理委员会领导下，实施具体管理；（3）在上述两个联合体之间实行责、权、利有机结合的经济责任制。企业上缴给所有者的利润（增值部分），由董事会按要素资产股额进行分配，留下的利润除再投入部分外，其余则按劳分配给职工个人。留利的再投入部分，属企业职工集体股。它体现了市场经济的微观基础与社会主义公有制的有机融合。这种中国式的现代企业制度的建立与前述竞争性行业的国有资产管理机构从政府中分离，所形成的国有资产管理体制有机结合起来的整个国有经济的新型体制，应是当前国有企业组织结构调整、国有资产重组所必然导致的结果。它是最终搞活国有企业，使国有经济获得生存与发展的关键。

（二）调整、重组也必然推动国有经济增长方式由粗放型向集约型的转变

如前所述，当前的企业组织结构调整、国有资产的重组，它一方面必然会改变产业结构、产品结构、技术结构趋同的现状，实现产业、产品、技术结构的协调和优化；另一方面，调整、重组后的企业更符合规模经济的要求，并进而为技术改造、技术进步、管理改善创造了良好的企业制度条件和整个国有资产合理营运、管理的条件，而所有这些，恰好是实现经济增长方式转变的基本途径。

由此可见，当前国有企业组织结构调整、国有资产重组是推动“两个转变”、实现国有经济的腾飞及其主导作用充分发挥的关键，是国有经济的生存、发展战略的重要组成部分。

（原载《湘潭大学学报（哲学社会科学版）》1997 年第 4 期）

东南亚金融危机的启示

——世界经济全球化的利用及其若干理论问题的审视①

从1997年7月开始的东南亚金融危机爆发的前前后后及其恶化，到西方大国开出的“解救危机”的药方的全过程，清楚地表明当今世界经济全球化的趋势有三种不同类型的利用模式：一是大国“霸权主义一体化”模式的利用；二是外向依赖型经济模式的利用；三是自主开放型经济模式的利用。卷入东南亚金融危机的各国实行的是一种外向依赖型经济的利用模式。正是这种利用模式，使它们堕入了大国“霸权主义一体化”的策略陷阱。这一教训表明，发展中国家必须充分认清世界经济全球化发展趋势的本质、特征及其利用的各种形式，从而坚定不移地实行自主开放型经济利用模式，才有可能既充分利用世界经济全球化所带来的机遇，又绕过大国“霸权主义一体化”策略的陷阱，朝着振兴民族经济的大道上迅跑。

一、世界经济全球化的三个发展阶段及其利用的三种模式

（一）近代世界经济“全球化”发展阶段及其特点

世界经济“全球化”，是社会化生产与市场经济发展的产物。近代以来大致经历了三个发展阶段。第一，17世纪到18世纪的发展阶段。由于美洲的发现，绕过非洲的航行，开辟了世界市场，因而出现了“生产与消

---

① 原题为《世界经济全球化的利用及其若干理论问题的审视——东南亚金融危机的启示》

费都成为世界性”的全球化的发展趋势[①]。第二，19 世纪 70 年代至 20 世纪 40 年代的发展阶段，由于冶金、铁路、电力、化工等方面新技术的出现，推动了世界经济的不平衡发展，新兴资本大国同老资本大国重新分割了世界殖民地市场，形成了这个时期的殖民地国家经济变成了“世界金融资本活动的一些环节”[②] 新的全球化发展趋势。第三，二次世界大战结束后，20 世纪 40 年代后期以来的新阶段，由于以微电子、光纤通信等信息技术为带头的新技术群的革命、殖民地体系的瓦解、冷战的结束等所提供的条件，形成了以生产经营跨国化、信息传播全球化、科技、产业梯度扩散（转移）的全球性与商品、资本市场及其运行的全球化等为其主要内容的世界经济全球化的新趋势。

世界经济全球化趋势的上述三个发展阶段的内涵虽然总是后一阶段涵盖前一阶段，但是每一阶段都有自己占主导地位的方面与特征。例如：第一发展阶段的主要内容，是世界市场的开拓，生产与消费的世界性发展趋势；第二阶段的主要内容，则是殖民地重新分割中的殖民地经济融入世界金融资本体系的发展；第三阶段的主要内容，是生产经营跨国化、科技与产业的梯度扩散全球性以及资本市场的全球化的发展趋势。

（二）世界经济全球化利用中的三种模式

第一，大国“霸权主义一体化”的策略陷阱。世界经济全球化，资本大国可以利用，发展中国家也可以利用。资本大国，由于有强大的资本优势，而资本又具有它固有的扩张性和支配欲，因而资本大国历来就会本能地去推动和利用各个阶段“经济全球化”的发展趋势，推行其“霸权主义一体化”的战略和策略。只不过是不同阶段有不同的形式与特征而已。

例如，在世界经济“全球化”的第一发展阶段，资本大国主要是通过炮舰开路、商品输出为主要手段，在推进生产与消费的世界性发展中，控制了商品输出的世界市场，称霸于世。当时的大英帝国就有“日不落国”之称。在世界经济“全球化”的第二发展阶段，各资本大国用战争的方式

① 《马克思恩格斯选集》第 1 卷，人民出版社 1966 年版，第 254 页。
② 《列宁选集》第 2 卷，人民出版社 1972 年版，第 806 页。

重新分割了世界殖民地市场，以资本输出为主替代了商品输出为主，迫使殖民地经济变成为各宗主国的金融资本活动的某些环节。在第三阶段，即现阶段，各资本大国在世界经济全球化中推行其“霸权主义一体化”战略策略时，主要不是采用以前那种用炮舰开路、伴随商品输出或对殖民地的资本输出的老办法；而是通过他们所拥有的技术，产品和产业结构及企业经营的综合经济优势，以及对国际性和区域性的经贸、金融、经济合作组织的控制，诱逼发展和次发展中国家让渡主权，全面开放市场的办法，利用建立在生产高度发展基础上形成的国际市场机制去替代这些国家在生产力低下基础上形成的国别市场机制，从中获取庞大的、源源不断的超额利润。因而富国更富、穷国相对或绝对更穷。如果这种机制的替代是突然发生的，那么在被替代的发展或次发展中的国家中，就会猛然爆发以货币大幅贬值为先导的金融危机、经济危机以致社会动乱。在这种情况下，大国集团往往会从火中取栗，以解救危机为名，逼这些国家让出更多经济控制权，进一步全面开放市场，从而更多地占领市场，控制其经济命脉，以至推行其价值观和政治制度。这就是大国在新的世界经济全球化的利用中，所设下的“霸权主义一体化”的战略、策略陷阱。那些对于大国的这种“霸权主义一体化”策略失去警惕，过度依赖“经济全球化”所带来的好处的发展中国家，就可能落入陷阱而不能自拔。东南亚的金融危机过程已经完全证实了这一点。

第二，外向依赖型利用模式及其坠入大国“霸权主义一体化”陷阱的必然性。如上所述，对世界经济全球化趋势的机遇有不同的利用模式。而大国的“霸权主义一体化”的利用，会给长期实行依赖型经济发展模式的发展中国家设下陷阱。

二次世界大战以后，新的世界经济全球化的趋势，的确也为发展中国家提供了发展机遇。例如，国际上正在寻找投资场所的庞大的剩余资本，向世界各地扩散、转移的技术和产业以及日益扩大开放的国际市场等，都是发展中国家可以利用的重要资源。但是这些资源的利用都具有两面性。当它们被发展中国家自主利用时，可能成为发展经济的起爆器；反之，如果是非自主的、依赖性的利用，那么就会变成霸权主义国家捆绑在发展中国家身上的绳索。这种非自主的依赖性利用国际资源的经济发展道路，称之为外向依赖型经济发展模式。它之所以必然坠入大国霸权主义策略的陷阱，是由于它们所具有的特点所决定的。这些特点大致表现在以下一些方面：

1. 过度依赖外资，而且在外资进入的规模、结构、投向上失去了控制权。这种情况下，接受外资流入的国家债务负担沉重，资本利用效率低，于是大量短期外资便会涌向房地产产业和进行证券投机，造成泡沫经济的虚假繁荣。一旦泡沫经济开始崩溃，这些短期外资就会迅速转移，逃避风险。于是沉重的还债负担以及泡沫经济崩溃的苦果，就会全部落在引进外资的这些国家的头上，外国的金融投机者（如美国的索罗斯）也就乘隙而入，从而引发金融和经济危机。东南亚的金融危机的主要根源也就在这里。例如，危机之前，有国家的外资的流入已趋于失控。泰国的外债达900亿美元，韩国1500亿美元。泰国的外债已占国内生产总值的40%，菲律宾、印度尼西亚、马来西亚分别为54%、47%、39%。尤其严重的是流入东南亚各国的外资有将近25%属于短期外债。而且这些国家流入的外资又大量投到了房地产和证券市场进行投机。泰国投向这个方面的外资，占全国流入外资的80%以上。当泡沫经济开始崩溃时，它们纷纷抽出来，从而引发危机。可见，过度依赖外资，滥用外资，利用外资失控，乃是东南亚危机引发的首要根源。

2. 过度依赖大国扩散的技术，自己缺乏原创力。这样的国家既在基础研究上远远落后，又不能开发名牌产品，长期为大国跨国公司配套生产零部件，充当科学技术的二传手、三传手。当这种技术、产业、产品更新期到来时，这些国家的主要产品和产业就可能成为大国的牺牲品。在新技术革命飞速发展的今天，任何缺乏原创力的经济都是脆弱的、危险的。像日本这样的资本大国，也不能幸免金融的激烈震荡、经济的长期衰退，其决定性的原因是，这个国家的科学技术的基础研究远远落后于北美、西欧大国，老是充当美国科学技术的二传手，所以，当他们耗巨资研究的“第五代计算机”遭受惨痛失败后，日本政府原先所期望的产业结构升级的目标很难实现，无法产生新的经济增长点来推进国民经济新的增长，导致把巨额闲置资金投入房地产和股票市场，形成了泡沫经济的格局。但又由于缺乏新的经济增长点来带动实物经济的强有力发展，因而“泡沫经济”崩溃，金融长期震荡就是很自然的事。而且，这种泡沫经济的消极影响和金融震荡的局面，也因缺乏新的经济增长点对实物经济增长的支撑而难以摆脱。东南亚国家金融危机的爆发与深化也是如此。当他们主要为日本、美国等配套生产的电子产品遇到了更换周期时，找不到新的增长点，而陷入了波动和危机的局面。例如，泰国受1996年世界电子产品需求不振的影响，出口增长率一下从1995年的22.5%降至3%，全部出口呈现负增长，形成巨额经常项目逆差，1995年、1996年分别为141.09亿美元、180.13亿美元，分别占同年GDP的97%和8.8%，不仅超过了正常比例的5.6%，也超过了8%的警戒线。加上面临大量短期外债的还债负担，使得泰国的金融形势在危机爆发前相当严峻。可见，缺乏科学技术原创力的国家，都有沦为大国附庸的危险。即使是已成为世界上最大债权国家的日本，也仍然是美国的小伙计。这同其缺乏科学技术的原创力，长期充当美国科学技术的二传手有关。

3. 过度依赖发达国家扩散的低层次产业，长期固定地形成同其高层次产业国的垂直分工，造成了本国产业的单一性、从属性，因而在国际市场上处于劣势，而且当发达国家的经济周期到来时，就会深受其害。

4. 过度依赖出口，并且出口对象单一化。当所依赖出口的对象国的经济上出现波动时，这些发展中国家就会深受其害，以致爆发危机。

5. 过度依赖于实际上被大国所操纵的国际性、区域性的经贸、金融组织，无原则地接受其渗入的苛刻条件，放弃许多经济主权，特别是放弃资本金出入国境的监控权。如过早地实行资本金自由兑换等，从而造成本国市场与经济命脉受控于人。因而，在激烈的国际“商战”中处于“不设防”的困境。

6. 过度依赖单一的外国货币。如单一的外币外汇储备、单一外币的钉住汇率制度以及国际往来中的单一计价、结算的币值标准等。当被钉住的货币币值发生大幅度的波动时，自己也会深受其害，以致无法避开各种世界性的、区域性的金融危机、经济危机对本国的束缚。

7. 处于危机与困境时，过度依赖大国或被大国所控制的国际金融机构的“解救”援助，最终不得不吞下许多“丧权辱国”的苦果。例如，国际货币基金组织解救东南亚危机的方案是由美国财政部长罗伯特·鲁宾于1997年12月18日在华盛顿的杰斐逊饭店的一间密室制定并交其执行的。该方案要求获得援救贷款的国家全面放开经济管制，实行自由市场经济，不许受援国国家财政支援困难的银行和大企业，逼着这些银行企业破产，并允许外国公司收购，从而达到资本大国占领其市场，控制其经济命脉，消除其竞争对手的目标。而这些长期依赖于大国一体化政策和国际货币基金组织的、处在危机中的国家，也只能束手就范。

各种迹象，充分表明对世界经济全球化趋势利用中的外向依赖型经济模式，不能不落入世界经济全球化趋势利用中的大国“霸权主义一体化”策略的陷阱。这是东南亚金融危机爆发及其恶化并在较长的时间内得不到缓解的根本原因。

第三，世界经济“全球化”利用中的自主开放型经济模式。如前所述，对世界经济“全球化”的机遇有各种不同的利用模式与战略，发展中国家如果失去警觉，长期实行外向依赖型的经济模式，必然会落入大国“霸权主义一体化”利用策略的陷阱。由此可见，发展中国家，既要利用世界经济“全球化”所带来的机遇，又必须警惕地、巧妙地绕过陷阱，方可较为安全地达到振兴经济、屹立于世界民族之林的目标。中国作为一个发展中的社会主义国家则更应该如此。中国肩负着坚持、发展社会主义道路与振兴民族经济相结合的重任与战略目标，因而绝对不应采取那种外向依赖型经济模式。而应在利用世界经济全球化的机遇中，实行一种自主开放型利用模式。这种自主开放型利用模式，是根据自己的国情、经济实力及战略目标，自主地有控制、有选择地通过对外开放，合理地利用国际资源和世界市场，发展和振兴经济。这种自主开放型利用模式，应具有以下基本特征：

1. 尽可能地充分利用当前世界的大量剩余资本，但必须把利用外资的规模、结构、投向的控制权，牢牢掌握在自己手中，并应以外资的技术含量作为引进外资质量的基本评价标准，坚持在利用外资中的平等互利、互惠原则，绝不接受任何出让主权的条件。我国需要利用外资，而外资也需要我国的市场。在某种意义上说，他们比我国更迫切。因为大量剩余资本如果找不到市场，就会由资本转化为货币。这对于资本大国而言，是极大的损失和危机。所以，发展中国家用不着害怕坚持主权、坚持平等、坚持互利等原则会阻挡外资的进入。

2. 努力学习、积极引进先进和适应的科学技术，但始终要注重本国的基础科学的研究开发，大大提高本国的科学技术原创力，绝不要幻想外国会把最先进的科学技术的秘密让渡给我国。因为先进的科学技术是当今国际竞争中最有力的手段。缺乏原创力，老是充当别国科学技术的二、三传手，是建设不了现代化强国的。

3. 有选择地利用发达国家扩散、转移的产业发展自己，但不能长期停留在低层次的国际产业的垂直分工上，更不能满足低水平、低层次盲目扩张的“高速度”。靠这种“高速度”是无法实现现代化的，也不可能赶上、超过先进的发达国家。有些学者带有偏见，盲目地以东南亚国家发展低层次的劳动密集行业所带来的那种8%~9%的高速度为计算基准，推测到多少年以后，国民生产总值就可以超过日本、超过美国，称雄于世，成为世界经济发展的中心，这显然是非科学的、自欺而欺人的想法。他们做这种推测时，只看经济的量，不看经济的质。其实这种低层的、盲目的数量扩张所带来的“高速度”，既不可能持久，又会浪费资源，破坏自己上升和前进的基础。危机中的东南亚国家的情况证明了这一点。因此，发展中国家始终要坚持自主地、不断地调整、提高自己的产业结构层次，才可以立足和发展。

4. 力争加入各种世界性的、区域性的金融和经贸组织，利用一切可以利用的条件来发展自己，但不能被迫接受大国所提出的让渡经济主权的苛刻要求。

5. 全方位开放，同世界各国、各地区发展平等互惠的经贸关系，切忌吊死在一棵树上，以便给自己开辟回旋的余地。

总之，东南亚金融危机启示我们，在利用当今的世界经济全球化的机遇时，既要大胆开放，又要坚持“以我为主、为我所用”的基本原则。在开放什么、开放到何等程度，要同自己的经济实力的发展变化相适应，国门开放的控制、调节权绝对必须牢牢掌握在自己手里，这是自主开放型经济的基本要求。只有坚持采用这种经济模式，才能真正做到既充分利用世界经济全球化所带来的机遇，又绕过大国“霸权主义一体化”策略的陷阱，朝着振兴民族经济的路上迅跑。

二、坚持自主开放型经济的利用模式必须对“一体化”和“利益互补”等理论重新审视

如上所述，当今的世界经济全球化趋势有三种类型的经济的模式，只有自主开放型利用模式，才可能既充分利用世界经济全球化带来的机遇又绕过大国“霸权主义一体化”的暗礁。而坚持自主开放型经济的利用模式，不仅要在实践上遵守前述要求和原则，更重要的是必须在认识上正确解决与全球化有关的三个相互联系又有区别的理论问题。

（一）正确认识“世界经济全球化”趋势同全球化利用中的大国“霸权主义一体化”策略的本质区别

前者，是指客观存在着的信息、资本、科技、生产、消费及市场的国际性，及其运行的全球化的趋势，各国各地区均可利用。而后者，大国的“霸权主义一体化”则是一种策略。这一策略是大国利用世界经济全球化的趋势时，以自己的综合经济优势和所控制的国际性、地区性经贸、金融机构的组织优势，诱逼一些发展和欠发展中的国家放弃主权，开放门户，消除竞争对手，以利其占领市场，控制经济命脉，推动国际市场机制替代这些国家的国别社会市场机制的进程，从中获取高额、庞大的超额利润。可见，只有在认识上区分好上述两个内涵的本质，方可能在行动上利用机遇、谨防陷阱。

（二）关于“只要一个世界大市场”的说法

它是上述“霸权主义一体化”理论的另一种表现形式。现在理论界存在一种片面的看法，认为世界经济“一体化”，也就是消除国别市场，形成一个所谓“无国界”的世界大市场。甚至有人提出，在这个世界经济

"一体化"和"一个世界大市场"形成过程中，国家主权就没有存在的必要了，更无所谓保护民族经济了。如前所述，在现阶段世界生产力和经济发展极不平衡的条件下，这种以"一个世界大市场"替代国别市场观点，是极不现实的。它的实质仍然是以建立在高度发达生产力基础上的国际市场机制的作用，替代建立在生产力欠发达基础上的国别市场机制的作用，从而使大国获取高额超额利润，发展中国家则因此引发各种经济的、政治的危机。所以，"一个世界大市场"的理论观点是有利于大国推行"霸权主义一体化"策略的。不过这里的结果并非主张这种理论观点的人所设想的那样，消除一切国家，而只不过是把发展及欠发展的国家的主权转移到了工业化大国集团和大国所控制的国际经济机构手里而已。东南亚金融危机中，西方的解救药方中所提出的消除管制全面开放市场的苛刻条件，以及受这些苛刻条件制约下，大量破产的企业、银行，又被西方大国、特别是美国的大公司、大银行以极低的价格（有低到原值的1%）所收买，不正是这种"一个世界大市场""消除国家主权"的理论观点的最好注解吗？

事实上，在现阶段，直至未来相当长的时期内，只要世界上各国、各地区的生产力水平悬殊很大的局面还存在，就会存在三个层次的市场交错并存，即国别社会市场、区域市场、国际市场的长期交错并存。当然它们之间是互相连接、渗透并日益接近的。但是只要世界经济发展极不平衡的状态存在，它们的相互连接与渗透，就不能"重合""融合"，而只能是三类市场交错相连、相通而已。因而那种同国际市场完全"接轨"、完全"并轨"以及完全"融合"的提法也是欠妥的。因为这里的"完全"二字实质仍然是"一个世界大市场"的观点的翻版。由此可见，当今世界并不存在消除一切国家权力的客观条件，更不存在一个市场代替国别和区域市场的可能。这只不过是资本大国从资本的扩张本性出发，从控制别国主权获取高额、超额利润的霸权主义的主观目标出发，而竭力为之。正因此，它就成了当今世界金融的、经济的、社会政治的，乃至军事危机的基本动因所在。正如《世界农业史：从新石器时代到现代危机》一书的作者马塞尔·马祖瓦耶答记者问时所指出的那样，所谓"只要一个世界大市场的"

那种“全球化”“一体化”，使得那些具有超凡实力的生产者（指西方大国——引者）和20亿几乎靠手工劳作的农民（指拉美与非洲国家的——引者）处于竞争的位置，这样一来，世界上有一半农民将注定要破产、失业或迁居，注定要过极度贫困的生活，所以南部国家是不可能发展起来的。据他的研究，在20世纪初，世界上不同类型农业之间生产率的差别为10：1，但最近几十年来，随着机械化、化肥、化学处理以及种子筛选等技术的推广，欧洲等地农业人口的人均生产率大幅提高。它们与其他类型农业之间的差距也从10：1增加到500：1。因而，其强调指出，这种“全球化的野蛮性”即将各种性质完全不同的经济置于激烈的竞争中，这样会发生巨大的社会、政治以及金融动荡。因此他主张当前应首先将一些生产率发展水平、技术条件相当的国家联合起来建立地区性的“共同市场”，再以这些地区性的共同市场为基础，建立一个新国际贸易机构，以协调各地区联盟之间的贸易关系，方可避免上述动荡和危机。

（三）传统的国际分工优势互补理论的严重局限性及其必要的修正

近代世界经济全球化发展史，特别是一些东南亚国家从起飞到危机的过程，充分表明，由亚当·斯密、大卫·李嘉图所开创的国际分工优势互补理论，具有严重的局限性，必须进行修正。

1. 传统国际分工的成本优势互补理论的严重局限性。国际分工的优势互补效应，从来就是近代各个发展阶段的世界经济全球化的主要动力之一。但是，无论是亚当·斯密、大卫·李嘉图的绝对和相对优势互补理论，或者是这个理论的发展形式的赫克歇尔、俄林模式的多元因素生产优势决定论（即从李嘉图的生产率一元因素决定各国的生产优势的理论，扩大到资本、资源、劳动力等多元因素决定理论），乃至今天的所谓垂直型分工、水平型分工和二者兼有的混合型分工优势互补理论，都是讲的国际分工中的成本利益优势互补效应。它既没有揭示这种成本利益优势互补效应的完善形态的存在条件，更没有揭示国际分工中产业、产品结构利益由互补性向非互补性以至向利益对立性转化的那种形态。例如，上述垂直型、水平型的国际分工，如果发生在以往的殖民地宗主国同殖民地附属国之间，或者发生在现在的工业强国同发展中或欠发展的国家之间，那么尽管仍然存在成本利益优势互补效应方面（因为有专业化分工就会有成本优势利益互补），但是却存在着产业、产品结构利益互补的时效性以及优劣相对、主从相依的非互补性的方面。随着社会经济的进步，结构利益的非互补性比成本利益的互补性要大得多，以致是无法可以类比的。例如，在以往的殖民地宗主国同殖民地附属国之间的分工中，是殖民地宗主国从事现代工业的加工、制造生产，而殖民地附属国却只为其从事片面地提供原材料、能源、初级产品的生产；在产业、产品的结构利益方面，是优劣相对、主从相依，何言利益互补呢？故英国古典经济学家及其理论的继承者，总是用英国的毛呢制品同葡萄牙或法国的葡萄酒作为例证来阐明他们的国际分工优势互补理论，而避开英国为了发展棉纺业而逼殖民地附属国的埃及为之片面的发展棉花生产的这种结构优劣相对、主从相依的分工结构，给埃及经济、社会发展所带来巨大损失。在这里，国际分工所带来的成本利益优势互补能够同结构利益的非互补效应所造成的国民经济单方面、低层次发展的巨大损失相比较吗？

在当今的世界经济全球化中，工业强国同发展中国家之间的国际分工中，也不能只看到成本利益优势互补的方面，还必须看到那种结构利益方面的优劣相对、主从相依的格局仍严重地存在着。例如，在发展或欠发展中国家在同工业强国的垂直型分工中，如果长期使自己的产业结构处于低层次，如劳动密集型行业，或者在水平型分工中，长期为工业强国所设计和提供软件的主导产品配套生产零部件、外壳等硬件，尽管这样对发展、欠发展中国家的开拓、开发是必要的，也有一定互补利益可得。但是随着时间的推移，这种分工的成本优势、互补作用便会消失，而结构利益的优劣相对、主从相依的对立，就会越来越突出，并上升为主方面，直至使劣势者、从属者，像东南亚的一些国家那样，长期坠入大国“霸权主义一体化”策略的陷阱，而导致严重的金融危机、经济危机。由此可见，国际分工中单一的成本优势互补理论，具有严重的局限性，必须予以修正。

2. 对国际分工中的优势互补理论的修正。如上前述，传统的国际分工中的成本优势互补理论，经历史与现实的检验，充分显示了它的局限性及其修正的必要性。并非像有些学者所讲的那样，这个优势互补理论产生一百多年来，从未遇到过不同观点的挑战。依本文作者来看，这个理论应作以下几个方面的修正：

（1）在国际分工中无论哪种类型的分工，其成本利益优势互补效应的确普遍存在，但是它的完善形态主要存在于生产力同等发展水平的国家之间。在工业强国与发展中国家之间这种优势的作用，对发展中国家而言具有时限性，超过一定时限（开拓、发展、起飞的初期），这种优势就会消失，从而被结构利益的优劣相对、主从相依的利益非互补性格局所替代。东南亚国家的起飞到危机的过程充分证实了这一点。

（2）如上所述，在国际分工中，发达国家与发展中国家之间，不仅有成本利益优势互补效应存在，也还有产业、产品结构方面的结构利益优劣相对、主从相依的非互补性存在。而且随着这种分工的固定化和时间的推移，结构利益的非互补性将大大超过成本利益的互补性。因此，发展中国家同发达国家之间那种高低层次相对、主从相依的产业、产品的结构性分工，不应长期停留在初期的开拓、开发阶段。发展中国家必须自主地、适时地使自己的产业、产品结构不断优化、升级，逐渐从结构的优势相对、主从相依的束缚中摆脱出来。

（3）如上所述，国际分工的利益优势的格局有互补性与非互补性的两个方面，而不是像传统的国际分工理论所讲的那样，只有成本利益优势互补效应的一个方面；而且结构利益大大超越于成本利益。因为一个国家的产业结构是否协调、优化；产业产品结构是否不断升级、不断高度化，在激烈竞争的世界市场上是决定胜负的关键。所以，在国际分工中，不仅要衡量成本利益互补性，而且更要看结构利益的互补性。因此，参加国际分工的国家必须权衡利弊，特别是发展或欠发展的国家，在新的世界经济全球化的国际分工中，必须审时度势，及时地自主调度。否则就有可能像以往的殖民地附属国或现在东南亚陷入危机的一些国家那样，坠入新的世界经济全球化利用中的大国“霸权主义一体化”策略的陷阱，很难自拔。对于处于发展中的社会主义国家的中国，在参与当今的世界经济全球化的国际分工中，更要有清醒的认识，东南亚国家从起飞到危机的经验与教训都值得大家深入研究和借鉴。

（原载《亚太经济》1998 年合刊）

经济全球化与融入中的独立自主发展

当今世界正处于经济全球化的新历史发展阶段。中国实行社会主义市场经济，为了摆脱孤立和求得跨越式发展，就必须融入世界经济全球化的大潮中。但是，现在的世界经济全球化是以美国为首的资本主义大国集团所主导的，其主体部分属于资本主义市场经济。因而为了免受其资本主义周期性的经济危机的冲击，保持有中国特色的社会主义市场经济的本质，又必须在融入中坚持独立、自主和跨越式发展。

一、世界经济全球化实质的二重性

世界经济全球化，不是现在才有的。早在近代资本主义经济产生后，就已经出现。到现在为止，已经经历了三个发展阶段：第一，17 世纪到 18 世纪的发展阶段。由于美洲的发现、绕过非洲的航行、世界市场的开辟以及以蒸汽机为中心的技术革命的兴起，生产力的质变与扩张，便出现了生产与消费都成为世界性的经济全球化的发展趋势①。第二，19 世纪 70 年代至 20 世纪 40 年代的发展阶段。由于冶金、铁路、化工、电力、汽车等方面的第二次技术、产业革命的出现，推动了世界经济不平衡的发展，新兴的资本大国同老牌的资本大国重新分割世界殖民地市场，形成了殖民地

① 《马克思恩格斯选集》第 1 卷，人民出版社 1966 年版，第 76 页。

经济“变成了世界金融资本活动中的环节”[①] 的新的全球化的趋势。第三，二次世界大战结束以后，即20世纪40年代以来的新阶段，由于以微电子、光纤通信及互联网络等信息技术为带头的新技术、新产业群的革命，原有殖民地体系的瓦解，特别是20世纪70年代末、80年代初相继上台执政的英国撒切尔夫人、美国里根总统的竭力推动下，形成了以生产经营跨国化、信息传播全球化、科技与产业梯度扩散（转移）全球性以及商品、资本、外汇市场全球运行为主要内容的世界经济全球化的新趋势。

世界经济全球化三个发展阶段，尽管各有不同的特点，但就其所体现的国际经济关系来看，有其共同的本质属性。而这种共同本质属性又具有二重性，即世界经济关系一般的经济全球化和世界经济关系特殊的经济全球化。

第一，作为世界经济关系一般的经济全球化的实质是以新技术为动力、以跨国公司为微观主体、以不断开拓的世界市场为依托的经济、金融、技术的全球性交融的扩展与深化。因而它是世界生产力的质的飞跃和现代物质文明和先进文化普及的推进器。所以，这种一般属性的经济全球化，资本大国可以利用，发展中国家也可以利用。社会主义市场经济国家不仅可以，而且必须利用。在利用中融入，在融入中求得同世界各国的经济同步发展，并为赶超世界最发达的国家寻找机遇、创造条件。所以，那种笼统地抵制和反对经济全球化的观点和行为是片面的、不正确的。

第二，作为世界经济关系特殊的经济全球化的实质是，以技术、资本为手段，以生产基地和市场的占领为依托，实现大国资本生产方式的全球性扩张。这种全球化，有利于技术、经济、金融势力强大的世界资本大国实现其追逐最大限度地垄断超额利润和经济、政治上的“霸权主义一体化”的战略目标，发展中国家则处于劣势。所以，发展中国家在融入世界经济全球化的大潮时，必须坚决保持自己国家的、民族经济发展的基本主权，善于趋利避害。对于仍处在初级阶段的社会主义不发达国家而言，就更应当如此。那种认为，在世界经济全球化的发展目标上，要“把赌注押

① 《列宁选集》第2卷，人民出版社1972年版，第649页。

在全球联邦制上"，建立一个"超国家"的"世界政府"，"管理一个世界市场"，因而要求"消灭边界效应"，"整个世界，或至少经济世界，将按美国的体制被组织起来"，民族国家政府的"权力被超国家的立法、执法和司法当局严格控制。一个世界政府将管理一个世界市场"① 的设想，显然不是正确的。这种设想的作者可能并没有意识到，它正符合资本大国，特别是美国的"霸权主义一体化"的战略目标的要求。事实上它也是绝大多数发展中国家与人民，特别是发展中的社会主义市场经济国家所不会接受的。这种"霸权主义一体化"的战略的实施，会引起世界的经济、政治、文化乃至军事上的激烈冲突，这不是给世界带来幸运，而是带来灾难。

二、作为资本生产方式扩张的全球化所激发的矛盾的深化及其走向

如前所述，世界经济全球化，在近代资本主义生产方式产生以来，已经经历了三个大的发展阶段，现在正处在第三个发展阶段的高潮时期。它作为资本生产方式的扩张，无论是在第一阶段的商品输出所造就的生产和消费的世界性，或在第二阶段的殖民地的分割和独占，使殖民地经济纳入宗主国的金融资本活动的环节中，都曾引起过世界的社会、经济、政治的矛盾激化，以至国家、地区之间武装冲突和暴力革命的连绵不断。而处在作为资本方式扩张的全球化的第三发展阶段的今天，自然也不会例外。实际上它已经或正在导致当今世界各种矛盾的产生、扩大及其深化。其中最主要的有："两个两极分化""两种生产相对过剩危机""一个全球化的巨大金融泡沫"以及大国集团的"霸权主义"策略的推行，与日益激烈的大国之间争夺霸主的斗争。

（一）两个两极分化

"两个两极分化"主要是指作为资本生产方式扩张的全球化的发展既激发了大国社会内部的两极分化，也激发了发达国家与发展中国家之间的两极分化的加剧。

① 〔美〕丹尼·罗德里克：《国际经济一体化能走多远?》，《经济学消息报》，2000 年 6 月 30 日。

1. 大国社会内部的两极分化的激化。

首先，作为资本生产方式扩张的全球化，它的首要推动者主要是大国的几万家跨国公司及其遍布全世界的几十万个子公司[①]。它们首先是利用高新技术，提高本国劳动生产率，追逐最大限度的资本利润率，以增强其国际竞争力。因而也就首先在它们所在的大国内部加剧了资本所有者同劳动群众的两极分化。例如，在美国，20 世纪 80 年代以来，高技术的资本主义的利用，造就了大批亿万富翁，而在过去的 20 年里，最低工资和中等工资一直没有增长或者下降，只是最近才有所上升。例如，美国只有高中教育程度的成年男性的相对工资，在 20 世纪 70 年代中期到 90 年代中期的 20 年时间中，下降了 20%[②]。20 世纪 90 年代以来，美国收入最高 1/5 的家庭平均收入为 13.75 万美元，是收入最低的家庭的平均收入的 10 倍[③]。据美国华尔街日报 2000 年 6 月的报道，1997 年时美国 43.3%的家庭拥有股票，但一般家庭持股很少。现在 90%的股票被最富裕的 10%的家庭所持有。实际上也就是这 10%的家庭持有全国财产净产值的 73.2%，较 1983 年 68.2%提高了 5 个百分点。另据有关调查显示，美国 1%的富裕阶层掌握了约 40%的财富，并且 90%以上的财富属于 20%的富人。从收入差距来看，1980 年高薪者的收入约相当于普通工人的 40 倍，而今天已扩大到 400 倍以上，由此可见收入差距之大[④]。美国社会对这种日益拉大的差距的不满情绪在加大。再者，由于技术的资本生产方式的利用，而成为资本所有者减员、增效的手段，也为资本大国调整产业结构，向发展中国家转移劳动密集型产业创造了条件。劳动密集型产业的转移，实际上丧失了大批劳动岗位，因而在一些资本大国出现了大幅度的工人失业。例如，首先带头在 20 世纪 80 年代初重新起用自由放任政策、减员增效、大砍社会福利、大搞私有化以及大力推进资本生产方式扩张的经济全球化的撒切尔夫人所在的欧洲，其工人失业率迅速增长到 10%~12%以上。1991 年以来

① 《经济学消息报》，1999 年 6 月 25 日。

② 《经济全球化观察》《经济学消息报》，2000 年 8 月 11 日。

③ 《路透社》华盛顿报道，2000 年 11 月 18 日。

④ 《中国经济导报》，2000 年月 8 月 2 日。

欧盟几乎每年要损失500万个就业机会[①]，因而在民众日益增长的不满的反对下，于20世纪90年代初、中期，那些竭力推行这种政策的保守党人，在新的一轮的各国议会选举中，纷纷被赶下台。欧盟15国，就有13国的社会民主党等“左”翼政党打着增加就业、改善群众生活的旗号而上台执政。在那里人们之间流传着一句口号：“告别撒切尔主义”。美国工人自1999年11月以来，接二连三地在西雅图召开的世贸组织会议和华盛顿召开的世界银行和国际货币基金的联席会议期间，举行了成千上万人的游行示威，阻止与会代表进入会场的行动，也是与此有关的。国内外一些舆论，认为这是美国工人反对经济全球化，其实他们真正反对的只是经济全球化的资本生产方式的利用，给底层劳动者所带来的灾难。据报道，示威者最鲜明的口号是“抗议全球经济一体化为贫穷国家带来的灾难”，抗议世贸组织、世界银行“打着帮助穷国建设的招牌，使落后国家接受改头换面的金融殖民主义、技术殖民主义，并把环境危机等转嫁出去”[②]。这也表明在新阶段的全球化的条件下，全世界无产者联合起来[③]的一种新的发展兆头。

2. 资本大国同发展中国家的两极分化的激化。

首先，大国的资本生产方式的全球性扩张，必然造成资本大国与发展中国家之间的贫富悬殊的加剧，国家之间的矛盾日益深化。这是因为，资本大国利用其技术、经济、金融上的巨大优势，诱逼发展中国家对其开放市场，打开国门，借以使他们的几万家跨国公司的几十万家子公司，占领了密布发展中国家的生产基地和市场，并使当地所在国的众多原来的独立民族企业破产，或者变成了它们的子公司，或配套生产零部件成为它们的卫星工厂。在生产经营所得的分配中，这些子公司和卫星工厂，虽然也分得了“一条羊腿”（获得微薄的加工费、廉价的劳动报酬、极大地压低了税金等），但大国的公司却得到“整个羊身”和其余的“三条羊腿”。巨额垄断超额利润源源不断地流入母公司所在的资本大国。它就像一台台涡

① 《经济全球化观察》《经济学消息报》，2000年8月18日。

② 《世界时报》，2000年4月23日。

③ 《马克思恩格斯选集》第1卷，人民出版社1966年版，第286页。

轮水泵一样，吸走了这些小塘的池水，灌满了资本大国富饶的田野。

其次，资本大国正由于其利用了自己的各种优势，逐步开辟了发展中国家的所谓“十大新兴国家”的市场，从而顺利地实现了他们产业结构的调整，留住了附加值极高的技术、知识密集型产业，转移出去了附加值很低的劳动密集型产业，在世界的产业分工中占据了结构的制高点，从而获得极其丰厚的超额垄断利润。在这里，单纯的成本利益互补的传统国际分工理论遇到了极大的挑战。而国际分工中的结构利益是否互补的问题，逐渐成为主导的东西。

再者，由于各资本大国在推进资本生产方式扩张的经济全球化中，把大量劳动密集型的传统产业转移到发展中国家的“十大新兴市场国家”，激起了这些国家竞相生产低级产品出口到以美国为主的资本大国，结果形成20世纪90年代中期以来的世界市场上低级产品相对过剩。世界80%行业低级产品严重积压，因而价格一跌再跌。致使那些主要依赖以出口导向为经济发展模式的国家难以支持。经常项目赤字猛增，货币贬值，大国生产经营资本见势不妙迅速撤出，投机资本乘隙而入，兴风作浪。从而酿成了20世纪90年代中、后期墨西哥、东南亚、俄罗斯、巴西等发展中的“新兴市场国家”为主体的世界性金融、经济危机。这次危机，实际上是由资本大国向发展中国家大量转移传统产业所造成的低级产品生产相对过剩的危机。它发生在东亚，而根本原因在于隐藏在资本大国。其实质是在作为资本生产方式扩张的全球化中，由大国所导演和转嫁的危机。这也是新的经济全球化以来，这次世界性的金融、经济危机与以往的这类危机不同的显著特征，它不是首先发生在资本大国，而是首先发生在发展中国家的真实根源。国内外有些关于东南亚金融危机原因的解释，却有意无意地回避或忽略了这一真相。

资本大国在转移传统产业时，不仅取得国际分工中的结构优势，而且在发展中国家因此竞相生产更多的低级产品出口时，又获得了一再压低了价格的消费品供应，从而刺激了这些国家的消费，推动了经济的增长。当发展中国家的危机逼近时，他们不仅迅速撤离资本逃避了风险，而且当这些撤离的资本大量转向美国避风时，又支持了美国的股市和汇率的攀升。

危机爆发后，在他们开出的所谓解救方案中，乘人之危，获得了以极低的价格（有的买价只有原值的1%）大量收买这些国家的企业和银行的权益。真乃一箭多雕，怎能不会是“富国更富，穷国更穷”呢？这也是美国在20世纪90年代以来经济持续增长，出现了所谓“二高二低”的新经济的重要原因之一。据2000年2月有关达沃斯经济年会上的报告透露，经济全球化只对20%的国家有利，而对80%的国家不利，甚至深受其害。在法新社的报道指出，在1971年时，世界上最不发达的国家只有25个，而现在增加到48个。这48个世界上最穷的国家人口占世界总人数的13%，但对外贸易额只占世界贸易的0.5%，就整个发展中国家而言，在世界国际贸易中所占的份额也只有11%，扣除石油贸易之后，仅有2%。世界上19个发达国家占有世界经济的79%的份额，其余一百多个国家只占有世界经济份额的21%①。世界上20%的国家消费着世界86%的产品，而80%的人口只消费14%的产品，有13亿人口生活在最贫困国家的人，每天还不到1美元；有8000万人完全不能享受医疗服务；8.4亿人营养不良；超过2.5亿人不能上学；第三世界国家欠2.5万亿美元的外债，消耗着25%的出口收入②。至于在拥有信息技术方面的差距更是特别突出：现在发达国家平均每1000人拥有个人电脑300台，而在第三世界每1000人仅有16台，在危地马拉每1000人仅有6台。可见，作为大国资本生产方式扩张的世界经济全球化，它所造成的穷国与富国之间的两极分化，已达到极为惊人的地步。

（二）两种生产相对过剩的危机

如前所述，作为大国资本生产方式扩张的世界经济全球化，它不但导致上面所讲的“两个两极分化”，而且也造成了与此相连的各国国内与国际“两个市场的需求不足”，从而形成了两种生产相对过剩的危机。一是发展中的新兴市场国家的传统产业的低级产品生产的相对过剩，二是发达国家的高新技术的信息产品——网站的生产相对过剩。目前，

---

① 《山西发展导报》，2000年5月25日。

② 《发展中国家讨论一项对付全球化带来的不平等的计划》国际报，2000年4月11日。

不仅新的一轮的新兴市场国家的低级产品生产的相对过剩危机又在开始酝酿，而且资本大国新技术的信息技术产品的生产相对过剩，也日益逼近。

1. 新兴市场国家的新一轮的低级产品生产相对过剩危机的重新开始酝酿。如前所述，1997 年 7 月开始并相继爆发的东南亚、俄罗斯、巴西的金融、经济危机，实际上是一场由大国转移的传统产业的低级产品生产过剩的危机。而酿成这种危机的条件，现在仍无法在短期内改变。以美国为首的资本大国仍在竭力调整和升高他们的产业结构和产业层次，竞相把传统产业的低级产品的生产继续纷纷向发展中国家转移，而发展中的国家在短期内也不可能改变他们以传统产业、劳动密集型产业产品出口为主的格局。特别是在建立在以往的依赖性出口导向经济发展模式的国家，也在短期内无法转型，尤其是一些比较小的国家与地区，也很难主要通过开发、扩大内需来解决他们的恢复和发展的问题。这就注定了危机之后的这些国家，仍是依靠原来的发展模式。许多国家都竞相这样做，也就自觉不自觉在重新制造第二次、第三次世界性的低级产品生产相对过剩的危机。例如，亚洲危机之后，卷入危机的国家的经济虽然正在逐渐复苏，并随着地区贸易联系的加强，对美国等资本大国的依赖有所减轻，但是亚洲危机之后的经济增长模式，基本上仍然是像危机之前一样，一靠出口，二靠股市集资。在 1999 年经济增长的 6%中，出口占了大约 30%。美国仍然是该地区主要的出口市场。这种从 20 世纪 80 年代起，由美国为首的资本大国所主导的大国同发展中国家之间的产业分工和经济联系的固定体系，即美国等资本大国生产和开发高技术产品，而发展中国家生产传统产业产品供应美国等大国的这种局面，是一时很难变的。因而这些国家在上次危机的损失尚未完全恢复时，又不得不竞相制造下一次全球性的低级产品的相对过剩的危机。这一点早已被一些有识之士看出。如联合贸易与发展委员会的总干事里库佩罗在 1999 年 9 月的联合国贸发会议上就指出，现在原发生金融危机的各国经济开始复苏，但是引起世界金融危机的根源并没有改变，1997 年那样的危机仍可能发生。2000 年 2 月，原国际货币基金组织的总裁康德苏，在离任前警告人们，世界进入“危险的阶段”，正面临遭遇新经济危险，世界经济表现出来的很多症状与前不久东亚地区经济危机爆发之前的症状相似①。

2. 以美国为首的资本大国的信息产品生产相对过剩的危机也在日益逼近。如上所述，20 世纪 80 年代以来由美国为首的大国利用经济全球化所主导的全球性产业分工，形成了资本大国生产、开发高新技术产品，而发展中国家生产传统产业的低级产品供应大国的、全球性的产业和经济结构。结果导致了众多发展中国家低水平、重复生产，酿成了低级产品生产过剩的危机。这样，似乎以美国为首的大国一方面从他国的危机里火中取栗，另一方面好像生产、开发高新技术产品的生产，就可以形成一种永久繁荣，“使商业周期宣告结束”的“新经济”。其实不然，只要这种新技术；“新经济”被资本生产方式所利用，用来为资本追逐最大限度的利润时，就不可能逃避劳动者，特别是世界落后国家劳动者的相对和绝对贫困化所导致的消费需求不足、生产相对过剩铁的规律作用。据加拿大的一位专家的观察和预测，网络经济繁荣将在一年半内结束。这位专家指出，从 1996 年开始，网络使用者每年倍增，依市场 70%标准的饱和来看，1998 年底成为全球十大网络国的美、日、英、德、加等，几乎所有发达国家都将在两年内达到增长高峰。其中美国今年底就将遇到增长顶点，2000 年底网络使用者达 90%，很难再突破②。澳、法、瑞典、意，最晚将在 2002 年达到饱和，其中 1998 年底开始使用网络的瑞典，如今已经饱和。而中国大陆、印度、巴西等人口大国，基础设施和经济增长都不足以支持网络人口的快速增长。他们要在 21 世纪“很晚”以后，才会有足够人口上网（中国现在上网的家庭还只有 1%。）。网络股票的价格将内爆，网络经济的危险将危及总体经济。据美国有关媒体 2000 年 2 月所报道的预测，计算机芯片生产 2002 年时也将生产过剩。同一媒体在 2000 年 6 月 5 日又报道：“最近纳斯达克股价下挫，美国近一周内有 5 家网站倒闭。美国硅谷的专家估计在 5 年内现在的网站只有 20%保留下来，多数网站被淘汰”。更有

① 《国际先驱话坛》，2000 年 2 月 14 日。
② 《时代周刊》2000 年 5 月 25 日。

甚者，据美国福里斯特公司的预测，大多数网上公司会在2001年停业。

在美国为首的资本大国中，高新技术的信息产品——“网站”，生产迅速饱和是同科技股的股市狂热，集中了大量投资有关。同样，在科技产品生产过剩的危机到来之时，也是科技股中的大量泡沫成分的破灭之时。因而科技股的股市变化，会是科技产品生产是否相对过剩的预兆。2000年3月，美国联邦储备委员会主席格林斯潘在一次讲话中指出，美国道琼斯股价应是6700多点，但现在升到了11000多点左右；纳斯达克指数为5000多点左右，股市高估了①，接着他又在4月21日的西方财政部长会议上讲话时表示，无法排除美国经济发生崩溃的可能性。一位被称之为“新兴市场教父”的摩根——斯坦利的首席全球投资顾问比格斯也指出，一路上升的科技与网络股已经高过合理价格的45%和50%。他认为，今后五年美国股市会下跌10%到12%，将成为全球股市的重灾区。他还针对一些人关于新技术、新经济宣告商业周期结束的看法，以20世纪20年代的大萧条的教训告诫人们：美国20年代的汽车工业革命带动与汽车相关产业的发展，股市也出现了欣欣向荣的景象，但随后股票市场崩溃，出现了大萧条②。

美国网络经济生产过剩的危机一旦出现，股市崩溃，就失去了支持20世纪90年代以来高度繁荣的主要支撑点，其他次要的支持因素也会因此遭到削弱或消失。因而，美国经济就有可能由此一蹶不振，像现在的日本一样，陷入长期的萧条中。而美国的萧条、衰退，必定殃及整个资本主义的世界经济，尤其会危害那些仍以美国等大国出口为主要导向的许多新兴市场国家。因而，“两种生产相对过剩的危机”可能会在今后的若干年内，汇合成巨灾。对此，正在深化改革、开放、大力发展社会主义市场经济的中国，应当有足够的警惕与防备。像中国这样发展中的大国，始终应把尽可能地大量出口同开发、扩大内需有机结合起来，而且要以开发、扩大内需为主，才能在经济社会发展中，抵制世界危机的冲击，处于可持续发展

① 《独立报》，2000年4月22日。

② 《亚洲周刊》，2000年1月16日。

的不败之地。

（三）一个全球性的巨大金融泡沫

如前所述，当新技术革命和世界经济全球化被利用来作为大国资本生产方式扩张的手段时，便会造成大国内部和大国与发展中国家之间的“两个两极分化”“两个市场需求不足”，以及形成同“两个两极分化”“两个市场需求不足”相连的发展中国家的低级产品生产和发达国家的高新技术信息产品生产的“两种生产相对过剩”。正是在这种“两个两极分化”“两个市场需求不足”，与“两种生产相对过剩”的基础上，形成了全球性的巨额过剩资本无法找到落脚点。然而，只要是资本，它就要追逐利润，实现其扩张、支配的欲望。当它们在遇到为自己所制造的“两个两极分化”“两种生产过剩”的阻挡，而且在实际经济中很难找到实现这些目标的机会时，便会一股脑儿地挤向证券、外汇市场，大肆进行投机活动，参与全球性的大赌博和巨额财富的再分配。从而铸造了一个全球性的巨大金融泡沫。例如，现在世界资本市场上存在着 7.2 万亿美元之多的巨额闲置资本。与此相连的，世界外汇交易量高达每天 1.5 万亿到 2 万亿美元，其中 98%是同实际经济运行毫无关联的空转。至于全球证券市场的虚拟资本交易额，更是大得惊人。仅美国、欧洲和日本的股票市场的资本加起来，就将近 30 万亿美元，相当于它们国民生产总值相加数额的 20 万的 150%。而且证券市场上的股价不断攀升，仅 1995 年至 1999 年 2 月这四年间美国股票市场惊人地上扬 160%（即增长 1.6 倍）。这些远离实际经济的金融泡沫，不仅对世界实际经济的发展毫无好处，而且在不断地浪费资源和制造假象、混乱与危机。泡沫终将会要破灭，一场世界性的经济衰退或危机将会在不久的时间内到来。正如，美国斯蒂芬·罗奇在美国《国际先驱论坛报》发表的一篇文中所说的那样，泡沫市场看上去足以引起一场重大危机[①]。美国联邦储备委员会主席艾伦·格林斯潘在最近美国的对外关系委员会上又指出，新的全球金融危机是不可能避免的[②]。

---

① 《国际先驱论坛报》，2000 年 4 月 6 日。

② 《法新社》纽约 2000 年 7 月 12 日电。

至于这个泡沫究竟何时破灭，当然是不可能准确地判断出来的。但是，据前面所引资料表明，大致2002年至2005年期间，以美国为首的十大网络国的网站都会饱和，并将发生严重的相对过剩危机。这种支持他们繁荣的主要支柱的网络经济的过剩危机一旦真正爆发，那么那些主要依靠向这些国家出口传统产品的发展中国家，特别是像东南亚、巴西、墨西哥这样一些国家，也就必然随之会重新爆发低级产品生产过剩的危机。从而导致“两种生产相对过剩”的危机的大合笼。那时，奠基在“两个两极分化”和“两种生产相对过剩”之上的全球性巨大金融泡沫的破灭，也就不言而喻。

（四）大国的霸权主义一体化及大国之间争夺霸主地位的斗争

资本大国集团在推进作为资本生产方式扩张的经济全球化过程中，竭力通过技术、资本优势及其所控制的国际金融、经贸机构的组织力量，企图消除发展中国家的经济、政治、军事乃至领土的主权。并妄图使发展中国家的这些权力向七国集团集中，为七国集团所拥有。现在七国集团，正在竭力摆脱联合国，另外建立国上国的“超国家”的“世界政府”。被七国集团所控制的国际货币基金组织、世界银行等金融机构，也在被竭力使之成为各国央行之上的，这个“超国家”的“全球央行”。它们按七国首脑会议和财政部长的旨意履行有利于它们自己的全球经济的调控职责。北约军事集团实际上正在成为这个国上国的七国集团的“国防军”和“警察”。它事实上已变成了维护国上国的七国集团的全球霸权主义一体化的战略目标的实施工具。谁想要独立在这种“全球霸权主义一体化”的框架之外，谁就有可能随时遭到军事进攻的危险。北约军队进攻科索沃，就是十分明显的例证。然而，正是由于现在的经济全球化被资本大国利用来为实现大国集团的这种霸权主义的经济、政治、军事目标服务，因而它不可避免地引起了众多发展的国家政府与人民的警惕、抵制与反对。例如，马来西亚在东南亚危机爆发之后，为了抵制国际游资的冲击，不顾大国及其控制的国际货币基金组织的威逼，而采取了外汇管制政策，把失去了的对外资出入本国国境的控制、调节权，又重新收了回来。这对其摆脱危机和后来的经济复苏起了明显的积极作用。

随着大国霸权主义一体化战略在经济全球化过程中的推进，各怀心计的大国，在七国集团内部争夺盟主地位的斗争也在多方面加剧了。在七国集团内部，美国、西欧、日本“三足鼎立”貌合神离。例如，在东南亚、俄罗斯、巴西金融危机之后，欧盟和日本曾明确提出，为了调控全球金融体系，维护有利于大国集团的世界金融、经济秩序，建议建立美元、欧元、日元相互挂钩的新的全球货币调控、监管体系，立即受到了美国的坚决反对，未能形成。欧盟和日本希望通过这个新的体系，在世界金融体系中打破美国的独占霸主的地位，以便形成三者平分秋色的格局；而美国则想竭力维持其单极的霸主地位。事实表明，只要经济全球化被利用来推行大国集团的霸权主义一体化的战略目标，以及只要大国集团之中争夺霸主地位斗争的局面仍然存在，世界的经济、政治、军事的矛盾和危机就会不断加剧和发生。可见，那种所谓建立一个“超国家”的“世界政府”，管理“一个世界市场”的设想，不仅是一个幻想，而且它的推行也是今天世界上一切灾难、震荡的总根源所在。当然，大国的这种争斗，也为发展中国家利用矛盾乘机发展提供了机遇。

三、社会主义市场经济在融入全球化中的独立自主和跨越式发展

如前所述，世界经济全球化就其国际经济关系而言，其本质具有二重性。一般的经济全球化，它是世界的经济、金融、技术的全球性交融扩展与深化。这意味着世界生产力质的飞跃和物质文明、先进文化的普及，因而它是人类社会向前发展的推进器。然而，特殊的经济全球化，它的实质是资本大国利用技术进步及大量剩余资本开拓市场、占领生产基地，实现其资本生产方式扩张的工具。这意味着，它在制造全球性的“两个两极分化”“两种生产相对过剩”“一个巨大的全球性金融泡沫”以及推进大国霸权主义一体化策略、加剧大国之间争夺霸主的斗争中，把世界推向混乱和危机。正因为如此，后一种性质的经济全球化，也必将会同它自己所反复制造、反复破灭的金融泡沫一样，最终要破灭的。所以，只有社会主义市场经济是世界上最有前途的一种经济形态和经济体制模式。不过在目前

条件下，当世界经济全球化的二重社会属性存在的条件下，它也必须趋利避害。因而，既融入，又在融入中坚持独立、自主和跨越式发展，乃是题中之首义。

（一）社会主义经济实现形式的“外圆内方”是在融入中坚持独立自主和跨越式发展的基本战略指导原则

我国的经济体制改革既要使公有制的体制形式能够实现融入全球化的要求，又要在本质上坚持社会主义公有制经济的性质和在国民经济中的控制力与主体地位。例如，我国经济体制所采取的社会主义市场经济形式，从外部形式而言，它也是一种市场经济，因而它能够同世界经济全球化中占统治地位的市场经济的运行相“圆合”，而实现其融入，但它的本质内容还是社会主义经济，保持了自己的独立、自主性。又如，我们现在实行的社会主义初级阶段的基本经济制度，是以社会主义公有制为主体，其他经济成分共同发展的一种经济制度。显然，这里的“其他经济成分共同发展”，就是“外圆”，不仅可以同民族的个体、私有经济成分“圆合”，也可以同进入国内的外国企业、资本、技术“圆合”，在本国内部实现融入经济全球化的循环中。而其中的“公有制经济为主体、国有经济的控制力”，也是坚持在融入中的独立、自主发展。不仅在宏观上这样，在微观上也要体现“外圆内方”，即在改革中建立公有制为主的中国式现代企业制度时，应使它成为独立或相独对立的经济实体，进行商品生产和商品经营的实体，并可以在公有资本控股下，吸收外国资本参股，从而实现其“外圆”而融入世界经济全球化的大潮中。但这种改革只是改变公有制经济的实现形式，仍然保持其社会主义的本质和社会主义公有资本在企业的控制力。这种公有制为主体的中国式现代企业制度的企业，是整体社会主义市场经济的微观基础。它的“外圆内方”是确保整个社会主义市场经济既能融入，又能在融入中保持独立、自主发展的根基。本文将在后面的论述中，较详细地谈及它。

（二）在对外开放中坚持自主开放型经济模式

开放就是融入。“自主开放”，则是融入中的独立自主。发展中国家，在对外开放、融入世界经济全球化中，通常存在两种不同的开放模式：一种是外向依赖型经济模式，另一种是自主开放型经济模式。实施融入全球化中的独立自主和跨越式发展战略，则必须推行自主开放型经济模式。

实行外向依赖型经济模式的发展中国家，往往会在融入世界经济全球化中坠入大国“霸权主义一体化”的策略陷阱，并不断陷入大国转移的经济危机之中。东南亚一些国家，1997年陷入惨痛的危机之中，就是有力的证明。这种外向依赖型模式的基本特征是：（1）过度依赖外资，而且在外资进入的规模、结构、投向上失去了控制权；（2）过度依赖大国扩散技术，自己缺乏原创力；（3）过度依赖发达国家扩散的低层次产业，长期固定地形成同高层次产业大国的垂直分工，造成了本国产业的单一性、从属性，因而在国际市场上处于劣势；（4）过度依赖对大国传统产品的出口，忽视开发、扩大内需，不注意把国外与国内两个循环合理地结合起来；（5）过度依赖于实际上被大国所操纵的国际性、区域性经贸、金融组织，无原则地接受其渗入的苛刻条件，放弃许多经济主权，造成本国市场与经济命脉受控于人；（6）过度依赖单一外国货币、外汇储备、单一外汇汇率制度以及国际往来中单一计价、结算的币值标准等，当被钉住的货币币值发生大幅度波动时，自己就会深受其害，以致无法避开各种世界性、区域性的金融、经济危机对本国的冲击；（7）处于危机与困境时，过度依赖大国或被大国所控制的国际金融机构的“解救”援助，最终不得不吞下许多“丧权辱国”的苦果。这种外向依赖型经济发展模式，显然是不可取的，尤其是社会主义市场经济的国家更不应该效仿。

社会主义市场经济国家，在对外开放、融入世界经济全球化中始终应该实行自主开放型经济发展模式，方可能做到既融入，又在融入中保持社会主义经济的基本性质与独立自主的发展。这种自主开放经济型模式应包括以下基本点：（1）尽可能地充分利用当前世界大量剩余资本，但必须把利用外资的规模、结构、投向等的控制权，牢牢掌握在自己的手中，并应以外资的技术含量作为引进外资质量的基本评价标准；（2）积极引进先进的和适用的科学技术，但要大大提高本国的原创力，用高新技术来建立新兴产业并带动提升国民经济各个部门，把工业化和现代化有机结合起来，实现生产力的跨越式发展；（3）有选择地利用发达国家扩散、转移的产业来发展自己，但不能长期停留在低层次的国际产业垂直分工上，始终要坚持自主地、不断地调整、提高自己的产业结构层次；（4）在充分利用本国资本、技术和发挥本国企业作用的基础上，按本国产业政策和发展战略的要求引进外国资本、技术和企业；（5）把扩大出口同开发、扩大内需结合起来，并把基点放在开发、扩大内需上；（6）力争加入各种世界性的、区域性的金融和经贸组织，利用一切可以利用的条件来发展自己，但不能被迫接受大国所提出的让渡经济主权的苛刻要求；（7）全方位开放，同世界各国发展平等互惠的经贸关系，切忌“在一棵树上吊死”，以便使自己有回旋的余地，并可利用大国之间争夺盟主的矛盾，在空隙中抓住机遇发展自己；（8）在改革中充分实现社会主义与市场经济两个优势的有机结合，增强企业的国际竞争力，在融入经济全球化的运行中，实现“走出去”的战略，逐步增大自己的世界市场的占领率，乃是融入中坚持独立自主发展的根本保证。总之，既要大胆开放，融入世界经济全球化之中，又要坚持从本国的国情、国力出发和以我为主、为我所用的基本原则。而不能为开放而开放，为全球化而全球化。开放、融入全球化都是手段，而不是目的。千万不能把目的与手段颠倒了。正如马来西亚总理马哈蒂尔最近在埃及开罗大学演讲时所讲的那样：“马来西亚实行全球化的速度至少要符合马来西亚的现状，以马来西亚的环境和发展重点为基础。我们需要不是教条地追求全球化。全球化不能被视为一个目的，但它是达到目的方法、即让我们的人民过上更幸福的生活，并使我们继续享受自由，而不受外来控制”①。

（三）在经济、金融、技术的开发与发展中，始终坚持自力更生为主争取外援为辅的原则

只有坚持这一原则，才能在国家经济整体中坚持社会主义公有制为主导和民族经济发展为主体，并尽可能从世界市场上引入大国的企业、资本和技术为我所用。在当今世界，任何一个发展中国家，特别是发展中的社

① 《新海峡时报》，2000 年 6 月 21 日。

会主义市场经济国家的经济、技术的开发、发展与崛起，既不可能孤立于世界经济大循环之外，拒外援于国门之外；也不可能不经过自己的艰苦奋斗而主要依靠外援。一个国家的现代化、特别是社会主义的现代化，不可能主要依靠别国，或用简单移植的办法得到成功。正如邓小平同志所指出的那样："要实现四个现代化，就要善于学习，大量取得国际上的帮助""关起门来搞建设是不能成功的，把自己孤立于世界之外是发展不起来的""中国这样的社会主义大国，不能依靠别人进行建设""独立自主、自力更生，无论过去、现在和将来，都是我们的立足点"①。

（四）建立"外圆内方"的公有制为主体的中国式现代企业制度是社会主义市场经济在融入中独立自主发展的根基

如上所述，社会主义市场经济实现形式的"外圆内方"是在融入中独立自主发展的基本战略原则。"外圆"以符合经济全球化的要求，"内方"以保持社会主义经济的基本性质。这不仅要体现在经济改革的宏观方面，而且更要体现在建立社会主义市场经济的微观基础上。即要建立一种既是市场经济的微观基础，又是社会主义公有制的实现形式的中国式现代企业制度。这种中国式的现代企业制度，它应该是以公有资本为主的劳动联合与资本联合有机结合的经济联合体。这种经济联合体要从以下三个方面体现社会主义与市场经济相结合的要求，从而实现其融入全球化与独立自主发展的统一。

第一，这种企业制度应在生产要素相结合的层次上实行社会主义公有资本为主的劳动联合与资本联合的有机结合。即实行一种资本、劳力、科技均可入股分红的"泛股份制"。其中在资本要素上，在公有资本为主体或掌握控制力的条件下，各种成分的资本、包括外国资本都可以入股加入联合体，以实现企业内部的中外资本的融合与社会主义经济的主导性、自主性的统一。

第二，在企业所有者与经营者层次上，实行资本最终所有权同法人财

① 《邓小平经济理论学习提要》，人民出版社 1997 年版。

产占有权的分解。分解后的企业法人财产权归企业劳动集体所占有。由企业董事会代表以国家资本为主的企业要素所有者的权利；由企业劳动者民主选举的企业管理委员会代表企业劳动者集体对企业法人财产的占有权的权利。在企业管理委员会同董事会之间建立责、权、利有机结合的企业资产经营责任制。企业经营的利润（税后利润），按资产经营责任制合同规定上缴所有者的增殖部分，由董事会按要素资产股额分配，企业留存扣除扩大再生产部分后，实行按劳分配。这体现了以国有资本为主的企业，既是国家的，也是职工的，按劳分配与按要素资产分配有机结合。在这里所有权与法人财产权的分解，企业成为独立自主的商品生产、经营者，以及按要素资产分配的存在，就体现了“融入”的要求。而企业的资本以国有资本为主，法人财产占有权分解后归企业劳动集体以及按劳分配的存在，也都体现了社会主义经济的自主性。

第三，在企业劳动者集体同经营者相联结的层次上，实行法人财产占有权同企业经营者（厂长、经理）支配权的分解。厂长、经理由劳动者选举的管理委员会在经理市场上进行招聘。厂长、经理直接对管理委员会负责。既体现了社会主义企业中劳动者主人翁地位，又体现了现代企业需要有专业知识、管理能力及市场驾驭能力的企业家管理支配的要求。

中国式的现代企业制度既能充分调动脑力、体力劳动者的积极性，又能调动一切要素资产所有者踊跃投入的积极性。它既是一种股份制形式的现代企业，进行独立自主的商品生产和商品经营的实体与市场竞争主体，也是社会主义公有制的新的实现形式；它既符合融入世界经济全球化的要求，又坚持了社会主义经济组织的基本内涵；它只改变了社会主义公有制的实现形式，没有改变公有制的性质。它是“外圆内方”在社会主义市场经济的微观基础上的充分体现。从而它完全符合融入世界经济全球化中的独立自主发展的要求。它的建立及其优越性的充分发挥，将是社会主义市场经济在融入全球化的竞争中，不断取得胜利、不断扩大自己的世界市场占领范围，从而求得新的重大发展的可靠的根本保证。也将会使长期困惑在作为大国资本生产方式扩张的全球化所制造的“两个两极分化”“两种生产相对过剩”“一个巨大的全球金融泡沫”的危险和灾难中的人们，看到了世界的新的希望和光明的前途。

由此可见，人们不应该笼统地抵制和反对经济全球化，也不应该不加分析地对它“顶礼膜拜”，更需抵制和反对大国集团把它变成“霸权主义一体化”的载体的企图，而应趋利避害，努力把它变成向更高级形态的、共同富裕的、消灭剥削和奴役的新的经济全球化转化的过度点。这是符合人类社会发展的客观规律要求的。客观规律的要求是不可抗拒的。

（收录于全国高校社会主义经济理论与实践研讨会第 14 次会议（2000）论文集）（原载《湘潭大学社会科学学报》2001 年第 4 期）

知识经济与制度创新

一、知识经济的特征及其所提供的机遇与挑战

（一）知识经济是以高科技知识为基础，社会总产品中知识的含量占绝对优势的经济

世界经济合作与发展组织（OECD）在1996年的报告中提出，知识经济是“以知识为基础的经济”。这个定义是开拓性的，但是它不够明确，有些含糊不清。第一，这里的知识是指一般的知识，还是特指信息时代的高科技知识呢？如果是前者，则无法区分知识经济同传统的物质经济（例如工业、农业等）。因为后者也需要知识作为基础。如从蒸汽机革命而出现的近现代工业经济，它也是由科学技术知识的发展所推动的。第二，这里的“以知识为基础”，也无法确认其含义，它是指知识产业在国民经济中的比重占绝对优势呢，还是指国民生产总值中的知识含量同物质含量之比，知识含量占绝对优势呢？均无法揣摩。按本文作者的初步意见，知识经济的定义，应作如下修订：知识经济是以高科技知识为基础，社会总产品中知识的含量占绝对优势的经济。

由于知识经济是以高科技知识为基础的经济，高科技也就是新科技，因而知识经济是知识创新的经济。它具体包括知识的生产传播与应用三个基本运行环节。知识生产又包括基础研究、应用研究与试验和开发研究。

知识生产的基本主体包括教育部门（主要是大学）、科研院所以及企业。基础研究主要由教育部门（大学）承担；应用研究主要由科研机构承担；试验和开发研究则主要由企业承担。由于科研院所的应用研究与企业的试验和开发研究所依赖的基础知识，主要来源于教育部门（大学）的基础研究。因此，教育部门（特别是大学）是新知识生产的第一主体，因而也是知识经济的第一源头。教育部门（特别是大学）、科研院所与企业，三者之间通过上述三个基本运行环节（知识的生产、传播与应用），各有侧重，分工协作，构成了知识经济的周转循环与生产运行的特有形态。

（二）知识经济是信息时代一个较高级的经济发展阶段

信息时代初期的经济，可称为信息经济，信息时代现期的经济，则正在提升为知识经济。信息时代和信息经济，萌芽于二战之后，以 1946 年美国第一台计算导弹的弹道轨迹的电子计算机问世为其标志。它的成长、兴起时期，则是以 1971 年的集成电路组成的微处理机的制成，特别是以 1978 年研制成的超大规模集成电路为标志，在科学技术史上称之为微电子时代或信息时代。从此，以微电子技术为中心的一系列迅速兴起高新技术群（指信息技术、生物技术、新型材料技术、新能源技术、空间技术、海洋开发技术等技术群）。随着这种高新技术的产业化以及高新技术在传统产业中的运用，当科学技术在国民经济增长中的贡献率超过资本增长的贡献率时，信息时代的信息经济阶段就开始向知识经济阶段逐步转化。这种转化的开始应是以“互联网络”“数字地球”的出现和兴起为标志。目前，在经合组织的发达国家中，由于“互联网络”“数字地球”的迅速兴起，以信息技术为中心的高新技术群所形成的知识产业，已占国民生产总值的 50%以上，而且这种比重现在仍在继续迅速上升。有一种意见认为，当这种以知识为基础的新兴产业的产值，一旦占有一个国家国民生产总值的 70%~80%时，就标志知识经济阶段的确立。这当然有一定的道理。但是就本文作者来看，这个理由是不够充分的。因为知识产业占国民生产总值的 70%~80%，只反映了一个国家知识产业发展的程度，并不反映其他产业如农业、工业、交通运输业的知识化程度。正像一个农业大国（如中国）一样，即使是工业产值达到国民生产总值的70%以上，只要它的广大农村没有实现工业化，就不能认为这个国家已实现了工业化。对一个国家或整个世界而言，知识经济阶段的确立（或成熟）不仅要有以高科技知识为基础的知识产业很发达（占国民生产总值的70%以上），而且还必须有用高科技改造的传统产业的知识化程度的大大提高（即它们产品中知识含量也应达到60%以上）。由此看来，一个国家知识经济阶段的确立，不应是以知识产业的产值在国民生产总值中所占的比重来界定，而应以一国的整个国民生产总值中，知识含量同物质含量的比例来确定。或者说，它应由平均每个产品中的知识含量同物质含量的比重来确定。当国民生产总值中的知识含量达到70%~80%，而物质含量降低到20%~30%时，知识经济阶段才算在一个国家里确立。至于整个世界的知识经济发展阶段的确立，也应由此测定。目前世界各国尤其是发展中国家，离这个标准还很远，因此，围绕率先达到这个目标的竞争是十分激烈的。据总部设在巴黎以发达国家为主要成员的经济合作与发展组织（OECD），在1996年的《以知识经济为基础的经济》的报告中指出，经济合作发展（OECD）成员国的经济比以往任何时代都更加依赖于知识生产、扩散和利用……据估计，OECD主要技术国内生产总值的50%以上是以知识为基础的。显然，这里指的是这些发达国家的知识产业在国内生产总产中所占的份额，并非国内生产总值中知识含量同物质含量之比。所以有人讲，世界知识经济“初见端倪”，这一提法是比较符合实际的，不能对它估计过高。至于我国，则离知识经济阶段的确立更远。据有关统计，我国的工业物耗占工业总产值的比重，1978年为64.9%，1989年上升为71.7%，1995年为67.4%，其中知识和体力劳动的含量只占到28%~35%左右，除去体力劳动部分而知识含量则甚微。这里指的还只是工业，并不包括农业、交通运输业、采矿业等其他产业。如果把后者也包括进去，则产品中的知识含量就更是低微了。由此可见，世界知识经济发展阶段的逼近，对我国的挑战是特别严峻的。

其一，科技创新日新月异。知识经济，如前所述，它是一种以高科技知识为基础的经济，而高科技知识更新特别快。世界各国科技创新此起彼伏，一浪高似一浪。“信息高速公路”刚刚提出几年，随后又提出“知识经济”，最近美国副总统戈尔又提出了“数字地球”的概念，真是日新月异。

其二，顺之者昌，逆之者亡。科技革命是生产力的飞跃（质变）。它既给了落后国家、落后民族迅速追赶发达国家以巨大的机遇，也对一切国家和民族提出了严峻的新的挑战。从近、现代史来看，不少原来贫穷落后的国家、地区，善于抓住科技革命的机遇，采用先进科学技术，不断开拓、创新，经过自强不息的奋起直追，在不太长的时间内迎头赶上，实现了经济起飞。如近代的日本、现代的“四小龙”等，是后来者居上的典型。

反过来，在历史上，原先先进的民族，由于故步自封、失去创新精神，而落后挨打的例子也不少。例如，古代许多文明古国，曾经处在世界的最前列，后来在18世纪的工业革命时期，没有搭上以蒸汽机发明、应用为标志的科技革命的这辆快车，而沦为殖民地、半殖民地国家，长期落后挨打或受制于人。如埃及、中东及亚洲的一些文明古国，由先进沦为落后，就是极为重要的教训。目前，我国在知识经济领域的竞争仍处于整体劣势，因而必须警视世界潮流的发展趋势，运用发展“两弹一星”（指原子弹、氢弹和卫星）和最近航天飞船的试验成功的宝贵经验，集中优势力量，在战役上各个击破，集小胜为大胜，最后变整体劣势为整体优势。如果不善于采取灵活的战略策略，开拓创新，老是跟在别人后面亦步亦趋的爬行，或者缺乏重点，平铺推进，那就无法改变落后挨打的困境。

二、知识经济成于制度创新

知识经济作为一种高科技知识的生产、传播与应用的新的生产方式，它既是在传统物质经济生产方式的基础上产生出来的，但又大大高于传统的物质经济的生产方式。它在当今信息时代的社会经济生活中越来越发挥主导作用。相对传统的物质生产而言，知识生产方式是生产方式的一次重大变革。因而它是当今全球性技术革命高潮的核心，全球生产力的质的飞跃，从而也就成为一切教育的、科技的、经济的、社会的体制和组织制度乃至企业产权制度变革的强大推动力。因为生产力决定经济关系与上层建筑是社会发展的根本规律。制度变迁是制度改革与创新的统一。从知识经济本身发展的要求来看，也只有在改革那些旧体制、旧制度的同时，符合知识经济发展要求的新的组织形式和新的动力机制的体制和制度被创造出来时，才能迅速成长和发育起来。从我国的实际情况来看，教育体制的改革和创新，各种类型的科技创新体系的组织和制度的创新以及企业产权制度的改革与创新，对于知识经济的成长与发育，具有特别重要的意义。

（一）教育体制的改革、创新是知识经济成长发育的首要前提

为了迎接世界科技革命飞速发展，促进我国只是经济的成长与发展，必须改革长期形成的与应试为目标的教育观念、教育体制，构建以提高国民创新精神、创新能力为重点的全面素质教育的体制与体系。正如江泽民同志在全民教育工作会议上的重要讲话中所深刻指出的那样："面对世界科技飞速发展的挑战，我们必须把增强民族创新能力提到关系中华民族兴衰存亡的高度来认识。教育在培养民族创新精神和培养创新性人才方面，肩负着特殊使命。必须转变那种妨碍学生创新精神和创新能力发展的教育观念、教育模式，特别是由教师单向灌输知识，以考试分数作为衡量教育成果的唯一标准，以及过于呆板的教育教学制度"。显然，这里讲的需要转变的教育观念、教育模式、教育教学制度。首先，是针对应试教育而言的。其次，只要真正实施以培养受教育者的创新精神、创新能力为重点的全面素质教育，培养出有创新精神和创新能力的全面发展的人才，满足其发展知识经济的主要目的，那么作为次要目标的学生升学、求职、学校的经济效益，也就可以更好地随之迎刃而解。否则，随着科技革命和知识经济逼近对创新人才的迫切要求，那种与此相违背的，搞单纯应试教育的年青求职教育或者单纯搞生产值教育的学校，就无法存在下去了，必然被淘汰。又何言学生的升学、求职和学校的经济效益呢？至于它们对国家、民族以及受教育者的严重危害，则是不言而喻的了。学生的升学、求职以及学校的经济效益，都只有在实施以培养受教育者的创新精神、创新能力为重点的全面素质教育中求得解决。

（二）建立科技创新体系形成知识经济成长、发育的可靠依托

高科技创新体系，它是在信息时代新出现的，将高科技知识生产、传

播和应用连成一体的一种组织形式。用这种组织体系进行高科技知识的生产、传播和应用，比之完全由市场自发力来联结、配置会更有效率，更具有竞争力，更能集中优势解决国家重大的、关键的科技问题。因而，它成了一个国家或地区的知识经济飞速发展和充分教育的摇篮。参与这个体系运转的主体，主要包括大学、科研机构与企业，也包括作为组织、指导、协调和投资者的政府，还有作为中介服务组织的科技市场、人才市场、风险投资公司等。这种高科技创新体系、中观层次的国内各领域的创新体系以及微观层次的基础创新组织。

各个国家的宏观层次的科技创新体系模式的区别，主要由政府、科研机构、大学和企业各主体在这个体系中的地位不同以及他们在知识生产、传播、应用中功能的差异而决定的。有的国家的科技创新体系是以大学为基础发展起来的（如美国的硅谷）；也有的是由股价科研机构为龙头组织起来的；有的则是由各个企业、特别是大公司为主组成的。但是无论哪一种模式，政府在这一体系中都起了重要作用，特别是发展中国家实施赶超战略时，政府在科技创新体系中的作用在一定条件下起决定性的作用。例如：日本从明治维新以来，为了科技与经济上赶追欧美先进国家，一直是实行一种政府主导型的国家创新体系模式。当前，他们是以国家制定的“科技立国战略”和产业政策为目标，由政府部门的通产省出面，在创新体系中发挥强有力的组织、协调作用，以便集中优势、充分发挥协作的效应，在比较短的时期内实现其超赶目标。20 世纪 90 年代以来，随着各国在科技、经济等综合国力竞争的日趋激烈化，一些西方发达国家也开始注意学习日本模式的优点，增强了政府在国家创新系中的作用。例如：美国一向以自由放任市场经济而自诩，但自克林顿执政以来，面对日本、德国的崛起，高新技术的国际化以及冷战结束后美国政府目标的变化，美国政府对科技政策和基础研究给予了高度重视。主要目标是在基础研究上确保美国的领先地位，加强科技和经济的联系，用新技术促进政府能力的提高，提出了一系列科技发展计划。如发展高风险的共性技术的 ATP 计划；促进军用科技转为民用的 TRP 计划等。这些计划促进了政府、产业界、科研机构和大学之间的合作，从而使这些机构组成一个紧密联系的国家创新体系。其实早在“二战”结束后，美国政府出于对国家安全和全球政治的考虑，美国政府出于对国家安全和全球政治的考虑，特别是冷战时期，对军事方面的研究与发展活动提供了大量资助，包括投资与政府采购等方式。1955 年美国政府购买了约 40%的半导体产品。1960 年这个数字达到了 50%。国防研究的需求推动了很多有价值的技术的发展，如半导体技术、飞机技术、计算机技术等。美国在军事方面的研究与开发，对 20 世纪 60 年代和 20 世纪 70 年代美国技术称雄世界起到了关键作用。又如 20 世纪 70 年代的滞涨危机，在 20 世纪 80 年代的结构调整中，美国政府又加强了计算机技术和通信技术研究、开发的支持，从而才有 20 世纪 90 年代的互联网络的技术再次称雄于世，成为支持美国经济 20 世纪 90 年代连续近 10 年繁荣的基础之一。由此可见，美国政府在民用的一般技术和生产方面放松了控制，更多地让位于市场；面对军用技术、高新技术，则有严格的战略计划的指导、政策倾斜和巨额投资，以及严格的保密制度，并非像人们所想象的那样自由放任。

中国是一个发展中国家，理应实施类似日本的赶超式、政府主导型的国家创新体系模式。应该在国家的科技发展计划的指导下，由政府出面，以国家的科研机构为依托，组织科研机构、大学和产业部门，形成国家自主的科技创新体系，集中力量解决经济社会发展重大和关键的技术，促进科技成果向现实转化，实现赶超目标。

在中观层次上的区域性科技创新体系，则应创立各种融教学、科研、生产为一体的工业园、科学园、科学城。如美国的“斯坦福——硅谷”，日本的筑波科学城，英国的剑桥工业园、我国台湾的新竹科学园及我国的北大方正等，它们都是信息时代知识经济成长、发育的依托或摇篮。从世界各国的典型经验来看，以大学为主导发展起来的区域性科技创新体系，作为知识经济成长和发育的依托或摇篮，具有明显的典型性、优越性。因为大学有门类齐全的基础研究，它所生产出来的创新性的基础知识，能源源不断地毫无阻挡和保留地给本体系内的研究机构与企业的应用研究、试验开发研究提供丰富的知识资源；大学创新性的基础研究，也能及时给该创新体系指出知识创新的方向，提出科学前沿的关键性课题，使该创新体系在世界范围内的某些领域能够争得和保持其领先地位。因此，我国迎接世界科技革命和知识经济的机遇与挑战时，应该努力多建设一些以大学为主导，以科学园、科学城、工业园为依托的区域性科学创新体系。

在微观层次上，应大力提倡大学自己办研究所及试验性的生产企业，或者企业办科技研究院所及技术培训学校，也可以由有实力的科研机构办试验企业和学校，形成学、产、研或产、学、研或研、产、学的一体化的社会基层创新组织。

总之，上述宏观、中宏、微观层次的创新体系和创新组织，都是适应知识经济的挑战而出现的组织制度创新，因而，它们也是知识经济借以成长和发育的基地或摇篮。

（三）建立劳动联合与资本联合的产权制度是知识经济发展的基本动力

如前所述，知识经济含量同物质含量相比，知识含量的比重占绝对优势。据有关资料记载：在一个半导体芯片的价格中，至多3%归原材料和能源的主人，5%归拥有设备和设施的人，6%归常规工人，85%以上用于芯片和专门设计和工程服务，以及相应的专利和版权。在这里，产品中物质资源的转移价值只占8%，而知识与体力劳动创造的新价值占产品总价值的91%以上。因而，充分表明知识经济的成长与发展，迫切要求改革那种产生于17世纪初的重资本、轻科技、轻劳动的单一资本联合的西方股份制的企业产权制度，创立一种确保劳动者特别是科技创新的脑力劳动者的经济利益和主人翁地位的、新的企业产权制度。1997年，江泽民同志在党的十五大的报告中提到，劳动者的劳动联合和劳动者的资本联合为主的集体经济，尤其要提倡和鼓励。现在这种新的产权制度的具体的形式也在各地的一些全民所有制中小企业中得到发展。例如，从1987年以来一种资本、劳力、科技入股的“泛股份制”，在上海、山东、河南、浙江、江苏、青海、四川、湖南、山西等省市，有许多全民所有制与集体所有制企业相继进行试点。据湖南经济台于1999年12月5日报道，国有企业武汉红桃K集团的大量科技人员凭借其技术获得了相当数量的公司股权，大大调动了科技人员的创新积极性与广大员工学科学、学技术、再进学校受教育的积极性。据最近湖南省计委有关资料透露，湖南省国家控股的2400家企业中，已允许有的企业技术股可占企业总股额35%的，借以大大推动科学技术进入企业。这种劳动联合与资本联合的联合产权制度的具体形式，根据各地的一些试验的典型经验来看，它应包括以下一些基本点。①建立以公有资本为主的各种社会资本、劳力、科技成果均可入股分红的"泛股份制"，从而使科技成果所有者、劳动力所有者同有形资本所有者一样，是企业的主人、股东。② 在全民所有为主的资本所有者同企业劳动者集体的法人财产占有者之间实行分权制。由企业劳动者集体民主选举的企业管理委员会同资本所有者的代表机构董事会签订与责任有机结合的资产经营责任制。作为资产经营者的企业劳动者集体，上缴所有者的增值部分由所有者代表机构的董事会按资产股额进行分配，留存部分除去扩大再生产的再投入及必要的集体福利开支外，实行按劳分配。体现了全民所有制独资和控股的"企业既是国家的，也是职工群众的"及按劳分配与按资分配有机结合。③ 企业厂长（经理）由法人财产占有者的劳动者集体民选的企业管理委员会，在经理市场上招聘，直接对企业管理委员会负责，其工资同企业经营效益挂钩。厂长（经理）受占有者的劳动群众集体、市场及所有者的监视委员会三重激励与约束，彻底铲除"富了方丈穷了庙"的根源。这种公有制为主的联合产权制度，是社会主义市场经济改革中的产权制度创新，它实现劳动联合与资本联合的有机结合。能最有效地调动一切人力、物力、财力，特别是科技创新力的积极因素，促进知识经济的加快发展，推动创新力及素质教育的发育。因为这种创新的企业产权制度，突破了重资本、轻科技、轻劳动的西方股份制那种的单一资本联合产权制度的弊端，确立了科技成果所有者、脑力与体力劳动者在产权制度中的主人地位，贯彻了按劳分配与按要素资产分配的有机结合，因而，它是知识经济成长发育的最基本的、最强大的动力。这种企业产权制度有可能将会成为社会主义初级阶段典型的、具有代表性的产权制度的具体形式，也必将成为向社会主义高级阶段、共产主义过渡的过渡性的产权制度形式。

（原载《湖南经济》2000 年第 4 期）

论知识产业革命和经济全球化效应二重性[①]

——在融入中独立自主发展

当今世界，从生产力的层面来看它处的经济时代是一个由传统的农业经济、工业经济逐步向知识经济过渡的过渡经济时代。这个过渡的经济时代有两个主要内容和特征：一是以信息技术为带头技术的新技术群的革命及由此而推动的同传统农业、工业产业革命相对应的世界新的知识产业革命和生产力的飞速发展：二是以新技术革命的扩展和大量资本流动为动力的世界经济全球化。二者都是世界经济发展的强大动力，但从经济关系层面来看它们也都是处于国际垄断资本义发展阶段的资本大国主导下展开的并被为其实行经济、军事扩张政治霸权和获取高额垄断利润所运用。因而二者又造成了世界经济的不平衡与畸形发展。这就是二者对世界经济发展的效应的“二重性”。

一、在资本大国主导下的科技进步和经济全球化对世界经济影响的“二重性”

科技进步对世界经济发展影响的“二重性”之一表现为科技革命是“生产力的质的飞跃”（恩格斯语）。它为发展中国家用来在一个不太长的历史阶段里追赶上发达国家、实现社会生产力的跨越式发展提供了很好的

---

① 本文结合了作者发表在《海派经济学》中的《论资本大国主导下的知识产业革命和经济全球化——兼论融入中的独立自主发展》一文，并做了少量增补。

机遇。这是因为：

第一，科学知识的创新是对客观事物的本质及其运动规律新的揭示。当人们对客观事物规律的认识进一步深化时其行为就会比以前更具有自觉性、主动性，因而也就更有效率。在社会生产领域和经营管理中则表现为劳动生产率和经济效益的倍增。

第二，科技创新及其在生产过程中的应用能实现经济增长方式的转变，从而能同时提高经济的质量及其在新质量基础上的数量，并可变废为宝提高资源的利用效应，实现循环经济和持续跨越式发展的要求。

第三，科学创新是生产力要素结构及社会产业结构变革的催化剂。按马克思在《资本论》中的论述，生产力的结构包括五个要素：（1）劳动者的熟练程度；（2）科学的发展水平和它在工艺上应用的程度；（3）生产过程的社会结合；（4）生产资料的规模和效能；（5）自然条件①。当今，科技进步已在生产力要素结构中起主导的、决定的作用。因而科学创新，一旦渗入生产力要素结构的内部，也就必然引起生产力内部结构的变革，并进而外化为社会产业结构的优化、升级（新产业的兴起、带动传统产业的改造）。而这种结构内外的变革、优化、升级，便形成社会生产力的质的飞跃，即跨越式的发展。

第四，科学技术的创新，能把“自然力”和“社会结合力”并入社会生产力②，从而实现社会生产力的飞跃和超越式的发展。例如，借助自然科学的发现和技术的进步，把自然界的水力、风力、蒸汽力、地热力、电力、原子能、核能以及新物质和物质的新效能等，应用于生产过程，致使社会生产力几倍、几十倍、千百倍、万倍地增大；借助于管理科学的创新，运用于管理制度（包括宏观与微观的管理制度）、体制的创新和劳动协作、资源配置方式、生产组织、企业组织等方面的创新，会使“生产的社会结合力”大增。因而世界历史上每一次大的科学技术的发现、发明及其所转化而成的新的产业革命，都会有一些国家、民族、抓住了机遇由穷

① 〔德〕马克思：《资本论》第1卷，人民出版社1975年版，第53页。

② 〔德〕马克思：《机器、自然力和科学的应用》，人民出版社1997年版，第5、205、206页。

转富，后来者居上；也有些国家和民族，失去了机遇，则由强转衰，乃至一蹶不振。关键在于一个国家、一个民族，在知识创新和技术创新及其在生产中的应用上，能否赶在新的技术革命浪潮的前沿，先走一步，率先发展。

第五，凡科技原创者的企业及其国家有可能成为国际产业分工体系中某些领域的新“龙头”，处于附加值最高的产业链的环节上，从而迅速富强起来。或者是富者更富，或者是由弱转强。因而，发展中国家致力于提高自己的科学、技术的原创力，乃是实现社会生产力跨越式发展、后来者居上的首要环节。

第六，科技创新及其超前发展，是获取超额利润和突破别人垄断的重要手段。因此，率先科技创新和采用新技术的企业和国家，在一定的有效期内，就会获得垄断超额利润，以至成为世界财富迅速聚集的中心。从而也为这些企业和国家创造了更深层次的科学研究、开发的物质条件，以保住某方面科学技术发展的垄断和财富聚集中心的地位（例如，比尔·盖茨的公司及其所在的美国）。同时科学技术的率先研发和创新，也是突破别人垄断、开拓市场，增强国际竞争的重要手段。因而它是发展中国家后来者居上、由弱转强的重要途径。

第七，重大的、具有广泛应用和关联度极大的科技创新，会导致新兴产业的兴起，传统产业的改造、提升，从而成为世界新的产业革命的起因。这对世界经济、社会发展的推动作用是无法估量的。如果由这种科技创新所导致的世界的新型产业革命在发展中国家率先兴起，并为其所主导，那么这个国家就必然出现生产力的跨越式发展，后来者居上，赶上、超过当前的发达国家。

第八，科技创新、知识产业革命，要求科技研发活动成为社会生产新的首要环节，和科研机构成为企业的核心组成部分。前者，将原有社会物质生产过程的直接生产、交换、分配、消费的四大环节，变成为五大环节。即在直接生产环节之前增加了居首位的、科技研发环节。后面原有四个环节，都成为它的后续环节，必须按前者的创新和创新成果的应用的要求，来改造、更新。从而使包括五个环节在内的全过程，变成一个完整的社会生产创新体系。科研机构成为企业的核心组成部分，为这个创新体系的不断创新提供了可靠的组织保障。从而这样的生产组织或企业，就成为经济、社会制度、体制全面创新的活基因，社会生产力跨越式发展的不竭动力。

第九，科技创新及其在生产过程中的广泛应用，对于收入与所费成本之比的这个经济效益的分子式模型而言，它既可以减少资源耗费、降低成本，使其分母大大缩小；同时又可以创造更多的财富、增大分子的数字。例如，生物高新技术培养的一些转基因农作物，既可以抗病虫害，降低其生产成本，同时还能产生新产品、高产值。其所创造的巨大经济效益，显然是单靠替代市场，降低一点交易成本来增加企业效益的办法所无法比拟的。由此可见，在世界知识产业革命蓬勃兴起和向知识经济时代过渡的今天，那种侈谈市场替代、降低交易成本，却把科技创新的巨大创造力抛在一边、视而不见；只讲交易增益，不讲生产增收；只讲降低成本，不讲增加收入；降低成本，也只讲降低交易成本，不讲降低生产成本；讲降低交易成本时，也只讲降低交易中的谈判、签约、执行等纯粹交易费用，不讲包装、运输等生产性交易费用；把企业只看成是市场的替代或认为企业本身就只是生产要素市场，而看不到企业首先是一个生产组织，同时也是一个高新科技的研发组织，如此等等的产权、制度和企业理论（以科斯的产权理论和诺思的制度理论为代表），显然是十分片面的，也是很不合时宜的。

第十，科技创新、社会生产力的迅速发展，要求制度和教育的发展与之相适应，而制度、教育的创新又是进一步推动先进生产力跨越式发展的基本动力和基石。

以上这些足以表明，科技创新、科技革命，对社会生产力和整个经济、社会的极其巨大的推动效应。它也给了发展中国家跨越式发展、迎头追赶发达国家，后来者居上以重大的机遇。但是，因为当今的全世界的科技革命，还主要是以资本大国为主导所推动的，科技发明和创新也还主要属于资本的应用，科技进步所带来的增殖归资本所有者所得。所以，这种属于资本主义应用的科技进步，它对世界经济发展的效应，具有二重性。

科技进步被资本主义所应用，必定会造成一国之内和世界经济的极端不平衡的、畸形发展。最终也将会对国内和世界经济的发展产生重大的阻碍和破坏作用。这是因为：

第一，技术进步的资本主义运用，会大大加剧工人和资本所有者之间的两极分化。这正如马克思在《资本论》中所指出的那样，在资本主义生产中，发展劳动生产力的目的，是为了缩短工人必须为自己劳动的部分，增加其资本所得的相对剩余价值量[①]，而且技术进步也往往会被资本所有者用来作为排斥工人和向别的弱小国家索取垄断超额利润的手段。从而使广大劳动群众处于相对或绝对贫困化状态。这也是全球范围内呈现社会需求不足的常态和不断出现周期性生产相对过剩危机的重要根源。例如，20世纪90年代末期，全世界有80%的初级产品生产相对过剩，社会需求不足，接着又在美国出现了电子产品生产相对过剩。东南亚的金融危机，实质上是：资本大国向这些为他们配套生产电子产品的国家，转嫁其生产过剩危机而引起的。因为科技进步资本主义应用的结果是：一方面越来越高的资本积累、劳动生产率的迅速增长，大量各种产品源源不断地被生产出来；而另一方则是，广大劳动群众的消费被局限于劳动力价值之内或劳动力价值之下，劳动者并未获得创造的大量剩余价值和技术进步所获得的超额利润，因而他们的购买力非常低下。这对于那些贫困落后的国家而言，更是如此。据最近的有关媒体报道，现在全世界60亿人口中，有13亿人处在贫困线以下，每人每天平均消费不到1美元。这充分表明，马克思在《资本论》中所揭示的资本积累规律，即一端是财富的积累、资本的积累，另一端是贫困的积累的规律并不像某些中外学者所讲的那样，它只是在资本主义的初期发展阶段存在和发挥作用，现阶段已不再起作用了。而实际上，只要是资本主义私有制或资本主义私人经营占主体的国家或地方，这个规律就会在那里存在并发挥作用，造成那里的两极分化的局面，这是不以人们的意志和任何政府行为所转移的。即使是处在社会主义初级阶段，实行公有制为主体的、多种经济成分共同发展的社会主义市场经济的国家

① 〔德〕马克思：《资本论》第1卷，人民出版社1975年版，第357页。

里，在那些私营资本主义经济或资本主义经营方式（包括科学技术的资本主义方式）占了主体地位的领域和地区，也不会例外地出现两极分化。因为在那里劳动者得到和消费的，也只是他们劳动力的价值，剩余产品是到不了他们手中的。所谓微观讲效率、宏观讲公平的说法是没有根据的，也是违背客观经济规律的。哪有在微观上的产权制度和分配制度上不公平的体制中，而在宏观上却可能会凭空出现公平的呢？顶多也不过是搞点对贫困者的救助而已，何谈宏观的公平呢？而且当微观不公平，即劳动者和科学技术人员在企业无产权可言，在分配上又只拿到自己劳动力的价值，剩余产品完全被资本所有者拿走，他们还会积极去创造高效率吗?！那些被资本和资本所运用的技术替代和排斥在外的劳动者，更是遭受极度贫困的煎熬和劳动能力的荒废与萎缩。至于那些受制于大国资本的一些贫困国家的劳动者，既有外国资本又有本国资本所施加的多层、多种的不公平待遇，更谈不上有什么微观或宏观的公平可以享用了！科学就该向人们讲真理！绝不应掩盖事实的真相。

第二，科技的资本主义运用加剧了发达国家和发展中国家之间的两极分化。发达国家凭借先进技术在同发展中国家进行交易中获取大量超额利润，而且在世界产业分工链条中，处于附加值最高的环节上，因而源源不断地获取来自发展中国家的“贡赋”。从而形成了世界上，国家之间的富者更富、贫者更贫的难以改变的、另一种两极分化的格局。

第三，发达国家向发展中国家转移的技术往往是他们的过时技术，出售后用获得的资金再去开发高新技术；而且很多核心尖端技术，发展中国家用钱也买不到，发达国家用法律保障其独占和垄断地位。因而，在全球形成了技术上的两极分化的格局。在当今向知识经济时代过渡的世界中，技术上的国家之间两极分化，是经济上两极分化的最重要的基础。因而，对核心技术的垄断，是国际垄断资本主义新阶段的新特征及其重要基础。当今世界，资本大国的跨国公司对科学技术的研究和开发的投资占全球的90%，掌握的最新技术占全球的80%，还控制着世界技术贸易的90%。足见科学技术、特别是高新技术的国际垄断，已达到何等惊人的地步！在由传统经济向知识经济过渡的时代中，新型国际垄断资本随新技术而生，伴随新技术而运行。所以资本大国集中垄断了世界的最新科技，也就必然垄断国际之间的投资和国际经济，乃至垄断了现代军事优势，借以为其霸权主义的“一体化”和单边主义的政治奠定基石。例如，资本大国的跨国公司在牢固地垄断了世界新技术的同时，也就垄断了世界生产总额的40%和世界贸易额的80%。这种资本大国对世界科技的垄断与国际投资和国际经济垄断的有机结合，就是当今国际垄断资本主义最典型的新特点。

有些中外学者讲，新技术革命和经济全球化的发展，很快会缩小和消灭发展中国家同发达国家的差距，实现共同富裕，出现所谓帕累托最优的结果。其实并非如此。在技术进步的资本大国的运用下，这种差距不是在缩小而是在扩大。据2000年达沃斯的世界经济年会的资料透露：在微电子技术兴起的1971年时，全世界最不发达的国家还只有25个，到互联网得到长足发展的2000年时，全世界最不发达国家已增到49个，几乎增加了一倍。而且这些最不发达的国家，现在也还在继续增加。在当今的由传统经济向知识经济时代过渡时期中，发展中国家以及资本大国以外的其他国家，只有奋发图强，在科学技术上，较快地从学习创新为主转到自主创新为主的轨道上来，才能打破国际垄断资本大国的霸权主义一体化的基石，建立国际经济和国际政治的新秩序，实现国际政治、经济多元化的新格局。

至于经济全球化对世界经济发展的影响的“二重性”，也是非常明显的。一方面，作为经济全球化的一般性，它的实质是世界经济、金融、技术的全球性交融的扩展与深化。这意味着世界生产力质的飞跃和物质文明、先进文化在世界范围内的扩展，以及全球经济步入了新的发展阶段。发展中国家，如果能采取正确的战略、策略，坚持在融入中独立自主发展，那也可能抓住机遇，利用经济全球化带来的一切可以利用的条件和资源，加快自己的发展。这就是经济全球化，对世界经济发展的影响的“二重性”之一。

但是，另一方面，从经济关系的层面来看，作为经济全球化的特殊性，它的实质是，处于国际垄断资本义发展阶段的资本大国利用其先进的技术、大量剩余资本和强大的军事优势，来开拓市场，抢占战略资源、战略领地和有利的生产基地，实现其资本生产方式的扩张，推行其变换了手法的“新型殖民主义”。从而正在加紧制造全球的“两个两极分化”“两种需求不足”以及“两种生产相对过剩危机”和一个巨大的“金融泡沫”以及推进大国霸权主义一体化的战略。因而，也加剧了大国之间争夺世界霸主的斗争，并把世界推到了混乱、动乱、军事掠夺、无休止的暴力和危机之中。这就是经济全球化的“二重性”中的另一方面。这些也正是国际垄断资本主义阶段的新的重要特征之一。这表明进入国际垄断资本主义发展阶段的资本主义的世界各种矛盾更加日益凸现，意味着它的尽头终将要到来的必然趋势。

二、发展中的社会主义中国理应实行融入中的独立自主发展的基本策略

如上所述，当今以科技革命为中心的世界知识产业革命和经济全球化，对世界经济发展的影响都具有“二重性”。一方面它有利于发展中国家的发展，另一方面也存在对发展中国家的发展不利的方面。因此，发展中国家、特别是作为发展中国家的社会主义中国，必须积极地融入进去，抓住机遇，利用世界科技革命与全球化中一切可以利用的条件和资源，来加速知识产业革命和向知识经济时代过渡的进程，实现生产力的跨越式发展。同时，在融入中也必须趋利避害，坚持独立自主的发展。这就是我国应该实施的基本策略。实施这一基本策略，还应坚持实行以下一些基本原则和要求：

（一）社会主义市场经济实现形式上的“外圆内方”是在融入中坚持独立自主发展的基本战略指导原则

所谓“外圆内方”，是一个借用语。用它来表达社会主义市场经济的外部实现形式同一般市场经济相融、相通，可以有机结合和“圆合”，但内部则保持着社会主义经济的基本原则和性质。例如：第一，在经济体制的改革上，要通过改革使它成为世界市场经济总体中的一种特殊类型的市场经济。公有制企业经过产权的权能分解改革，使其成为自主经营、自负

盈亏的市场主体，其经济运行机制，也随之转到以市场配置资源起基础性作用的方面来。从而，它同世界各国的各种类型的市场经济都能“圆合”。但公有制产权权能的分解，只是改变了公有制的实现形式，并没有改变社会主义公有制的基本性质。在经济运行上，实行社会主义国家的以人为本的、统筹调控下发挥市场配置资源的基础性作用的机制，从而在融入经济全球化的发展中，能够保持自己社会主义经济特有的本色。因而形成一种具有中国特色的、社会主义公有制同市场经济有机结合的社会主义市场经济。第二，在基本经济制度上，实行多种经济成分共同发展的方针，这就同其他市场经济相同、相通和“圆合”，从而可以实现其融入。但这种多种经济形式共同发展，又是以国有经济为主导、社会主义公有制经济为主体的，因而，在融入中保持了国有经济的控制力和社会主义经济的独立发展。第三，在微观基础上，通过改革建立中国式的现代企业制度时，要使企业成为独立或相对独立的、商品生产和商品经营的经济实体，并可在公有制为主的条件下吸取其他成分的资本和外国资本入股。这就同其他市场经济的微观基础相通、相融合“圆合”，以便吸收对自己的改革与发展有利的东西，但这种改革也仍然只是改变公有制企业的实现形式，而保持着社会主义公有资本在这些企业中的控制力和社会主义企业的基本性质。

（二）在对外开放中坚持自主开放型经济模式

开放就是融入。“自主开放”则是在融入中坚持独立自主发展。发展中国家，在对外开放、融入经济全球化时，通常面对着两种不同的开放模式的选择。一种是外向依赖型经济模式；另一种是自主开放型模式。实施融入中独立自主发展的基本策略，就必须实行自主开放型经济模式。世界经验表明，实行外向依赖型经济模式的发展中国家，往往会在融入经济全球化中坠入国际垄断资本主义的“霸权主义一体化”的策略陷阱，并会不时陷入大国转移的生产相对过剩经济危机之中。东南亚一些国家，在 1997 年陷入惨痛的金融危机之中，就是有力的证明。这种外向依赖型经济模式的基本特征是：（1）过度依赖外资，而且在外资进入的规模、结构、投向上失去了控制权；（2）过度依赖大国扩散技术，自己缺乏原创力；（3）过度依赖发达国家扩散的低层次产业，长期固定形成同高层次产业大国的垂直分工，造成了本国产业的单一性、从属性，因而在国际市场上处于劣势；（4）过度依赖对大国的配套零部件产品和传统产品的出口，忽视开发、扩大内需，不注意把国外与国内两个循环合理地结合起来；（5）过度依赖于实际上被大国操纵的国际性、区域性贸易、金融组织，无原则地接受其加入的苛刻的条件，放弃许多经济和政治主权，造成本国市场和经济命脉和政治、外交受控于大国的局面；（6）过度依赖单一外国货币、外汇储备、单一外汇汇率制度以及国际往来中单一计价、核算的币值标准等，当被钉住的货币币值发生大幅度波动时，自己也会深受其害，以致无法避开各种世界性、区域性的金融、经济危机对本国的冲击；（7）处于危机的困境时，过度依赖大国或被大国所控制的国际金融机构的“解救”援助，最终不得不吞下许多“丧权辱国”的苦果，如此等等。这种外向依赖型经济发展模式，有可能沦为国际垄断资本主义活动中的某些环节，甚至蜕变成为国际垄断资本主义服务的买办经济，完全失去自己的独立性、自主性，违背本国民族和广大人民的权益。这显然是不可取的，特别是社会主义市场经济国家更不应该效法。

社会主义市场经济国家，在对外开放、融入世界经济全球化时，始终应该实行自主开放型经济发展模式，方可做到既融入，又在融入中保持社会主义经济的基本性质与独立自主的发展。这种自主开放型模式应包括以下几点：（1）尽可能充分利用当前世界的大量剩余资本，但必须把利用外资的规模、结构、投向等的控制权牢牢掌握在自己的手中，并应以外资的技术含量作为引资质量的基本评价标准；（2）积极引进先进和适应的科学技术，但要大大提高本国的原创力；（3）有选择地利用发达国家扩散、转移的产业来发展自己，但不能长期停留在低层次的国际产业垂直分工上，始终要坚持自主地、不断地调整、提升自己的产业层次；（4）在充分利用本国资本、技术和提高本国企业活力的基础上，按本国产业政策和发展战略的要求引进外国资本、技术和企业；（5）把扩大出口同开发、扩大内需结合起来，并把重点放在开发、扩大内需上；（6）力争加入各种世界性或区域性的金融和经贸组织，利用一切可以利用的条件和资源来发展自己，但不能被迫接受大国所提出的让渡经济主权的苛刻要求，并应在这些组织中保持自己的独立性、自主性；（7）全方位开放，同世界各国发展平等互惠的经贸关系，切忌“吊死在一棵树上”，以便使自己有更多的回旋余地，并应利用大国之间争夺世界盟主的矛盾，在空隙中抓住机遇发展自己；（8）在改革中充分实现社会主义与市场经济两个优势的有机结合，增强国际竞争力，在融入经济全球化的运行中，逐步增大自己对世界市场的占领率，乃是融入中坚持独立自主发展的根本保证。

总之，既要大胆开放，积极融入世界新的知识产业革命和经济全球化之中，又要坚持从本国的国情、国力出发和以我为主、为我所用的基本原则。而不能为开放而开放，为全球化而全球化，更不能去搞所谓无条件的“彻底开放”“全面接轨”之类的错误做法。正如党的十六大报告中指出的那样，在扩大对外开放中，要十分注意维护国家经济安全。马来西亚原总理马哈蒂尔，于金融危机之后，在埃及开罗大学演讲时所说：“马来西亚实行全球化的速度，至少要符合马来西亚的现状，以马来西亚的环境和发展重点为基础。”我们需要的“不是教条地追求全球化。全球化不能被视为一个目的，但它是达到目的方法，能让我们的人民过上更幸福的生活，并使我们继续享受自由，而不受外来控制”。[①] 而社会主义的中国就更应该是如此。

（三）在经济、金融和技术的开发与发展中，始终坚持自力更生为主争取外援为辅的原则

只有坚持这一原则，才能在国家经济整体中坚持以社会主义公有制为主导和民族经济发展为主体的前提下，尽可能地从世界市场上引入大国企业、资本和技术为我所用。在当今世界，任何一个发展中国家的开发、发展和崛起，既不可能孤立于世界经济大循环之外，拒外援于国门之外，也不可能不经过的自己的艰苦奋斗而主要依靠外援。正如邓小平同志所指出的那样，实现四个现代化，就要善于学习，大量取得国际上的帮助，关起

① 《新海峡时报》，2000 年 6 月 21 日。

门来搞建设是不能成功的，把自己孤立起于世界之外是发展不起来的①。但是，中国这样的社会主义大国，不能依靠别人进行建设②，独立自主自力更生，无论过去、现在和将来，都是我们立足之点。

（四）建立“外圆内方”的公有制为主的中国式现代企业制度是社会主义市场经济在融入中独立自主发展的根基

这种公有制为主的中国式现代企业制度，应是一种以劳动者联合和要素资产所有者的联合相结合的联合产权制度为基础。这既不应该是计划经济时期的，那种产权权能未予分解的、政府高度集权的、单一劳动联合体，也不能完全照搬西方股份制的那种单一的资本产权制。它应实行一种资本、科技成果、土地使用权和劳动力，均可入股分红的“泛股份制”。它应在改革中使这种公有制为主的企业实行产权的权能分解，使企业真正成为自主经营、自负盈亏的市场主体。这种产权的权能分解，要使企业劳动者集体获得产权的占有权，并提高那些在国民经济增长中起决定性作用的科技工作者和素质不断提高的劳动者，在企业产权中的地位和剩余产品分配的份额，但也不能忽视资本所有者的适当权益，以便调动一切积极因素。作为企业生产要素的支配者的经理（厂长），则应由资产占有者的企业劳动者集体民主选举的管理委员会、在市场上公开招聘产生，对管理委员会直接负责，受管理委员会及劳动群众直接激励和监督。他们的年薪由市场议定，奖金同企业效益挂钩。在企业里他们应是劳动者的公仆，而不是劳动者的主人。企业中代表要素资产所有者权益的董事会同代表企业资产占有者权益的管理委员会之间，建立资产经营责任制，以实现劳动联合体同要素资产联合体的有机结合。企业劳动者创造的年剩余产品——利润，按契约规定上缴给要素所有者的部分，由董事会按要素资产股额分配；剩下的部分，扣除必要的公积金和公益金后，则实行按劳分配。从而真正把按劳分配和按要素资产分配相结合的分配方式落到实处。这样的企业产权制度的创新，就可以在微观基础上既符合市场经济的要求，以适应

① 《邓小平文选》第3卷，人民出版社1993年版，第79页。
② 《邓小平文选》第3卷，人民出版社1993年版，第3页。

对世界知识产业革命和经济全球化的融入，又能在融入中保持社会主义公有制的基本性质。从而为社会主义同市场经济的有机结合，发挥两个优势，实现生产力的跨越式发展而奠定坚实的基础。由此可见，社会主义同市场经济有机结合的体制改革，是同上述企业产权制度的改革密切相连的。即这种改革是以公有制的产权的权能分解为其起点的，它的最终完善，也必然要以公有制为主的劳动联合与要素资产者联合的有机结合的联合体的、全面建立为其标志。这种中国式的新的企业产权制度的建立，才是社会主义市场经济既融入世界知识产业革命和经济全球化，又在融入中保持独立、自主发展的根本保证和可靠基础。

（收录于中国《资本论》研究会第十二次资本论学术研讨会（2004）论文集）（原载《求索》2005 年第 1 期）（原载《海派经济学》2005 年第 2 期）

第五篇 实现跨越式发展的新思考

影响我国经济增长方式转变的原因及对策

转变经济增长方式促进生产力的质变，虽已是我国上下一致公认的事情，但为什么长期转不过来呢？作者认为主要有如下原因，必须有针对性地采取措施予以解决。

一、认识上的两种片面性

制约经济增长方式转变的既有生产力本身内在的因素，也有生产力外在的因素。较长时期以来，却有两种片面的认识，妨碍这一转变的实际进程，一是把经济增长方式的转变，看成只受生产力本身因素及其发展规律的影响，而忽视政治、经济体制的改革，单纯强调推进管理改善、科技进步、优化结构等方面的工作。殊不知，这些实际工作离开了政治、经济体制改革的动力和制度的保障作用，对经济增长方式不可能有根本性的改观。二是忽视生产力本身内在因素及规律的作用，把体制改革看成是增长方式转变的唯一措施。因此一味地、消极地等待体制改革的完成，而对生产力本身发展的那些因素与规律的作用的缺乏积极地运用，浪费了许多时间，丧失了不少机遇。正确的对策，是要求我们的各级领导机构并教育干部、群众，善于把运用推进生产力本身发展的那些因素，同政治、经济体制改革有机地结合起来。

二、经济决策中的民主集中制不健全

在社会主义公有制条件下，由于国家机构既是宏观经济的调节者，又是全民所有制经济所有者的代表，经济决策权力非常集中。在这种情况下，发挥社会主义公有制经济的优越性，就必须严格地贯彻经济决策的民主集中制。但是，我国机构的经济决策中的民主集中制还非常不健全。在这种情况下，各级政府机构的领导人就往往出于发展中国家加快经济发展速度的紧迫感，少数人则是受任期内政绩的驱使，而脱离国家的决议和规划，违背经济发展规律，提出不切实际的、一厢情愿的“高速度”“超高速度”的新目标，使用各种权力，要求贯彻执行。至于离开会议决议及规划，乱开口子，搞什么“条子工程”“感情工程”“拍脑袋工程”来上新项目、铺新摊子的事情就更为普遍了。因而，突然间，其造成社会总需求扩大及由此而派生的通货高位膨胀，使客观的比例都遭到了破坏，经济态势大起大落。这种情况下，怎么能够实现经济增长方式由粗放型向集约型转变呢？我国经济增长方式迟迟得不到转变，同这种违背经济决策的民主集中制行为的多次重复是密切相关的。因此，如何保证经济决策中的民主集中制的切实执行，在政治体制上、党规法规上，确保经济决策的民主化，就是当务之急的事情。

三、传统的政绩评鉴标准的误导

多年来，一些地方形成了一种不成文的并实际运作评鉴领导干部政绩的标准，即主要看其所管辖范围内的国民生产总值增长的速度、新上项目的数量及其工程设施的气魄、豪华程度，这些就是所谓硬指标和任期内的“几件大事”。至于经济效益和人民所得实惠如何，以及该地区的教育、治安，社会经济政治环境的治理、建设如何，虽然也讲在口头上、写在文件中，但却是一些软指标。在这样一种华而不实的政绩标准的误导下，养成了一些人的华而不实、急功近利的作风。这些干部由于掌握了财政资源配置和行政大权，因而便得心应手地运用其来构造自己的“政绩”。他们对自己任期之前的各届政府所创办的老企业以及自己任期内不能明显表现出起色的农业、基础产业则往往采取忽视以致歧视和挤压的态度，并竭力要求它们更多地甚至是无偿地为其短期内容易见效的新上项目提供资源，从而造成这些企业、产业处于极大的困境之中，而一些新上的、“贪大求洋”的、重复建设、重复生产、重复引进的项目，却“百废俱兴”、一片“繁荣”。实际上正是这种华而不实政绩标准的误导，不断地、周而复始地在制造着一次又一次的“粗放型”经济增长的怪圈和表面“繁荣”。此风不改，何言经济增长方式的转变？转变经济增长方式，首先就必须改变这种评鉴政绩的标准及与此相连的华而不实的作风，应该切实形成以经济效益的提高和人民得到的实惠为中心的、新的政绩标准。

四、长期粗放经营造成经济结构的缺陷一时难以改变

长期以来，以短期速度增长为目标，在以各级政府直接控制投资为保证的发展与投资模式的紧密结合下，形成了一种我国经济发展的惯式：挤现有企业来铺新摊子；挤农业、基础产业来扩大加工工业。正是这种惯式造成了目前经济结构的严重缺陷。在企业组织结构上，除了一些政府新办企业较为先进外，相当多数的原有企业，技术装备落后，管理较差，债务负担过重，产品结构趋同，严重缺乏自我积累、自我改造、自我发展的能力。在产业结构上，加工工业膨胀，农业、基础产业严重滞后，致使国民经济的运行时而大起、时而大落的怪圈不断循环往复。这种粗放发展模式及为之服务的投资体制所造成的经济结构的严重缺陷，一时难以改变。因此，经济增长方式的转变，难度较大，不能期望一蹴而就。改变这种状态，从根本而言，需要有发展模式的转换、投资体制的改革。而当前，急需进行经济结构的改组和调整。

首先，是企业组织结构的改组和调整。应以国有产权配置资源机制与市场机制有机结合为杠杆，通过兼并、联合和必要的破产方式来实现国有资产的重组；使效益高的企业，能集中更多的资产存量，实现企业内部的资源合理配置，造就一批具有国际竞争力的优势企业。这无论是对个别企业或整个国有经济而言，都是从粗放经营转到集约经营的必经途径。

其次，对相当多因不平等的政策待遇而造成困境的国有企业，国家应

采取各种措施帮助解危，使之顺利完成由粗放经营到集约经营的转变。这些措施，应包括采取精兵简政的办法来减轻国有企业的各种负担，特别是要坚决制止各种税赋之外的摊派、资助和少数官员利用职权对企业进行寻租活动，向企业索取“好处”，使国有企业获得一个休养生息与复苏的机会，并应在财政和银行信贷上大力支持国有企业的技术改造和技术更断。特别要采取措施带动国有企业培训和整顿干部队伍，对那些“富了方丈穷了庙”的企业“方丈”们，要彻底清理、撤换和给予必要的法律处置。只有这样，才能帮助国有企业恢复活力，完成由粗放经营向集约经营的转变。有人可能会说，这不又是对国有企业搞“父爱主义”吗？作者则认为，国有企业目前债务负担沉重、设备落后、缺乏自我改造力量，是同各级政府长期以来采取挤原有企业去铺新摊子，以及改革开放以来，挤国有企业去支持扶植非国有经济，挤内地企业去支援沿海的发展等做法有关。较长时期以来，原有国有企业并没有得到平等竞争的机会。有的地方领导对铺新摊子和扶植、支持非国有经济的增长点劲头十足，而对原有国有企业则除了“挤油”之外，却是遇到问题绕道走。他们受某些经济学家关于“让国有企业自生自灭”的错误思想影响太深。国有企业的改革与活力是关系改革成败的关键，没有公有制的主体地位和国有经济的主导地位就不会有中国特色的社会主义，改变对国有企业的不平等的待遇是理所当然的。而且国家作为国有企业的出资者，当自己所有的企业处在困难的紧急关头，难于实现经济增长方式转变的时候，对其扶植一把，使之渡过难关、完成这个转变，也应是题中之义了。即使是作为宏观调控者的政府，对长期以来支持过政府扶植非国有经济及沿海经济作出巨大贡献的国有企业，在遇到困难的时候，也有扶植一把的责任，即使在西方所谓“完全市场经济”的国度里，政府扶植某些对国家经济发展有重要作用，但暂时遇到了困难的企业、集团也是常见的事，怎么能在困难关头，提出“让国有企业自生自灭”的主张呢？这难道是公正的、符合市场经济平等竞争的要求吗？在这种情况下，如果让大批国有企业任其破产，与其说什么“竞争中失败”，不如说是得不到平等竞争的机会，被自己的所有者“挤垮”或“压垮”的，国家岂不成了自己挖自己墙脚的人吗？有些理论工作者，一方面对长期压挤原有国有企业所造成的现状视而不见，另一方面又在国有企业遇到困境时大讲“让国有企业自生自灭”；当人们建议国家对国有企业支持、扶植一把使之渡过难关，实现增长方式转变的时候，又散布什么“父爱主义重来”，这究竟要把国有经济引向何方呢？

再次，是产业结构的调整。各级政府必须痛下决心改变长期以来对加工工业发展的政策倾向与投资冲动，应把投资重点引到发展农业、基础产业方面来，在尽可能快的时期内，改变农业、基础产业发展滞后的局面，从而实现整个国民经济的资源合理配置、协调发展，提高国民经济运行的质量，实现社会资金周转的快速与高效。这样，就加工工业而言，短期看来，速度会有所放慢，但是当农业、基础产业发展起来后，加工工业的发展就有了牢靠基础和广大的市场，从长期来看，则是获得了持续快速发展的保障，而不至于经常出现那种大起之后大落的局面。这就为整个国民经济实现集约型的增长方式，创造了不可缺少的、极为重要的宏观条件。

五、政资不分

如上所述，国家的某些政府机构及其领导人，在任期内追求短期政绩，而不顾客观规律，离开国家重大会议的决策和规制，盲目攀比高速度而得不到及时的制约，是同经济决策中的民主集中制不健全有关。其实，更深层次的原因还在于政资不分。国家的政府机构是一个行政实体，以政务活动为其中心职能，但当它同时作为庞大的国有资产的所有者代表时，必然要以国有资产所有者及国民经济宏观管理者的双重身份，加强对国家的投资及国有企业的控制，以利用国有资产及国有企业的营运为其政绩服务。至于经济运行的客观规律、企业的科学管理，特别是作为市场经济微观基础的企业自主经营、自负盈亏、自我积累、自我改造、自我发展的客观要求，也就难以顾及，或者时而顾及时而不顾及。而且作为行政中心的政府机构及其领导人，忙于政务，也就缺乏精力与专门知识来科学地管理庞大的国有资产的营运和众多企业的经营。政府机关的某些官员还往往以所有者代表的身份对企业进行寻租活动，谋取个人私利。这样，就造成了大量国有企业设备陈旧、闲置，有的连简单再生产都不能维持，却还要挤出“油”来，为各级政府的重复建设、重复引进的新项目、新摊子提供资金，以此来维持其短期政绩和一时的“繁荣”。这些，就是形成国民经济运行中的“扩张—收缩—再扩张—再收缩”……的怪圈不断重复，以及国有企业缺乏活力和市场竞争的重要根源，也是经济增长方式难以转变的要害所在。

改革开放以来，党和人民早已认识到政企不分的这种危害性，在各次重大会议的决议、规划中，都强调提出要实行政企分开，也采取过许多措施试图解决这个问题。例如，先后推行过利改税、拨改贷、承包制等措施，现在又在试行股份制，但收获都不大。实践已经证明，在中国的国情下，股份制不仅不能解决政企分开的问题，而且有使政企结合得更为紧密的趋势。这是因为，在西方的股份制中，由于股权非常分散，所以能够比较好地通过法人财产权与出资者最终所有权的界定，而实现经营权与所有权的分离。现在西方有一种“内部人控制”的理论，讲的是经管者脱离所有者的控制太远了这样一种现象。但中国的情况不同，由于股份制企业中的最大的出资者是政府，按照一股一权的股份制运作规则，作为国有资产所有者代表的政府官员，在股东大会及董事会中都具有举足轻重的地位，因而政府就能够通过它派遣的代表在董事会中所占居的重要地位，使所有权同企业的经营权，使政府与企业更加紧密地结合起来。可见，在政资不分的前提下，用西方股份制的办法，也难于解决政企分开的问题。所以，解决政企分开的问题，关键是政资分开。按本文者的意见，实行政资分开，必须把承担国有资产所有者代表职能的管理机构一分二、分类设置。凡属生产公共产品、垄断性的、非营利性的国有企业的国有资产，仍属政府统一营运管理，以政府的国有资产管理机构作为所有者代表；凡属非垄断的、以营利为目标的竞争性国有企业的资产，则应自成系统，由人民代表大会下设的国有资产管理委员会承担所有者代表的职能。选配有经验、善于经营的专业人才，成立这部分以营利为目标的国有资产的总公司。该公司对人大国有资产管理委员会负责，承担国有资产保值增值及国有经济发展的责任，并接受这个国有资产管理委员会的专门监察机构的监督。在上述基础上，这个总公司也是一个自主经营、自负盈亏、自我积累、自我改造、自我发展的商品生产者和经营者。它对整个国民经济的运行而言，是一个微观基础和中流砥柱。它接受政府的计划指导、宏观调控，遵守政府的法令和各项政策，并向政府照章纳税。但政府不能以所有者身份干预这部分国有资产及国有企业的运营和经营管理。这部分国有资产管理机构及国有企业也不向政府承担利润上缴的任务。这部分国有资产的增值及其盈利部分，一般要用于自身的改造、发展；只有特殊情况下，通过人民代表大会及其常设机构人大常务委员会集体决定，才能有限地动用。只有这样，才能保证社会主义国有经济在激烈的市场竞争中不断壮大，并使整个国民经济增长方式的转变获得可靠的保障和强大的动力。

（原载《湖南经济》1997 年第 3 期）

跨越“卡夫丁峡谷”新的必经阶段的开拓[①]

——社会主义与市场经济结合的创举

中国共产党第十四次全国代表大会根据邓小平同志关于“社会主义也可以搞市场经济”“把计划经济和市场经济结合起来，就更能解放生产力，加速经济发展”[②] 等一系列论述的精神，正式确定我国经济体制改革的目标是建立社会生义市场经济。紧接着，江泽民同志又在《中国共产党的第十五次代表大会上的报告》中对此作了极高的评价，明确指出“把社会主义同市场经济结合起来，是一伟大的创举”。这个伟大的创举的重大意义是多方面的，但如果从马克思的科学社会主义的产生、发展及实践的历史跨度来看，以这个结合为基础所形成的社会主义市场经济的发展阶段，是对马克思关于东方农业社会可以跨越资本主义“卡夫丁峡谷”设想的新的实践和又一新的必经的、过渡阶段的开拓。

一、马克思的跨越资本主义“卡夫丁峡谷”的设想到科学的转化

19 世纪 80 年代初，马克思在晚年把注意力转向于东方农业社会发展趋势的研究。他对当时俄国还普遍残存的“农村公社”中的“小土地经

---

① “卡夫丁峡谷”是指公元前 321 年，第二次萨姆尼特战争时期，萨姆尼特人在古罗马卡夫丁城附近的卡夫丁峡谷击败了罗马军队，并且强迫他们通过“牛轭”。这被认为是对战败军的最大羞辱。“通过卡夫丁峡谷”一语即由此而来，意即遭受最大的侮辱。当时，马克思用“卡夫丁峡谷”来比喻资本主义制度的可耻。(《马克思恩格斯全集》第 19 卷，人民出版社 1979 年版，第 654 页)

② 《邓小平文选》第 3 卷，人民出版社 1993 年版，第 148、149 页。

济”作了深入地剖析之后，提出了东方农业社会可以不通过资本主义发展的“卡夫丁峡谷”直接进入社会主义的推断。这个推断经过俄国十月革命及中国革命胜利后的生产资料私有制的社会主义改造、建设和改革的实践不断得到证实，设想变成了科学。

（一）马克思关于跨越“卡夫丁峡谷”设想的提出

马克思关于东方农业社会可以跨越资本主义“卡夫丁峡谷”的设想是根据东方农业社会、特别是俄国社会客观存在的条件所提出的。这些条件按照马克思的分析，包括以下一些主要的方面：

第一，东方社会残存的土地公有制和农民对劳动组合关系的习惯便于“小土地经济”向集体经济的过渡。马克思的分析指出，在东方农业社会中，特别是当时的俄国还普遍残存着“农村公社”，在那里耕地仍归公社所有，但定期在农村各个社员之间进行重分，每个农民用自己的力量来耕种分配给他的田地，并且把生产得来的产品留为已有[①]，在没有进行分配的草地上，在排水工程及其他关系到共同利益的事业方面，已经在一定程度上实行集体经营[②]，农民习惯于劳动组合关系，因而这便于从小地经济向合作经济过渡[③]。

第二，与东方的“小土地经济”并存的西方资本主义生产已达到的一切肯定的成就可以利用来为集体经济提供物质技术和精神条件。马克思指出，“农村公社”的“小土地经济”和控制着世界市场的西方生产同时并存，使俄国可以不通过资本主义制度的‘卡夫丁峡谷’，而把资本主义制度的一切肯定的成就用到公社中来获得机器、轮船、铁路等等[④]。

第三，东方的农业国家，例如“俄国的天然地势，适合于利用机器进行大规模组织起来的实行合作劳动的农业耕种”[⑤]。

第四，从小土地经济转到集体经济的最初“开办费用”必然会从社会

---

① 《马克思恩格斯全集》第19卷，人民出版社1979年版，第434页。
② 《马克思恩格斯全集》第19卷，人民出版社1979年版，第438页。
③ 《马克思恩格斯全集》第19卷，人民出版社1979年版，第435页。
④ 《马克思恩格斯全集》第19卷，人民出版社1979年版，第435、436页。
⑤ 《马克思恩格斯全集》第19卷，人民出版社1979年版，第438页。

得到支持。马克思指出，社会革命胜利之后，可以从“小土地经济”转到“集体经济”，至于最初的创办费用（包括精神的和物质的），俄国社会有支付的义务，因为它长久以来靠“农村公社”维持生存，并且也必须从“农村公社”中寻找它的“复兴泉源”①。

第五，由“农村公社”的“小土地经济”转到集体经济符合历史发展的方向，也必然会受到历史变革潮流的推动。对于这一点，马克思是这样论证的，他说：“农村公社的发展趋势是符合我们时代历史发展的方向的，对这一点的最好证明，是资本主义生产在它最发达的欧美各国中所遭到的致命的危机，而这种危机将随着资本主义的消灭，随着现代社会回到古代类型的最高形式，回到集体生产和集体占有而结束。”

第六，革命胜利后可用“农民代表会议”制的办法消除农业社会的集权的专制制度。马克思指出，社会革命后，可采用农民选出的代表会议代替乡政府机关，就能够“很容易消除”由于“领土辽阔”“与世隔绝”而形成的“比较集权的专制制度”②。

第七，必须用革命来保证农村经济的自由发展过渡到集体经济。马克思根据俄国当时残存的农村公社遭到政府监护下的大工业和在亚历山大二世政权关怀下成长起来的农村中等阶级的严重压榨和破坏的情况，便强调，要挽救俄国公社就必须有俄国革命，如果革命在适当的时刻发生，如果它能把自己的一切力量集中起来以保证农村公社的自由发展，那么，农村公社就会很快地变为俄国社会复兴的因素，变为俄国比其他还处在资本主义制度压迫下的国家优越的因素③。

马克思正是深刻而全面地分析了上述客观的可能性和必要的条件，提出了东方农业社会，例如俄国的“小土地经济”，可以在革命胜利后不通过资本主义制度而直接过渡到社会主义公有制的跨越“卡夫丁峡谷”的设想。

① 《马克思恩格斯全集》第 19 卷，人民出版社 1979 年版，第 439 页。
② 《马克思恩格斯全集》第 19 卷，人民出版社 1979 年版，第 436 页。
③ 《马克思恩格斯全集》第 19 卷，人民出版社 1979 年版，第 40、441 页。

（二）马克思跨越“卡夫丁峡谷”的设想向科学的转化

马克思在19世纪80年代初提出这个设想后，到20世纪初，尽管东方社会，例如俄国的农村发生了很大变化，当时残存的“农村公社”大都已被破坏而不复存在，或者所剩无几了，但是马克思当时分析的跨越“卡夫丁峡谷”的其他的一些客观因素与必要的条件还是存在的。所以在取得革命胜利后的俄国和中国等国家相继通过对资本主义工商业改造建立起了社会主义全民所有制经济，在极其广大的农村通过互助合作的道路引导农民不经过资本主义的发展而建立起了社会主义集体经济，社会主义基本制度初步建立。这表明马克思关于东方农业社会可以跨越资本主义制度“卡夫丁峡谷”的设想已转变成为科学。

二、落后的东方农业社会公有制的建立并非跨越“卡夫丁峡谷”的最后完成的标志

如上所述，东方农业国家在革命胜利后初步建立了社会主义公有制，它已标志着马克思的跨越“卡夫丁峡谷”的设想转化成了科学。但是，这并非人们普遍所认为的那样，公有制的建立就是跨越资本主义“卡夫丁峡谷”最后完成的标志。历史的实践已经清楚地表明，跨越“卡夫丁峡谷”不仅要有建立公有制的超越，而且更要有劳动生产率方面对资本主义的超越，这就需要经历一系列的过渡阶段。例如，在中国，不仅要经过新民主主义的革命和新民主主义的社会发展阶段，生产资料私有制的社会主义改造、建成公有制的阶段，而且还必须经历一个超过西方发达国家的生产力及公有制成熟的发展阶段。公有制的初步建立只不过是这种跨越的“万里长征的第一步”而已。毛泽东同志早在1957年社会主义公有制刚刚建立起来的时候，在一次省市委书记会上明确指出：“在我国建立一个现代化的工业基础和现代化的农业基础，……社会生产力比较充分的发展，我们的社会主义经济制度和政治制度，才算获得了自己的比较充分的物质基础，我们的国家（上层建筑）才算充分巩固，社会主义社会才算从根本上建成了。”列宁也曾深刻地揭示这一真理。他说：“劳动生产率，归根到底

是保证新制度胜利的主要的东西，资本主义造成了农奴制度下所没有过的劳动生产率。资本主义可以被彻底战胜，而且一定被彻底战胜，因为社会主义能造成新的高得多的劳动生产率”①。由此可见，东方落后的农业国家，即使是公有制建立起来以后，当其劳动生产率尚没有超过资本主义发达国家时，就不能简单地宣布资本主义制度已被战胜，跨越资本主义“卡夫丁峡谷”的任务已经完成。这是因为，这些东方农业社会的国家，已落后于经历过一百多年以至几百年的整个社会发展阶段（资本主义社会），生产力远远低于西方最发达的资本主义国家，并且发展极不平衡，这就决定了社会主义生产关系及其上层建筑的很不完全、很不完善和巩固性差，因而即使已经跨到的地方，也可能因“功亏一篑”，而再返回去。苏联社会主义国家的崩溃，资本主义的复归，就完全证明了这一点。

这种资本主义复归的可能性和生产力的超越阶段对于跨越资本主义“卡夫丁峡谷”的绝对必要性，是由以下客观因素所决定的：

第一，当生产力极为低下时，同西方资本主义大国的竞争会处于劣势。在这种情况下社会主义优越性难以充分发挥，例如，在公有制建立以后的较长时期内，社会主义物质、文化生活水平难以达到最发达的资本主义国家经过一百年多或几百年所达到的水平。这对于革命胜利几十年以后的新一代的许多人来说，往往是难以理解的。因而容易产生“社会主义不如资本主义”的“信仰危机”。这样，一些发达国家便会乘机利用落后国家为克服“与世隔绝”状态和吸取发达国家的物质文明成就而不得不开放的条件，通过物质文化的交流来推销其价值观念和经济、政治制度。再者，当这些新兴的社会主义国家生产力远远落后于发达资本主义国家时，其经济实力、军事实力的竞争力也往往不及他们，在这种情况下，落后国家的经济和军事有可能受制于人，因而也就存在着被“演变”、被破坏、被肢解以至被征服的危险性。例如，苏联曾遭到 14 个帝国主义联合的军事进攻和希特勒部队直逼莫斯科的危机；中国也曾遇到美国为首的多国联合军队借朝鲜为跳板妄想扼杀新生的社会主义国家的强大威胁。1999 年发

① 《列宁选集》第 4 卷，人民出版社 1972 年版，第 16 页。

生的 19 国组成的北约军为肢解、征服一个小国而强加于南斯拉夫的战争，这对落后国家而言，不能不是一副“醒世良药”。所以，东方落后的国家，当生产力尚未超过最发达的资本主义国家所达到的水平时，就不能简单地仅仅把公有制的初步建立，看成是跨越资本主义“卡夫丁峡谷”最后完成的标志。

第二，当生产力尚未超越发达资本主义国家时，公有制还会很不完全、完善和很不巩固。生产关系是由生产力决定的，新制度战胜旧制度的关键在于劳动生产率超过旧社会。如前所述，当生产力已落后于整整一个社会发展阶段的东方社会，它的生产力十分落后，而且由于土地辽阔而形成的发展极不平衡状态，就必然决定了社会主义的初级阶段的生产关系，必须是以公有制为主体同其他非公有制形式并存的局面。然而，有并存就有竞争，如果公有制的优越性不能得到充分发挥，在竞争中失利，也就会存在主体与非主体的地位发生换位的可能性。假如这种地位的置换一旦出现，那么跨越资本主义“卡夫丁峪谷”的进程就可能停止以至再跨回去。再者，由于生产力还很落后，初步建立起的社会主义公有制必然会存在不完善性，加上缺乏经验而造成的体制上的弊病（如高度集中的产权权能不加分解的企业制度；政企、政资不分的行政管理体制等）会加强这种不完善性。这种不完善性如果阻碍了企业劳动者的主人翁地位的实现，限制了企业的相对独立性与自主性，以至人为的主观控制违背经济运行的客观规律，而又长期得不到合理的改革调整，公有制经济就必然缺乏活力，并有可能失去作为社会主义制度的基础的劳动群众的支持，从而可能会使公有制“蜕变”或名存实亡，或难以继续，不得不退回去，形成跨越的“复归”。

第三，建立在生产力落后、公有制很不完全、很不完善基础上的上层建筑的一些方面、一些环节上的“封建专制主义”“殖民主义”思想的残余，也会对公有经济和社会主义国家的政治机构起腐蚀、破坏作用。例如，这些封建专制主义的残余，在经济上使得条块分割、地区封锁、闭关自守等倾向长期难以消除；在政治上则对社会主义民主政治建设和法治建设设置了许多障碍。而且像中国这样的国家，旧社会是一个半封建半殖民地的社会，在社会主义制度建立以后，相当长的时期内不仅受到封建专制主义残余的腐蚀，也还会严重地受到殖民主义精神枷锁的束缚。这主要表现为一些人盲目崇外，民族虚无主义以及在经济政治体制和发展途径上照抄照搬外国模式，对自己人民的创新力缺乏信心。这也可能使我国的经济、政治体制与经济建设处于今天抄苏联、明天抄美国的摇摆状态，以至妨碍我国从实际出发去顺利地最后跨越“卡夫丁峡谷”。所以，简单地把公有制的初步建立，看成是跨越“卡夫丁峡谷”的最后完成，是不符合东方落后国家的社会实际的，也是相当危险的。

第四，在生产力尚未达到按需分配的水平、多种利益主体必然并存的条件下，也就必然存在市场经济。而市场经济具有二重性：第一重性是，它是不同利益主体联结与组合成社会生产力的纽带，是发展生产力、配置资源的动力与方法，因而它的存在与发展对社会主义不发达阶段而言，是绝对必要的促进生产力发展的积极力量。但是，另一方面，它具有追逐个体利益的特性与市场竞争的分化效用。如果它与社会主义公有制的基本原则不能实现有机的结合，甚至相互矛盾、相互抵触，或者缺乏社会主义国家机构的自觉地正确节制与调控，那么也就可能引起两极分化。这种状况如果得不到遏止，跨越资本主义“卡夫丁峡谷”的历程就会向后转，再跨回去。正如邓小平同志所指出的那样，“我们的改革，坚持公有制为主体，又注意不导致两极化”，“如果导致两极分化，改革就算失败了”①。

三、社会主义市场经济的发展是跨越“卡夫丁峡谷”的又一必经阶段

如上所述，在落后的东方农业的社会中革命胜利之后初步建立起来的社会主义公有制并不是跨越资本主义“卡夫丁峡谷”的最后完成的标志。所以这个跨越的完成，还必须继续经历一个或几个新的过渡阶段。这一个或几个过渡阶段的根本任务则应是大力发展社会生产力，实现在劳动生产率方面对资本主义国家的超越，从而获得科学社会主义所要求的社会主义

① 《邓小平文选》第3卷，人民出版社1993年版，第139页。

生产关系和上层建筑的完整性、完善性和巩固性。这样的过渡阶段，从俄国十月革命以来的社会主义建设和改革的经验教训来看，它首先应是社会主义商品经济的高级发展阶段，即社会主义市场经济阶段。它已为俄国、中国的跨越“卡夫丁峡谷”的历史经验和教训证明其为一系列过渡阶段中不可缺少的阶段。它也完全符合东方社会主义国家社会发展的客观必然性与必要性。

（一）社会主义市场经济发展阶段是跨越“卡夫丁峡谷”的历史过程中不可缺少的阶段

这种不可缺少的阶段已被俄国、中国的历史经历所证明。例如，在俄国，革命胜利之后，在城市工业中建立社会主义公有制以后，由于对东方“小土地经济”向社会主义直接过渡的特殊艰巨性认识不足，加上帝国主义的军事进攻、白卫军的暴乱，俄国实行了一种“军事共产主义制”，用“余粮征集制”办法侵犯了农民的利益，引起农民的非常不满，以至他们中一些人参加了白卫军的暴乱，以示反抗，致使新生的苏维埃几乎面临崩溃。敏锐的列宁洞察了这一状况，及时改“军事共产主义制”为“新经济政策”。新经济政策的主要内容是废除“余粮征集制”，改征粮食税，实行商品交换，恢复商品流通，从而开创了沟通城市工业的国有经济同广大农村的小土地经济之间的经济联系的第一个社会主义商品经济发展阶段。实质上也就是社会主义市场经济的萌生阶段。这种新经济政策团结了农民、消除了危机，挽救了苏维埃政权，也极大地推动了在战时被破坏了的俄国经济的恢复和新的发展。由此可见，这第一个社会主义市场经济萌生阶段的开辟，对于继续完成跨越“卡夫丁峡谷”的历史任务是何等重要。后来列宁总结这一经验教训时，极为深刻地指出：“我们原先打算直接用无产阶级国家的法令，在一个小农国家里按共产主义原则来调整国家的生产和产品分配，现实说明我们犯了错误。准备向共产主义过渡要经过多年的准备工作，需要经过国家资本主义和社会主义的一系列过渡阶段。”① “新经济政策”时期以后，俄国广大农村通过合作化道路实现了集体化，随之也

① 《列宁选集》第4卷，人民出版社1972年版，第571–572页。

就开辟了建立在两种社会主义公有制基础之上的第二个社会主义商品经济发展的新阶段。它也可以说是一种受着严格限制的、很不完全的社会主义市场经济阶段。在小农经济已经实现社会主义改造以后，力排关于“应该消灭商品货币关系”的众议，不仅在理论上，而且在实践中承认并开辟了社会主义商品经济——不完全的社会主义市场经济的新阶段，这是斯大林的一大了不起的贡献。但是，由于斯大林对全民所有制内部各企业经济地位认识出现的错误，失去了开辟社会主义商品经济、社会主义市场经济发展的第三个阶段的机会，而搞了一个高度集权的经济体制模式。它既不能确保劳动者主人翁地位的真正实现，又扼杀了公有制经济的生机。因而苏联被迫在20世纪80年代后期至90年代初开始搞市场取向的改革。然而由于集权经济体制模式的弊端积压太深，领导又缺乏坚持社会主义方向和继续跨越“卡夫丁峡谷”的坚定性，因而在内外的各种势力的压力和引诱下，放弃了社会主义市场经济的发展方向，滑向了资本主义经济的道路。在跨越“卡夫丁峡谷”的半路上向后转，又跨回去了。

在我国，情况不完全相同。我国的跨越是在半封建半殖民地的农业社会的起点上出发的，首先是经历了一个漫长的新民主主义革命创立新民主主义社会的阶段，接着是到了生产资料私有制的社会主义改造阶段，并曾在这个阶段成功地利用和发挥过市场的手段作用。此后，中国也经历了建立两种公有制基础上社会主义的市场经济发展阶段。但是，由于开始建立的公有制经济的体制是一种高度集权的经济体制模式，因而这种建立在两种公有制基础上的很不完全的社会主义市场经济，并不可能真正得到发展，致使社会主义经济陷入了极大的困境和危机之中。然而，也正是这种困境与危机，迫使中国人走上市场取向的改革道路。在邓小平的建设有中国特色的社会主义理论指导下，我国的改革逐渐探索出了一条把社会主义与市场经济相结合的发展社会主义市场经济的新道路，从而也就为中国继续跨越“卡夫丁峡谷”开辟了一个新的、又一必经的阶段——社会主义市场经济发展的新阶段。

（二）社会主义市场经济发展阶段的客观必然性

社会主义市场经济的发展阶段，作为东方国家初步建立公有制以后，继续完成跨越“卡夫丁峡谷”新阶段的客观必然性，是由以下因素所决定的：

第一，由生产力落后，刚刚建立起来的社会主义生产关系的不完全性所决定的。这种不完全性，如前所述，主要表现为既有占主体地位的社会主义公有制，也有与其共存的非公有制的存在。不同所有制经济实体之间的经济利益与经营的独立性，决定它们之间的经济联系的纽带只能是商品货币关系。

第二，由生产力落后，刚刚建立起来的社会主义生产关系的不完善性所决定。这种不完善性的改革、调整，主要应对高度集权的全民所有制企业的体制进行改革。改革产权权能的集中制为产权权能的分解模式，从而也就使全民所有制经济内部的每一个企业都成为独立或相对独立的经济实体。这种实体之间经济联系的纽带也只能是商品货币关系。

这样一来，整个社会不论其所有制形态如何的一切企业都成了独立和相对独立的经济实体，它们之间的经济联系都需要以市场的商品货币关系作为其经济纽带。因而通过这个纽带连结的整个经济也就成为市场经济。又由于在这个市场商品货币关系的网络中，社会主义公有制企业占主体地位，全民所有制企业占主导、核心地位，因而这就决定了这种市场经济是社会主义的市场经济。由此可见，我国的社会主义市场经济，是社会主义初级阶段生产力落后、社会主义生产关系不完全、不完善的基础进行改革、调整的必然产物，并非像一些人所认为的那样，从外域引进市场机制而成。

（三）社会主义市场经济发展阶段的必要性

社会主义市场经济发展阶段，作为东方国家初步建立公有制以后，继续完成跨越“卡夫丁峡谷”的新阶段，不仅是必然的，而且是非常必要的。这是因为：

第一，社会主义市场经济既具有社会主义公有制的动力机制（劳动者的主人翁地位、生产目的的满足人民群众的物质文化需要，按劳分配等），也具有市场经济的动力机制（要求企业独立性所释放的能量、价值形成机制和竞争机制对技术进步、管理改善所形成的推动），社会主义与市场经济的结合，也使两种动力机制结合成合力，推动生产力的发展。

第二，社会主义市场经济既具有社会主义配置资源的机制，如公有产权配置资源机制和社会主义协作机制配置资源机制相结合所形成的“集中力量办大事”的合力机制，也具有市场配置资源的机制（价格机制、供求机制、竞争机制）。社会主义与市场经济的结合，使两种配置资源的机制有机结合起来，形成合理组织社会生产力的合力。

社会主义市场经济的这两种动力机制与两种配置资源机制的合力，比资本主义市场经济单一的市场动力与配置资源的机制对生产力的推动和组合作用，具有更大的优势，因而会加速对发达的资本主义国家生产力的赶上和超越。随着这种生产力的赶上与超越，社会主义的生产关系与上层建筑也会因生产力的决定作用而逐步完整、完善和巩固起来。而这种状况到来之时，也就是最后完成跨越资本主义“卡夫丁峡谷”之日。

第三，社会主义市场经济对市场开拓的要求，必然促进对内对外的开放，从而有利于消除东方农业社会那种“与世隔绝”的孤立状态，便于把发达的资本主义国家在物质、文化方面的“肯定成就”吸取过来发展社会主义国家的生产力。

四、作为跨越“卡夫丁峡谷”新阶段基本内容的社会主义市场经济必须是社会主义与市场经济的有机结合体

社会主义市场经济作为东方农业社会公有制建立之后的跨越“卡夫丁峡谷”的新阶段，不仅是因为它具有客观必然性，而且具有必要性。也就是说，必须通过它的两种动力机制、两种配置资源机制，来实现在生产力上对发达资本主义国家的超越，才能最后达到科学社会主义所要求的社会主义生产关系的完全、完善和巩固的目标。而为了使这两种动力机制、两种配置资源机制凝成合力，不至于相互抵消，就必须进行两个改造：既要对我国原有公有制经济体制的全面改革，使之适应市场经济的要求；也要对从西方市场经济中引进的某些体制进行改造，使之符合社会主义经济的基本要求。只有进行这样的两个改造，才能真正实现社会主义与市场经济

的有机结合。如果做不到这两个改造，就可能是一种简单的拼凑，结果就会相互矛盾、相互抵消力量，导致社会主义坚持不下来，市场经济也搞不好。市场经济搞不好就可能是计划经济的复归；社会主义基本原则坚持不下来，就会像苏联一样滑向资本主义市场经济。二者都会破坏经济的发展，给中国人民带来灾难又何言继续去完成跨越“卡夫丁峡谷”的历史任务呢？所以，广泛而深入地探讨社会主义与市场经济如何在改革中实现有机结合以及其二者的矛盾如何调节的问题，乃是学者们现阶段的理论与实践的根本任务。

（原载《湘潭大学社会科学学报》1999 年第 4 期）

融入世界产业革命 开创跨越式发展新道路

当今的经济全球化浪潮，其实质具有二重性。第一，从世界经济关系看，它是大国的资本主义生产方式借助于新的科技革命和巨大的相对过剩资本推动的一次新的急剧扩张；第二，从生产力的角度看，它是一次以高新技术群革命为中心的、新的世界产业革命的大浪潮（继工业革命之后的知识产业革命）。在这个大的浪潮面前，也必然是“适者生存，不适者灭亡”（孙中山语）。作为发展中国家，特别是社会主义的发展中国家，必须在融入这个浪潮中，自主开创出一条社会生产力跨越式的发展道路，方可乘浪崛起，立于不败之地。

一、跨越式发展道路的创新

人类的发展总是受不平衡规律的约束，追求跨越是后发者永恒的历史课题。二次世界大战之后，适应发展中国家发展经济、实现工业化与现代化、追赶发达国家的迫切要求，《发展经济学》应运而生，纷纷提出了各种发展的模式。这些模式，概括起来大致可分为四大类。

第一，资本积累型“起飞”模式（罗斯托、刘易斯为代表）。他们认为只要当资本积累率达到 10%或 15%左右，就可以实现农业社会向工业社会转变的“起飞”。

第二，“发展主义”模式（阿根廷的普鲁维什为代表），他们主张用国家的计划和必要的行政手段调节经济，以及实行“进口替代”战略等办法，推动经济高质量发展，实现国家工业化的目标。

第三，“依附型”发展模式，即所谓“雁式梯度飞翔模式”。最早于20世纪30年代由卡纳姆阿卡玛，根据当时日本同它的东亚殖民地的主从经济关系而概括出来。二次大战后，美国、日本同一些东亚和拉美新兴的国家和地区的经济关系中，又重现了这种依附型的模式。其主要的主张是，发展中国家的经济要纳入经济大国的“雁阵”之中，由大国的“雁头”带动起飞。

第四，新古典学派的“单一经济型”发展道路（彼特·鲍尔、道格拉斯·C·诺思为代表），他们认为私有化与自由市场是普遍的发展道路，不应有什么“双重经济学”，只能存在“单一经济学”。实质上是主张取消面向发展中国家的“发展经济学”和一切“特色经济学”。它被詹姆斯·A·道称之为“发展经济学的革命”①。

以上这些发展道路的模式，就其个别观点而言，也有其合理的成分。例如，发展中国家实现工业化、现代化，是要有一定的资本积累为基础；作为不发达国家的振兴，政府强有力的计划指导和组织实施也是十分必要的，充分发挥市场的积极作用，当然也是题中之义。政治上刚刚获得独立的国家和地区，经济上在一定的时期内，还对原宗主国或其他经济大国有所依赖，也是可以理解的。但是，如果把这些个别的或短期内起作用的东西，孤立起来，并加以绝对化，那显然是不正确的。所以，这些发展道路的模式，虽然也曾在一定的时期、一定的国度和地区里，发挥过某些积极作用，但就其总体而言，它们是片面的。更为突出的缺陷是，没有抓住二次世界大战以后，特别是20世纪60~70年代以后，世界兴起的高新技术群革命为中心的产业革命的重大机遇，为发展中国家设计出乘机崛起的战略和发展模式。它们或者是照搬西方大国所走过的道路，或者是照抄苏联的模式和凯恩斯的政策主张；或者是沿袭殖民主义时期宗主国与殖民地之间的经济关系。总之，是从外部注入发展中国家来的，严重地脱离世界的潮流和发展中国家的国情。所以这些道路和模式对发展中国家所起的积极

① 〔美〕詹姆斯·A·等编著、黄祖辉等译《发展经济学的革命》上海人民出版社2000年版。

作用十分有限。有的还恰得其反，致使一些发展中国家的长远利益，遭到严重的损害。像阿根廷这样一个曾经被西方一些经济学家和政府领导人，誉为从20世纪80年代起转到“自由市场经济模式”后，而很快发展的“典型”，现在却是连续四年衰退，半数以上国民陷入绝对贫困之中。由此可见，发展中国家的根本出路，在于自主创新，找出一条适应世界潮流和本国国情的、新的跨越式发展道路来，方可迅速崛起，立于世界民族之林。

中国自社会主义制度建立以来，特别是改革开放以来，坚持自主探索中国特色的工业化、现代化的发展道路。在总结自己和借鉴别人的成功与失误的经验中，正逐步形成一条中国特色的社会生产力跨越式的发展道路。这正是人们誉为“中国一枝独秀”的真谛所在。因为这条道路的实践和执行，使中国经济既融入了世界产业革命的浪潮，从中吸取力量；又是在融入中自主改革、自主开放和自主发展。因而它既避免了“休克疗法”那种毁灭性的崩溃，又抵挡了西方大国转嫁危机的冲击。这条生产力跨越式发展道路，大致可以概括为：以制度（包括体制）创新和国家工作重心的转移为前提和动力，以教育创新为基础，以科技创新和知识化带工业化为关键，实现社会生产力的跨越式发展。这条跨越式发展道路的理论模式，是继马克思的东方农业社会可以跨越资本主义制度“卡夫丁峡谷”的著名论断之后，又一新的跨越式发展理论。前者，跨越“卡夫丁峡谷”，是社会制度的跨越；后者，讲的是社会生产力的跨越。它是对马克思主义关于后发国家跨越式发展理论的新发展。中国的实践表明，由落后国家变为发达国家，既要讲制度的跨越，又要讲生产力的跨越，两个都讲全了才行。

二、制度创新和工作重心的转移是跨越式发展的前提和动力

人类社会发展史表明，任何社会形态、社会发展阶段，所出现的经济繁荣、技术进步、生产力的跨越式发展，都是以改变束缚生产力的旧制度、旧体制，创建新制度、新体制和实现国家工作重心转移为前提和动力的。这是一条普遍规律。大量后来者居上的国家和地区的经历，都曾证实

了这条规律的客观存在。邓小平同志在南巡讲话中，对此规律在中国的特殊历史条件下的体现，作了极为深刻的揭示。他说："革命是解放生产力，改革也是解放生产力""推翻帝国主义、封建主义、官僚资本主义的反动统治，使中国人民的生产力获得解放，这是革命，所以革命是解放生产力。社会主义基本制度确立以后，还要从根本上改革束缚生产力发展的经济体制，建立起充满生机和活力的社会主义经济体制，促进生产力的发展，这是改革，所以也是解放生产力"①。这里清楚地揭示出，基本制度和经济体制的创新，不仅是社会生产力快速、跨越式发展的前提条件，也是其强大的推动力。

当新的社会基本制度确立以后，把国家的工作重心转移到经济建设上来，并继续根据社会的技术进步和生产力迅速发展的要求，适时地进行体制改革、创新，对于后发国家的科技创新，用知识化带工业化，实现社会生产力的跨越式发展，也是同样重要的，不可或缺的前提和动力。我国在1978年党的第十一届三中全会上明确提出，把党和国家的工作重心转移到经济建设上来，并决定在全国进行经济体制改革和对外开放。

中国的改革，是社会主义制度自我完善的，全面的体制改革。在经济上最为重要的三个方面的改革。一是在改革公有产权权能不予分解，政府高度集权的计划经济体制模式，建立在公有产权权能分解基础上的社会主义市场经济体制模式——社会主义经济的一种新的实现形式。其次，是改革单一的公有制经济，建立起适应社会主义初级阶段生产力发展要求的，公有制为主体，并掌握控制力的，多种经济成分共同发展的基本经济制度。第三，改变过去自己封锁和他人封锁，同外部世界隔绝或半隔绝的局面，实行融入经济全球化的自主开放政策。社会主义与市场经济优势的融合，竞争与协作的结合，国家、企业、个人和公有制经济主导下各种经济成分等，各方面的积极性的共同发挥，以及国内外两种资源的开发利用和计划、市场、公有产权机制有机结合配置资源，特别是国际间的科学技术和信息交流等等，已经、正在，而且必将进一步形成巨大的合力，为我国

① 《邓小平文选》第3卷，人民出版社1993年版，第370页。

科学技术的率先跨越式发展，用知识化（当前主要是信息化）带工业化，实现社会生产力的跨越式发展，提供了取之不尽的动力和物质前提。

国有企业尚没有形成公有制同市场经济有机结合的良好的实现形式，因而活力严重不足；农村双层经营体制尚未真正建立起来，农户联产承包的单层经营，难以适应生产力进一步发展和市场激烈竞争的要求。这些深层的问题如果得不到较快、较好的解决，社会主义市场经济新体制也会因微观基础的脆弱，而难以真正最终确立，甚至会出现偏离目标的倾向。所以，这些深层次的问题能否解决好，是关系社会主义市场经济体制改革成败的问题，也是涉及科技创新，知识化带工业化，实现社会生产力跨越式发展的目标能否实现的问题。这是不能绕开、也不应绕开的问题。

目前，国有企业建立现代企业制度所采用的实现形式，多为搬用西方股份制的单一资本联合的产权制度形式。它实行的只是资本要素可以入股分红，而早已成为生产力决定因素的科技成果和素质日益提高的劳动者，被排除在产权要素结构之外；科技工作者、管理者和一般劳动者都只当成单纯的雇员对待，主人翁地位无法确立；企业剩余产品实行的单一的按资分配，以按劳分配为主同按要素分配相结合的分配方式，也无法真正落实。从而科技工作者和广大劳动者的积极性不能充分调动起来，对企业的资产关切度也很低，群众既无积极性，也无权对企业管理进行监督。因而“富了方丈穷了庙”的现象也无法避免。这是当前多数企业缺乏活力，技术进步缺乏动因，乃至呈现萎缩状态的根源所在；也是目前产品和财富分配不公，社会需求普遍不足的主要原因。由此可见，改变这种西方搬来的单一资本联合体的产权制度，建立一种适应社会主义市场经济和技术革命、知识经济发展所要求的劳动联合与要素资产联合有机结合的新型经济联合体，建立一种以公有制为主的，资本、科技成果和劳动均可入股分红的“泛股份制”。并在这种“泛股份”公司中，构置资产所有权、占有权、支配使用权在董事会、企业职工管理委员会和市场招聘的厂长（经理）之间分权为基础的内部治理结构，充分调动各要素所有者，特别是劳动者和科技工作者、管理者多方面的积极性，乃是国有企业深化改革所必须着力解决的深层次的核心问题。农村的改革，也应参照此法办理。即，在土地公有、农户联产承包不变的基础上，按自愿原则，逐步建立一种土地使用权、资本、科技成果和劳动均可入股分红的村级或乡级的合作股份制经济联合体。由它承担起农业产业化基地，或介于城市大龙头企业和农户之间的小龙头企业的职能；成为用科学技术提高和改造传统农业、实现农业工业化、现代化和农村城镇化的基地和载体。社会主义市场经济体制才能依据这些城乡的新型的微观主体，真正确立、完善起来，从而发挥社会主义与市场经济的两个优势的结合，推进技术进步为中心的产业革命，实现社会生产力的新的飞跃。

三、科技创新、知识化带工业化是实现跨越式发展的关键

如前所述，自新中国成立以来，特别是改革开放以来，中国探索出了一条社会生产力跨越式发展的道路。这条道路的核心是科技创新和用知识化（当前主要是信息化）带工业化。

（一）科技的自主创新对生产力跨越式发展的决定性作用

社会生产力的快速、跨越式发展，最主要的是依靠内外两种力量来推动的。一是来自生产力自身之外的力量。即在社会基本矛盾中，依靠经济基础和上层建筑方面的制度或体制的变革、创新，消除生产力发展的桎梏，为充分发挥生产力的诸要素，特别是其中占主导地位要素的潜力，提供新的动力和新的组织生产力的方式（配置资源的方式），从而实现生产力整体的快速或跨越式的发展；另一种力量，则是来自生产力自身的内部。即，由生产力内部结构中各要素的地位和作用的转化，及其所引起的生产力整体的飞跃。

社会生产力是由五个因素所决定的。即，一是，劳动者的素质；二是，科学的发展水平和它在工艺上应用的程度；三是，生产过程的社会结合（包括劳动、协作与资源配置方式等）；四是，生产资料的规模和效能；五是，自然条件。

对此，马克思在一百多年前就作过明确的概括。社会生产力整体结构中的各种要素，它们在不同的社会经济发展阶段，其地位与作用是不同

的。其中占主导地位的要素，决定着该社会发展阶段生产力的性质和经济时代的特征。例如，在原始的游牧时代，生产力中的“自然条件”，就起着决定性的作用。后来相当长的经济时期内，则是“生产资料的规模与效能”这一要素起决定性的作用。即有所谓石器时代、铜器时代、铁器时代和蒸汽机时代。到20世纪的中叶以来，则是“科学的发展水平和它在工艺上应用的程度”这一要素，起决定性的作用了。生产力要素结构中，科学技术所处地位的这种变化，就为发展中国家利用科学技术的自主创新和知识化带工业化的办法，实现生产力的跨越式发展，赶超世界发达国家，提供了极大的机遇。科学技术的自主创新以及知识化带工业化，其所以是实现社会生产力跨越式发展的根本办法和途径，还是由于科学技术本身的性质、特点及其它同社会生产力的其他要素之间的内在关系所决定的。

第一，科学知识的创新是对客观事物的本质及其运动规律的揭示。当人们对客观事物规律的认识深化一步时，其行为就会比以前更具有自觉性、主动性，因而也就更有效率。在社会生产领域和经营管理中，则表现为劳动生产率和经济效益的倍增。这正是“知识就是力量”的一种注解。所以，科学知识（无论是自然科学知识或社会科学知识）一旦有新的重大的揭示，并为实践着的群众所掌握，就会变成改造自然、改造社会的巨大物质力量，表现为生产力和社会进步的飞跃或跨越式的发展。

第二，科学创新是生产力要素结构及社会产业结构变革的催化剂。科学的创新，一旦渗入生产力各要素的内部并引发其质变时，也就必然引起生产力内部结构的变革，并外化为社会产业结构的优化、升级（新产业的兴起、传统产业的改造）。而这种结构内外的变革、优化、升级，便形成社会生产力的质的飞跃，即跨越式的发展。

第三，科学技术的创新，把“自然力”和“社会结合力”并入社会生产力①，从而实现社会生产力的飞跃和超越式的发展。例如，借助自然科学的发现和技术的进步，把自然界的水力、风力、蒸汽力、地热力、电力、原子能、核能以及新物质和物质的新效能等，利用于生产过程，致使

① 〔德〕马克思：《机器、自然力和科学的应用》，人民出版社1997年版。

社会生产力几倍、几十倍、千倍、万倍乃至无限的增大；借助于管理科学的创新，运用于管理制度、体制的创新和劳动协作资源配置方式、生产组织、企业组织等方面的创新，会使“生产的社会结合力”大增。因而世界历史上每一次大的科学技术的发现、发明（包括自然科学与管理科学）及其所转化而成的产业革命，都会有一些国家、民族、抓住了机遇由穷转富，后来者居上；也有些国家和民族，失去了新的机遇，则由强转衰，乃至一蹶不振。关键在于一个国家、一个民族，在知识创新和技术创新及其在生产中的应用上，能否赶在新的技术革命浪潮的前沿，先走一步，率先发展。

第四，凡科技原创者的企业及其国家有可能成为国际产业分工体系中某些领域的新“龙头”，从而迅速富强起来。或者是富者更富，或者是由弱转强。因而，发展中国家致力于提高自己的科学、技术的原创力，乃是实现社会生产力跨越式发展、后来者居上的首要环节。

第五，科学创新及其超前发展，是获取超额利润和突破别人垄断的重要手段。在市场经济条件下，产品价值是由社会必要劳动量所决定的，在国际市场上，则是由国际社会必要劳动量所决定。因此率先科学创新和采用新技术的企业和国家，在一定的有效时期之内，就会获得超额垄断利润，因而成为世界财富迅速聚集的中心。从而也为这些企业和国家创造了更深层次科学研究、开发的物质条件，以保住某方面科学技术发展的垄断和财富聚集中心的地位。同时科学技术的率先研发和创新，也是突破别人垄断、开拓市场，增强国际竞争的重要手段。因而是发展中国家，后来者居上，由弱转强的重要途径。

（二）科学创新和知识化带工业化的机理与方略

如上所述，科学知识的创新对生产力的发展，具有决定性的作用，因而怎样善于在科学知识和技术上创新，并善于用创新的知识来带动工业化，便是实现社会生产力跨越式发展的又一关键。

第一，科学知识创新和知识化带动工业化，应立足当前瞄准未来，两眼兼顾、两手并用。当今的高新技术群的革命是有带头技术的，而且带头技术也会不断更新。今天的带头技术是信息技术，而明天就可能是生物、生命技术或纳米、新材料技术了。现在美国等发达国家的信息技术已呈饱和状态。他们除了在信息技术上继续攀登外，已经准备在下一轮的带头技术上抢先占领制高点，因而正在花大力气攻克生物、生命技术和纳米、新材料技术。而我们现在既有工业化尚未完成，信息化差距很远的问题，又有下一轮带头技术更新所面临的压力。因此在战略上，必须瞪大两只眼睛，采用两手的方法加以应对。首先，要瞪大第一只眼睛，盯住目前的带头技术——信息技术，着力抓住信息化带工业化不放，而且这是主要的一手；而另一只眼则要盯住，可能成为下轮带头技术的生物、生命技术、纳米、新材料技术，分出部分精锐的先头部队，先走一步，赶在前头自主创新。这就是我们的另一只手。千万不能抓一手，丢一手。两手都是我们用科学技术创新及其率先跨越式发展，来带动社会生产力跨越式发展的道路的重要内涵和途径。

第二，在科技创新中，应把“学习创新”与“自主创新”有机结合起来，并逐步转到以“自主创新”为主的轨道上来。发展中国家在其发展的初期，不能不以“学习创新”为主，但即使是在这个初期，也必须十分重视“自主创新”。所谓“学习创新”，就是在引进、消化、吸收外国新技术的基础上，有所超出的创新。这也就是发挥后发优势，以收节约研制成本、缩短时间，以及“举一反三”，“触类旁通”的效应。“自主创新”则为原创性、有知识产权的创新。发展中国家大业的引进，走一段“学习创新”之路。但不能心安理得或沾沾自喜地老跟在别人后面，亦步亦趋的爬行；满足于充当发达国家技术和产业的“二传手”“三传手”，作外国大公司的卫星厂和装配车间。为此，在理论上必须突破国际分工中的静态“优势互补”的旧观念。据说这个旧观念，被某些国内外学者誉之为不可更改的“铁的规律”，“国际分工理论的核心”。其实，包括英国、美国、德国、日本等发达国家在内，当它们在其后来者居上的跨越式发展期间，都无一不曾把这个“铁的规律”“理论的核心”，抛到九霄云外，否则，按“资源禀赋”和“成本利益优势互补”的理论，美国现在也还应是老老实实在充当英国的粮食和棉花及其他工业原料供应地的农业国家。他们自和贡奉起来呢？其实，在经济强国同经济弱国的产业分工中，既存在“成本利益优势互补”性，也存在“结构利益的非互补性”，乃至“对抗性”。对发展中的弱国而言，固然可以从“资源禀赋”“成本利益优势互补”中获得一定的“优势利益”，但是，这只不过是从整个羊身上分得一条羊腿而已。发展中国家由于处在产业分工的低位处，产品的附加值很低；而发达国家则处在产业分工的制高点，产品的附加值高，并可获取超额垄断利润，还紧紧掌握着产业结构调整的控制权。这就是世界经济格局中，富者更富，穷者更穷，弱者受制于人的经济根源之一。要改变这种状态，只能是发展中国家卧薪尝胆，发奋图强，在科学技术上努力自主创新，力攀高峰，从而在世界产业革命中的产业分工体系的制高点上，抢占一席之地，成为某些产业领域的“龙头”，方可摆脱受制于人的处境。这就是“先发效应”。我们应把“后先效发效应”为主，转到发挥“先发效应”为主的轨道上来。在经济全球化中，世界产业分工的格局里，只有不同的产业龙头之间，方有真正优势互补，互惠互利，经济平等可言。如果一方老是龙头，另一方老是龙尾；后者受制于前者不得不向前者“朝贡”那又何言优势互补、互惠互利、经济平等呢？由此可见各发展中国家在科学技术上自主创新争取国际分工中的产业龙头多元化才是争取世界经济、政治多元化以及建立世界经济、政治新秩序的真正的物质基础舍此是很难达到目的的。

第三，建立新兴产业和改造传统产业必须并重，但初期应以后者为主。现在中国仍然存在着以手工劳动为主的、庞大的传统农业；城镇工业发展机器设备陈旧，整体水平不高。因此，融入经济全球化的激烈竞争中，面临严峻的挑战。所以无论是从外国引进的，或是中国自主创新的高新技术，不能只停留在建立新兴产业区上，更要着重用于改造、提升落后的传统产业。只有当传统产业较快地提升起来，达到新的工业化的要求，新兴产业的充分发展和整个经济的知识化，才有坚实的物质基础。当前，西方大国，特别是美国的信息网络泡沫破灭的教训，值得注意。在作者看来，它并非新技术、新经济本身是什么泡沫，而是它的发展远离了制造业、农业、基础产业等实物经济的基础，而且在经济全球化的条件下，它的发展也超出了世界各国群众有支付能力的需求。因而不得不骤然降落到它赖以存在的基础上来。在美国等西方大国其实物经济空心化和网络、信息经济的凭空飚长，恐怕是酿成这场信息产业相对过剩危机的一个主要原因。中国必须从中吸取有益的教训。当前要着力抓住用新技术改造、提升传统产业这个基本环节莫让新兴产业也变成空中楼阁。值得注意的是，现在西方大国的大量过剩的信息产业转到中国这在一定时期内符合中国用信息化带工业化的要求。但如果蜂拥而来的信息产业，其目标并不在于帮助中国改造传统的产业，而是主要占领中国新兴产业的市场，排斥、吞并幼稚的中国信息产业，那么不要很长时间，就会把西方信息产业的相对过剩危机移植到中国。网络信息产业，在美国，用户达到70%就相对饱和。在中国，由于庞大的人口中80%是收入低、文化落后的农民；城镇人口中，比较富裕、文化水平高的人的比重也不大，远远落后于西方大国。因而在中国如果近几年内，能购买计算机并且上网的户数达到了15%~20%左右，恐怕就已经是相对饱和。因此，我国必须未雨绸缪，正确引导中外高新技术产业，加入改造、提升中国传统产业和开发西部的主要任务中来。也要运用其经济和行政的调控手段，防止外资的高新技术产业，集中在信息产业上；要鼓励那些研制、开发可能成为下一轮高新技术革命的龙头技术（如生命、生物技术和纳米、新材料技术等）的外资企业，来到中国开展研制、建立这方面的新兴产业。当然，最根本的出路还在于自主创新，建立自己民族的、强大的高新技术产业群，用自主创新的高新技术来建立新兴产业，改造、提升传统产业，实现中国经济的新型工业化、知识化和社会生产力的跨越式发展的目标。方可在未来世界经济、政治和国防形势出现风云突变时，站稳脚跟，立于不败之地。

第四，应把知识化（当前主要是信息化）带工业化同传统产业部门主动提升自己相结合。这是推进社会生产力跨越式发展的又一根本途径。在发展中国家，知识化带动工业化，一般需要靠国家、靠新兴的知识产业部门，对传统产业部门的技术改造、技术更新进行有力的支持和带动，使传统部门较快的达到新的工业化的要求。但是发展中国家的传统产业部门极为庞大，全靠国家、靠新兴的知识产业部门的支持和带动，是难以胜任的。因此在这一过程中，最主要的还是要靠传统产业部门，自己主动朝着新型工业化、信息化、知识化的要求提升、改造自己；把来自上面的带动，和自己的主动提升，有机结合起来，方可加速整个国民经济的新的工业化、信息化、知识化的进程，实现社会生产力的跨越式发展。在传统产业部门实现自我提升的过程，充分发挥职工群众的社会主义现代化建设的积极性及其聪明才智，具有特别重要的意义。

第五，用知识化（当前主要是信息化）带动工业化，实现社会生产力的跨越式发展，除应加速信息网络基础设施的建设，给各行各业，特别是给农村、山区、利用信息资源一个便利的平台外，还要因地制宜，着力于使新知识、新技术进入物质生产领域的全过程。如使用计算机辅助研发、设计、制造、管理经营等活动。尤其要特别扶植用新技术去改造、装备机器设备制造业及农业产业化的龙头企业，通过它们广泛带动、改造整个传统的实物经济部门，切实转变经济增长方式，提高社会劳动生产率。

第六，科技创新与应用，应把国家主导的重点突破与民间的多元化发展有机结合起来。从发展中国家的实际力量出发，集中有限资源的优势，突破那些关系全局的、紧迫的重大项目，建立起国家主导的政（政府）、企、学、研、金（金融业）一体化的国家创新体系，其余则应由民间的多元化创新体系来普及、发展。如：建立以企业为主的产、学、研、金一体化创新体系；以大学为主的学、产、研、金一体化创新体系；以研究所为主的研、产、学、金的一体化创新体系；等等。

四、教育创新是跨越式发展的基础

如上所述，中国作为处在社会主义初级阶段的发展中大国，无论是提高人民群众日益增长的物质文化需要，或是增强国际竞争力以及完善和发展社会主义制度，都迫切需要社会生产力的快速和跨越式的发展。而要做到这一点，也正如前面所述的那样，要在两个方面努力。

第一，在生产力本身之外，不断进行体制改革、体制创新，克服束缚技术进步、生产力发展的障碍；从不断完善的生产关系和上层建筑那里获得强大的推动力。

第二，则是从生产力自身的内部挖掘潜力，即在已成为生产力的第一要素的科学技术上，不断自主创新并用科学技术的率先跨越式发展带动工业化，实现整体生产力的跨越式发展。然而，无论前者，体制的创新；或是后者，科学技术的创新，都需要具有创新素质的主体——人，以及源源不断的新知识的提供。而这些都有赖于创新教育的建立和发展。因为创新教育，既是培养德、智、体全面发展和具有创新精神、创新能力素质的新型劳动者和专业人才的重要摇篮，也是知识创新、技术创新和传播应用的主要基地。

创新教育，主要应体现在教育观念、培养目标、课程设置、教学内容、教学方式方法以及教育、教学制度、教育结构体系等方面的创新上；还特别需要学校的教师、校长以及各级教育行政领导机构的负责人，本身具有很强的创新精神、创新能力和对建立创新教育的高度重视和责任感。这在党和国家关于科教兴国的各项决议和江泽民同志的多次讲话中都有一系列明确的要求和深刻的阐述。例如，江泽民同志在1999年6月15日的第三次全国教育工作会议上的讲话，在阐述建立创新教育对实现社会主义现代化宏伟目标的极端重要性时，首先指出，必须“动员全党同志和全国人民，以提高民族素质和创新力为重点，深化教育体制和结构改革，全面推进素质教育。振兴教育事业，实施科教兴国战略”。在此会议上，他还全面而具体的论述了建立和发展这样的创新力教育的途径和要求。这些途径和要求，大致包括如下一些方面：创新力教育应该是以提高民族素质和创新能力为重点的全面素质教育；建立和发展这种以创新力为重点的素质教育，首先要进行教育改革，转变“那种妨碍学生创新精神和创新能力发展的教育观念、教育模式，特别是由教师单向灌输知识，以考试分数为衡量教育成果的唯一标准，以及过于划一呆板的教育教学制度”；要大力加强教师队伍建设，不断优化队伍结构和提高队伍素质；要求学校的校长教师要“精心培养人才”“善于发现和开发蕴藏在学生身上的潜在的创造性品质”；要“改革脱离社会实践的教育思想和教育模式，通过经济体制、科技体制和教育体制的配套改革，尽快建立教育与经济、科技密切结合的新机制”；要建立终身学习和人人学习的“学习型社会”；各级党委和政府，都要将教育纳入战略发展重点和现代化建设的整体布局之中，切实把教育作为先导性、全局性、基础性的知识产业和关键的基础设施，摆到优先发展的战略重点地位；各级政府和干部，要“坚持在制定经济与社会发展规划时保证教育优先的适度超前发展”“提高教育支出在财政支出中的比例，为教育优先发展提供物质保证”；等等。

创新教育，特别是其中的大学教育，应在国家的科技创新体系和民间多元化创新体系中，发挥特别重要的作用，为知识创新、科技创新和传播、应用作出贡献，推动生产力和社会进步的跨越发展。

总之，当今世界任何国家的发展，都是以社会生产力的发展为中心的，江泽民同志指出：“发展是执政、兴国的第一要务”。而发展的优势蕴藏于知识和科技之中，社会财富日益向拥有知识和科技优势的国家和地区聚集，谁在知识和科技创新上占优势，谁就在发展上占主导地位。而知识和科技优势的获得，必须以创新教育的发展为基础。我们要奋力走出一条以制度（包括体制）创新和政府的工作重心转移为前提和动力，以教育创新为基础，以科技自主创新及其率先跨越式发展为先导，用知识化（当前主要是信息化）带工业化为关键，实现生产力的跨越式发展的新道路，这条道路的理论模式将随着中国特色社会主义现代化建设实践的发展而不断发展和完善起来。它是中国人民的巨大财富，也将对其他发展中国家提供极为可贵的参考；在理论上、学术上也将会促进“发展经济学”新的发展和变革。

（原载《湘潭大学社会科学学报》2003 年第 1 期）

发挥现有优势 创新比较优势 实现跨越式发展

人类社会的发展总是受到不平衡规律的约束，追求跨越是后发者永恒的课题。自人类社会产生以来，在社会生产方式方面，曾经不断有后来者的制度跨越式发展和生产力的跨越式发展的实践发生，将来还会长期存在下去。那种认为先进者会永远先进、落后者永世不得翻身的观点，是不符合人类社会经济发展历史事实的。

马克思在他的晚年（19 世纪 80 年代初），认真研究了当时俄国和印度的社会经济情况，提出了东方落后的农业社会，可以通过革命而跨越资本主义制度的“卡夫丁峡谷”，直接进入社会主义社会的著名论断。这个论断后来得到了俄国、中国等国的革命实践所证实。但长期建设的经验表明，这种跨越的最后完成和完善，需要经过一系列的过渡体制模式，其中以公有制为主的劳动联合与要素资产联合有机结合的联合产权制度及其以此为微观基础的社会主义市场经济体制，就是不可或缺的过渡性制度和体制模式。历史的经验还表明，落后国家的制度跨越，还必须要有一个生产力的跨越才能巩固、完善和发展。

一、实现社会生产力的跨越式发展必须乘现有优势，创新比较优势

社会生产力跨越式的发展，对发展中国家来说，就是同发达国家相比较，能把别人已经经过的两个或两个以上的发展阶段的任务，并作一个阶段来完成；或者是以比发达国家快得多的发展速度，在不太长的时间内走

过别人所经过的几个发展阶段，赶上和超过发达国家的发展水平。要做到这种跨越式的发展，就必须发现、发挥自己的各种现有比较优势，创造新的比较优势。比较优势，也就是竞争优势，可简称为“比较竞争优势”。因为在国家之间，某一国家占有任何一项比较优势，它就具有这一方面的竞争优势。竞争优势是一个大概念，它并非只是同资源禀赋的成本比较优势相对应的一个小概念。竞争优势，它既包括资源禀赋的比较优势，也包括产业的结构比较优势。而后一比较优势，其背后支撑的是科技创新的比较优势；而科技创新的比较优势的背后支撑者，则是国民素质、创新人才和知识创新的比较优势；国民素质、创新人才和知识创新的比较优势的基础是教育创新的比较优势，其前提和动力则是制度和体制创新的比较优势。

由此可见，上述一系列的比较优势，都是一个国家在社会生产力发展方面的竞争优势，也可称为“比较竞争优势”体系。作为发展中国家，实现生产力的跨越式发展，就要善于发现、利用和创造这些依次逐步深化的“比较竞争优势”体系中的任何一种比较优势。千万不能把它们分割开来或对立起来。更不能像黑熊掰棒子那样，掰了这个丢了那个。如果离开这些一个个具体的、现实的比较优势，来空谈什么竞争优势，就是无的放矢了。试问丢开这些具体的、现实的比较优势，竞争优势又在哪里呢？现在国内外某些学者，似乎竞争优势只是同资源禀赋的成本比较优势相对立的范畴，非此即彼。这显然是不正确的。其实，资源禀赋的成本比较优势，也是竞争优势的内涵之一。我们不应拘泥于两百多年前比较利益概念创始人对此概念所作的规定性，思维的定式和概念的内涵，也应与时、与时俱进。

像中国这样的发展中的大国，要实现生产力的跨越式发展，既要充分发挥资源禀赋的比较优势，更要努力创造产业结构、科学技术以及教育创新、制度创新等方面的新的比较优势。它们是相互联系的，只有充分发挥资源禀赋的优势，利用丰富的劳力资源、宽广的地域资源及绝对量较多的其他自然资源，以提高本国产品比较成本低的竞争优势，以及能吸引更多外资的比较竞争优势。发展中大国的资源禀赋比较优势，在今天经济全球化的条件下，更多地表现为一种大市场和潜在大市场的市场比较优势。这种市场的比较优势的效应是双向的。它既能使本国成本较低的劳动密集型产品容易打开国际市场找到销路；也为世界的知识、资本技术密集型产品和外国企业的直接投资进入中国创造有利的条件，从而也就能为中国在更高层次上创造产业结构比较优势、科技比较优势和教育比较优势提供重要的资金条件和学习借鉴的机会。例如，当前世界经济处于普遍紧缩的时期，国际贸易及国际投资大幅度下降，唯有中国却一枝独秀。2002 年，中国的对外贸易大幅上升（出口增长 22.3%，进口增长 21.2%），外国公司在中国的直接投资已突破了 500 亿美元大关，中国超过了美国成为世界吸收外国直接投资最多的国家。这也显示了中国对资源禀赋及大市场的比较优势发挥得较好。它还表明，资源禀赋和大市场的比较优势，也是一种国家的比较竞争优势。

但是，我们也必须清醒地看到，资源禀赋的比较优势，虽然也是一种竞争优势，然而它在世界经济发展的现阶段，已成为一种低层次的竞争优势了。因为，在国际市场上发展中国家的劳动密集型产品同发达国家的知识密集型和资本技术密集型产品相交换时，处于劣势地位。实际上发展中国家要向技术垄断权支付高额贡赋，而发达国家也因此获得源源不断的垄断超额利润。发达国家还通过立法来保护其尖端核心技术的秘密，发展中国家用高价也无法买到。此外，外国资本投于发展中国家，不仅利用廉价劳动力来获得较高的利润，而且拼命扩大其市场占领份额，垄断或控制所在国的新兴产业，排挤民族经济，以致竭泽而渔。而一旦出现风吹草动，他们就会把所有资本或绝大部分资本撤离出去，把风险和损害转嫁给所在国的民族经济的合作者、雇员和政府，像在东南亚金融危机时期所做的那样。而且资本的本性，特别是发达国家的国际大资本的特殊本性，具有很强的扩张性、支配欲、垄断性和竭泽而渔的掠夺性，乃至存有借资本的势力控制所在国的经济命脉（例如控制银行）、干涉所在国的内政、外交和操纵所在国的政权的强烈意图；甚至利用它们国家的武力来胁迫和攻打、占领那些不顺从的国家，或培植忠于它们的势力来执掌政权。发达国家“新帝国主义”和“新殖民主义”的形态，已日益凸现。例如，东南亚金融危机时期和近些年来所发生的一些国际争端中，发达国家的国际大资本的这些特性和图谋，已有充分暴露。马来西亚前总理马哈蒂尔，在危机后期答外国记者访问时说："危机使我国生产力倒退了20年，最重要的教训是，我国银行的控制权不掌握在我们自己手里"。1891年，恩格斯在为马克思《法兰西的内战》一书第三版出版写导论时，曾经指出，巴黎公社失败的重要原因之一，就是没有夺取法兰西银行的控制权。他认为这是公社的"一个严重的政治错误"①。历史与现实的教训，如此惊人的相似！所以，我们对外资的进入也要有合理的管理和调节，使之符合本国发展目标的要求，尤其要充分利用本国人民储蓄起来的大量资金，并提高其利用效率。如果对外资没有适当的调节、管理和约束，对本国人民积累的大量剩余资金不充分利用并发挥其效率，而无限度地使用外资，那也会危及民族经济的主体地位和社会主义公有经济的控制力。这些也是国际社会中富者更富、穷者更穷，两极分化的趋势愈来愈严重的重要根源之一。历史与现实的教训，值得记取！所以，中共中央在党的第十六次代表大会的报告中告诫全党、全国人民："在扩大对外开放中，要十分注意维护国家经济安全。"

在经济全球化、科技突飞猛进和世界新的产业革命浪潮蓬勃推进的今天，最重要的、高层次的竞争优势，是产业结构比较优势及支撑产业结构优势的科技创新的比较优势。有了这两种比较优势，就能在世界产业分工的制高点上争得一席之地，摆脱长期处于世界产业分工低位、产品附加值低，以及科学技术上受制于人的困境。这是我们要实现生产力跨越式发展的关键所在。而要在世界产业分工中抢占某些制高点和在科学技术上的某些领域获得比较优势，就得在科学、技术的某些领域进行创新，率先实现科学技术的跨越式发展。正如中共十六大报告中所指出的那样，要"加强基础研究和高技术研究，推进关键技术创新和系统集成，实现技术跨越式发展"。

科学技术创新，有学习创新与自主创新之分。学习创新是在引进、消

① 《马克思恩格斯选集》第2卷，人民出版社1966年版，第423页。

化、吸收外国新科技的基础上，有所超出的创新。这也就是发挥后发优势，以节约研制成本、缩短转化为现实生产力的时间，以及吸收有益的经验、教训，使之发挥“举一反三”“触类旁通”的效用。“自主创新”则为原创性、有自主知识产权的创新，这也就是创造“先发优势”。有了科技创新的先发优势，就会在世界新的产业革命和产业分工中抢占到某些领域的制高点，从而获得超额利润和取得在这些领域的一定时限内的控制权，成为在这些方面的世界财富聚集的中心。例如，比尔·盖茨的微软公司及其所在的美国，正是由于他们这样做了，而成为世界财富聚集的中心（2003 年 2 月仍被排名为世界首富）。而且科技自主创新的先发优势，还是打破别人的垄断，获得新的竞争优势，成为发展中国家实现社会生产力跨越发展不可或缺的手段和基本前提。由此可见，发展中国家为了实现生产力的跨越式发展，必须乘自己的现有优势，创造新的比较优势；把发挥后发优势和创造先发优势、学习创新和自主创新有机结合起来。而且还必须在着重发挥后发优势时，就要审视世界科技发展的趋势、瞄准前沿课题，着力自主创新、创造先发优势。更应审时度势、与时俱进，不失时机地从学习创新、发挥后发优势为主的格局，逐步转到自主创新、创造先发优势为主的格局上来。如果我们不能把两者有机结合起来，尤其是如果没有自主创新和先发优势的创造，而只沉溺于“后发优势”和“学习创新”上，那么，就只能跟在别人后面，亦步亦趋地爬行，后来者居上的跨越就是根本不可能的。所以，那种只讲后发优势，忽视创造先发优势的观点，或只讲学习创新，而忽视自主创新的观点，都是片面的，而且是十分有害的，也是一种对本国人民的创新能力缺乏足够信心的表现。

在近代经济史上，英国超过荷兰；德国超过英、法；美国超过英、法、德；日本超过英、法、德，而且一度曾威胁美国在资本主义世界的经济霸主地位。这些都无不与它们把学习创新和自主创新、发挥后发优势同创造先发优势有机结合起来，并适时转到自主创新和创造先发优势为主的格局上来有关。日本，它的学习创新的能力很强，从第二次世界大战后的 20 世纪 60 年代起，它集欧美先进技术大成，加上自己的学习创新，而一跃成为资本主义世界中仅次于美国的第二大经济强国，并咄咄逼人地威胁着美国的经济霸主地位。但是，日本对基础研究和自主开发、自主创新的重视远不如美国。所以，当20世纪90年代初的、以互联网革命为核心的新经济面临时，也就大大地落后了，并且一蹶不振地陷入了长期的停滞和衰退之中。美、日之间的这一轮经济竞争中，日本已败下阵来。这一世界性的历史教训，值得记取。科学技术上学习创新固然很重要，尤其对发展中国家在经济起飞的初期，还是非常必要的。但不能老停留在这里，必须与时俱进，适时地转到自主创新为主的来。同样，对于发展中国家而言，发挥后发优势十分重要，但创造先发优势更重要。没有后者，也就没有跨越式发展和后来者居上的可能。

二、自主创新和创造先发优势必须以教育创新的比较优势为基础

无论是学习创新、自主创新或创造先发优势，都必须有创新人才、创新知识和具有创新精神、创新能力的高素质的国民才能实现，所以对于科学文化总体上还很落后的发展中国家而言，大力发展教育和进行教育改革、创新是实现社会生产力跨越式发展可靠的保障和坚实的基础。而作为这种保障和基础的教育与教育创新，必须具有以下一些基本特征：

（1）它应当是一种人人受教育、终身受教育的“学习型社会”的全民教育。为此，必须优化教育结构和加大教育投入、鼓励社会力量办学。优化教育结构就是要同时充分发挥学校的学历、非学历教育、继续教育、职业技术教育等多种功能；还要使普通教育、职业教育、成人教育和高等教育相互衔接和沟通，为国民提供多次受教育的机会。加大教育投入，主要是加大政府的教育资金的投入，特别是加大对农村，尤其是对偏僻、贫困地区的教育投入，并发挥其“四两拨千斤”的效应，用少量财政资金来撬动更多的非国有资金投入教育；鼓励社会力量办学，也就是要实现办学主体多元化，做到多渠道、多形式社会集资办学和民间办学，改变国家包办教育的做法，为人人受教育、终身受教育创造良好的条件。

（2）它应当是以提高受教育者的创新精神和创新能力为重点的德、智、体、美全面发展的素质教育。革除教师单纯灌注、学生死记硬背的“应试教育”的弊端和习惯势力；纠正单纯追求产值、忽视质量的“产值

教育”观倾向。

（3）它应当是把教育复合生产力要素，通过各种“三结合”体系，进入生产力要素结构中，促使生产力发生质的飞跃和跨越式发展的一种新型教育。按马克思在《资本论》中的论述，劳动生产力的构成包括五个要素，即劳动者的熟练程度、科学技术的发展水平及其在工艺过程中的应用、生产的社会结合、生产资料的规模及其效应、自然条件①。而通过教育所创造、加工和融合而形成的先进的、新的复合生产要素，即创新知识、创新科技、创新人才以及经过教育提高的高素质的劳动者，一旦通过产学研，或学产研，或研产学的统一体，进入生产力要素结构之中，并成为其中起主导作用的、核心组成部分，与对其他要素起改造、提高作用时，就使生产力的原有要素结构发生了质变。它们正像撞击原子核的中子那样，使得生产力的内部要素结构发生裂变，放出无限的能量，致使整体生产力发生质的飞跃，形成先进生产力的跨越式的发展。生产力内部结构的这种质变、飞跃，必然还会迅速外化为整个社会产业结构质的飞跃和升级，从而形成新的产业革命（即知识产业革命）。表现为新兴的知识产业的迅速兴起、传统产业的快速改造、提升，并成为融入世界产业革命中的一支生力军，大大提高其产业、产品在国际分工中的地位。这种整个社会产业结构质的飞跃、升级和新的知识产业革命的形成，对发展和欠发展中国家来说，其本身就是一个实现新型工业化的过程；同时，也是社会生产力的飞跃和跨越式发展的过程。

由此可见，创新教育的本身就是一种先进的复合生产力，即“教育复合生产力”，它是当代先进社会生产力的核心组成部分。因而，它也必然是发展中国家实现新型工业化和整个社会生产力跨越发展的坚实基础。所以，教育创新的比较优势，必然是基础性的比较优势和最重要的比较竞争优势。

在这方面，日本的经验足以为证。日本在19世纪60年代以后，社会生产力出现跨越式发展，在许多方面后来居上，这是同他们的政府特别重

① 〔德〕马克思：《资本论》第1卷，人民出版社1975年版，第53页。

视教育，实施“教育救国”的战略有关，日本明治天皇登基（1868 年）后，颁布的五条施政纲领就特别强调教育，提出要做到“邑无不学之户，家无不学之人”。把教育当成和兵役、纳税一样，成为日本国民三大义务之一，并大力振兴实业教育，造就科技骨干力量。通过教育迅速掌握引进的欧美先进科学技术。到明治末年（1912 年），日本学龄儿童入学率已逾 95%；大正年间开始普及中学教育。在第二次世界大战后经济最困难时期，日本仍肯在教育上花钱，注重教育水平的提高。日本为了争得生存、实现现代化，一贯重视教育事业，这是日本经济起飞和生产力跨越式发展的基础。据统计分析，日本在 1950～1972 年中，教育经费增长了 25 倍，而相应的国民生产总值增长了 29 倍。第二次世界大战后，日本国家从 1945～1960 年的 15 年中，智力开发对经济事业的贡献占 52%，技术引进占 43%，资本作用只占 5%。所以，20 世纪 60 年代一位日本首相在一次记者招待会上回答记者提问时指出：“大家说日本出现经济奇迹，我认为算不了什么。我们有一句话奉告各位，我们日本拥有世界上最好的教育”。①

大力发展教育和推进教育创新不仅如上所述，它是后发国家经济起飞和社会生产力跨越式发展的基础，而且创新教育的本身，就已由传统工业化时期的社会公共事业部门或单纯的消费部门，转变成为现在走向知识经济时代的、一个先进的现代新型产业部门，并成为了实现新型工业化过程中，孵化知识经济的龙头产业。从它本身就是一门现代先进的新型产业而言，投资教育的直接和间接社会经济效益很高。例如，据日本的研究，工人的教育水平每提高一个年级，技术革新者的比例平均增加 6%。工人提出的革新建议一般只能够降低成本 5%，而文化科技教育水平较高的科技人员的建议，一般能够降低成本 10%～15%。特别是受过良好教育的管理人员推广现代科学管理方法和技术，更可降低成本达 30%以上。前苏联的研究结果也表明，工人普通教育程度每提高一个年级，在机器制造业中可提高劳动生产率 1.5%～2.2%，在冶金工业中可提高 0.4%～0.7%。② 由此

① 《迎接新技术革命》（下册），湖南科技出版社 1984 年版，第 360-361 页。

② 刘桂斌：《社会主义市场经济新论》，人民出版社 1998 年版，第 368-369 页。

可见，创新型教育是一个社会经济效益很高的新型产业部门，所以投资于这个产业是“一本万利”的。而就其作为孵化知识经济的龙头产业而言，它的产品是创新知识、创新科技、创新人才和为提高劳动者创新意识、创新能力的服务，当其进入到社会经济领域以后，必将萌生出无数高新技术企业，也将使传统的产业得以改造和提升。由此可见，创新教育作为后发国家在实现新型工业化、通向知识经济时代的过程中，充当孵化知识经济的龙头产业，也就是历史发展的必然了。

所以，教育创新的比较优势，是后发国家实现社会生产力跨越式发展最基础性的比较竞争优势。这是无可争辩的事实和规律。

三、创造先发优势、实现生产力的跨越式发展，应以制度创新的比较优势为其前提和动力

综上所述，发展中国家实现生产力的跨越式发展，不仅要发挥后发优势，而且，在科学技术上要有学习创新，更要有自主创新，着力创造先发优势。而在科学技术上自主创新、创造先发优势，不仅有赖于教育创新的比较优势为基础，而且还必须要有制度、体制创新的比较优势为动力、为保障。

在当今，制度创新的着力点，应是提高对国民经济的增长、发展起决定性作用的科学技术创新者和素质不断提高的劳动者在产权制度中的地位，及由此而决定的在剩余产品分配中获取相应的份额。现在，中外广泛实行的西方股份制，是一种单一的资本联合的产权制度，它曾在资本主义社会的经济增长和发展中起过重要作用。但是，这种单一资本联合的产权制度，它仅仅维护有形资本所有者的产权垄断地位和独占剩余产品的权利，而在国民经济的增长和发展中起突出作用的，科技工作者和素质不断提高的劳动者，却在这种单一资本联合的产权制度中处于无权的地位，所得报酬也仅仅是出卖劳动力的等价物，自己创造的剩余产品是进入不了他们手中的。这种产权制度，现在已严重地阻碍着科技工作者的科技制新和劳动者的工作创新的积极性，以及素质提高的必要条件地提供。这也是当今世界社会需求普遍不足、生产相对过剩、危机日益加深的重要根源。由

此可以看出，这种单一资本联合的产权制度，已越来越不适应于当今主要依靠科技进步、劳动者素质提高的知识经济发展的要求了。因而，在西方的一些高科技企业中，也出现了“无代价”地向一些职员赠送一些公司股权的改良行为。这些改良，虽然充分反映出改变单一资本联合的产权制度的客观要求和紧迫性，但它并未使单一的资本联合的产权制度发生根本性质的变化。

我国处在社会主义初级阶段，正在按照新的生产力发展的要求深化企业制度改革和整体经济体制改革，因而有必要去自觉地创造，适应科技进步、劳动者素质提高和知识经济发展要求的新的产权制度的比较竞争优势来。

作者的研究所得出的初步看法，在中国的社会主义初级阶段，应创立一种以公有制为主的劳动联合与要素资产联合有机结合的联合产权制度，作为一种通向未来社会主义高级阶段的产权制度的过渡形式。其典型的具体形态，应当是以公有资本为主的各类性质的资本、科技成果、劳动力和土地使用权等要素资产，均可入股分红的“泛股份”公司，把各种要素所有者的积极性都调动出来。其内部治理结构革新的原则，应是董事会为代表的要素资产所有者同企业职工集体民主选举的企业管理委员会为代表的法人财产占有者以及同企业管理委员会在市场招聘的生产、经营的支配者的厂长（经理）之间，实行所有权、占有权、支配权的产权权能分解，并在它们三者之间，建立两个层次的责、权、利相结合的经济责任制关系为其纽带而联结起来。公司的剩余产品分配，则由企业管理委员会按经济责任制契约，一部分作为要素资产的增值上缴董事会，由董事会按要素资产股份进行“按资分配”；其余部分在留足企业扩大再生产和集体福利需要后，再根据活劳动的实际贡献进行“按劳分配”。厂长（经理）的报酬，则按招聘时的市场契约由企业管理委员会付给年薪，加上同企业效益挂钩的奖金。

这种以公有制为主的劳动联合和要素资产联合相结合的联合产权制度，就其具体形态而言，还有待进一步的改进、完善，但其基本框架的建立和基本原则的实施，必将促进在经济增长和发展中起决定性作用的科技创新和劳动者积极性与素质的提高。从而创造出既优越于西方单一资本联合的股份制的产权制度，又优越于计划经济时期过度集权于政府的公有制企业产权安排。因为在这种新的以公有制为主的联合产权制度中，原来处于无权地位，仅仅获得劳动力价值的科技创新者和劳动者境况发生了重大变化。现在不仅以股东的身份同有形资本股东一样，施行所有者的权力，按要素资产股参加剩余产品分配。而且他们还以法人财产权占有者成员的身份，参加对企业的厂长（经理）的招聘与激励约束合约的签订以及重大生产、经营的决策，并且还以他们活劳动贡献的大小参加剩余产品的按劳分配。由于在科技创新和生产劳动创新中，起决定性作用的成员在产权制度中的地位、作用和分配中的份额发生了重大变化，必然创造出西方单一资本联合产权制或计划经济时政府过度集权的公有产权制所无法比拟的、高得多的效率、活力和竞争力。

在这种以公有制为主的劳动联合和要素资产联合的联合产权的微观基础上，才能建立起名副其实的社会主义公有制和市场经济有机结合的、真正的社会主义市场经济新体制，也只有建立在以这种产权制度为微观基础的社会主义市场经济体制，才能真正把社会主义与市场经济的两种动力机制、两种配置资源的机制有机结合起来，发挥其在资本主义市场经济或计划经济体制模式下都无法比拟的优越性。从而不仅在企业产权制度上，而且在整个经济体制上，创造出促进科技进步、劳动者素质不断提高和社会生产力跨越式发展的制度、体制比较竞争优势。

在人类经济发展史上，创造制度或体制比较竞争优势，从来就是生产力跨越式发展的前提、保障和强大动力。例如，资本主义制度替代封建主义制度时，曾使生产力极大地涌现出来。正如马克思和恩格斯在《共产党宣言》中所描述的那样，资本主义制度替代封建主义制度的初期，在其不到一百年的阶级统治中创造的生产力，比过去一切世代创造的全部生产力还要多、还要大，仿佛用法术从地下呼唤出来的大量人口，过去哪一个世纪能够料想到有这样的生产力潜伏在社会劳动里呢?”①。日本后来者居上，

① 《马克思恩格斯选集》第1卷，人民出版社1966年版，第244页。

也是因为1868年起的明治维新的制度、体制改革，对日本经济的跨越式发展起了决定性的作用；苏联和中国等一批国家的社会主义革命的胜利，社会主义制度替代资本主义制度和半封建半殖民地制度的初期，也曾出现了社会经济面貌的翻天覆地的变化和社会生产力的跨越式发展。苏联曾一跃而由一个落后的中等发达的资本主义国家，变成为可同世界头号资本主义强国的美国，相媲美和抗衡的第二大强国，中国也从此站起来了。后来只是因为社会主义短短的几十年中还缺乏足够的治理经验，体制也过于僵硬，因而遭受了挫折。所以，后来社会主义国家都先后开始进行体制改革。中国的改革由于坚持了正确的方向，采用了符合国情的方法，因而改革和发展都取得了巨大的成就，这已为举世所公认。

总之，人类历史上出现过的许许多多的社会生产力跨越式发展的实践，都无一不是同当时、当地的制度或体制创新的比较竞争优势的形成有关。可以预见，在我国以公有制为主的劳动联合同要素资产联合有机结合的联合产权制度的创新，以及以它为微观基础的，社会主义公有制同市场经济有机结合的社会主义市场经济体制的创新，也必将会形成保障我国社会生产力跨越式发展的制度和体制的比较竞争优势。

（收录于全国高校社会主义经济理论与实践研讨会第17次会议（2003）论文集）（原载《海派经济学》2004年第2期）

迈向知识经济时代的后发国家的跨越式发展

——关键在于科技自主创新

社会发展总是受发展不平衡规律的约束。追求跨越是后发者的永恒课题。自人类社会产生以来，在社会生产方式方面，曾经不断有后来者的跨越式发展的实践发生“后来者居上”也有一定的规律性，将来这类现象也还会长期存在下去。社会生产力跨越式的发展，对发展中国家来说，是同发达国家相对应，能把别人已经经过的生产力发展的两个或两个以上的发展阶段的任务，并作一个阶段来完成；或者是以比发达国家高得多的发展速度，在不太长的时间内，走过别人所经历过的几个发展阶段，赶上和超过发达国家的生产力发展水平。但不同的经济时代，后发者的跨越式发展，有其不同的道路与特征。传统的工业化时期，后发国家赶上和超越先进的国家，例如，后来赶上和超过英国的那些国家，都是走的资本主义化加机器化、电气化的道路，关键在于机器化和电气化。现在，全球正处于迈向知识经济的时代。时代不同了，后发国家的跨越式发展，当然不能照抄传统工业化时期走过的老路了。它应与时俱进，开辟新的道路，具有新的特征。

一、不同的时代有不同的跨越式发展的途径与特征

当今，世界上一百多个国家，其中绝大多数为发展中国家或欠发达的国家，这些国家的不发达的表现是方方面面的，但集中表现为生产力比发达国家落后得多。这种落后的原因各不相同，但也都集中表现为没有抓住

机遇，赶上以往的产业革命浪潮，特别是没有赶上工业产业革命的浪潮，而导致被工业革命的新技术（蒸汽机和电力）革命浪潮抛在一边，被边缘化了。而当今时代，对发展中国家和欠发达国家而言，一个新的机遇和严峻的挑战又来了。这就是一个同上次传统的工业产业革命相对应的、知识产业革命在全球的兴起。发展中国家是抓住机遇迎头赶上，还是再一次失去机会，更加被边缘化，落到个一蹶不振的窘境呢？这是值得后发国家深思、再深思的，关系其前途命运的大事。

引发这次世界性的知识产业革命的新技术革命，不只是某一项或两项新技术革命，而是一个技术群的革命，它包括信息技术、生物技术、新材料技术、新能源技术、空间技术、海洋技术等的技术群的革命。这一技术群革命中，有带头技术。当前的带头技术主要是信息技术。带头技术也是会不断更新的，今天是以信息技术为带头技术，明天、后天的带头技术也就可能转到生物技术或新材料，或新能源技术的头上了。但不管带头技术是这一个，还是那一个，新技术群的所有技术都是以高新技术知识为其基础的，所以由这个新技术革命群所导致的产业革命，必然是知识产业革命，由这种知识产业革命所开创的新的经济时代，也必然是知识经济时代。因而在这种新技术群相互连结在一起变革的时代，在以知识经济时代为其时代的总称下，不宜于再以其中某一项技术革命去为时代命名，也不宜在尚未有确凿的把握时，就草率地钦定某一技术为下一轮技术革命的带头技术。这样除了它的片面性外，还可能误导舆论和实践。而是应该多观察、研究和讨论，广泛听取各方面的意见。就本文作者来看，下一轮技术革命的带头技术既可能是生物技术，也可能是新能源技术，而新能源技术革命成为下一轮新技术群的革命的带头技术的可能性更大一些。这是因为，当全球已普遍出现了能源紧张或危机时，世界就可能在新能源方面被迫做出重大突破，从而使新能源技术跃居技术革命群之首，成为新阶段的带头技术。正如恩格斯所指出过的那样，社会一旦有技术的需要，则这种需要就会比十所大学校更能把科学推向前进。[①] 而且，从近代世界经济史

① 《马克思恩格斯选集》第 4 卷，人民出版社 1966 年版，第 505 页。

的实践来看，产业革命总是有相应的能源、动力革命相伴而行。而且前者也是以后者为支撑的。例如，第一次工业产业革命就是以蒸气动力革命相伴和支撑的；第二次工业革命则是以电力和石油的能源、动力革命相伴和支撑；而从20世纪40年代萌芽，20世纪70年代兴起的，20世纪90年代得到了蓬勃发展的全球的新的知识产业革命，也是有新能源革命与之相伴和支撑的。例如，以原子能、核能和太阳能为核心的多元化新能源，正在相继开发和利用中。据最近法国有关媒体的报道，地球上的石油，在30年到50年后，就会宣告枯竭；沙特阿拉伯的石油也只能再开采20年到30年了。如果人类不在这之前，在新能源的开发和利用上有重大突破，就可能遇到巨大的灾难。由此可见，新能源的率先开发和创新，已是迫在眉睫。但不管这些技术群的下一轮带头技术是哪一个，它们都是相互关联的，而且它们也都是以知识创新为基础，这种技术群的革命必然会导致知识产业革命。因而这个时代，也就必然是由传统的工业经济时代向知识经济时代过渡的过渡时代。

知识经济时代同物质经济时代的基本区别，在于社会总产品的价值中，知识价值的含量所占的比重一般应在75%以上，超过物质的价值含量，上升为主要成分。据20世纪90年代初的有关报道，美国1991年的社会产品中，包含的信息价值量超过所包含的物质的价值量，占到了总价值量的51%。人们称之为人类开始迈入信息社会的标志。其实，信息是知识这个大范畴的有机组成部分。人类开始迈入信息社会，也就是开始迈入知识社会。最近据墨西哥的《箴言报》的文章记载：20世纪80年代，一个企业所创造的价值中，有38%是无形价值，62%是有形价值。到了2000年，无形价值的比占据了85%①。这当然指的是世界发达国家所达到的水平。并表明它们已进入知识经济时代。但是，就世界大多数国家而言，还没有达到这个标志所要求的水平，只是处于向知识社会迈进的过渡时代中。这种过渡时代，所给予发展中和欠发达国家的巨大机遇，就是抓住高新科技的自主创新不动摇，从而竭力提高社会产品的知识化程度，并通过

① 〔墨西哥〕维多利亚·霍尔茨：《箴言报》，2005年07月25日。

制度改革和创新，建立起适应知识产业革命、科技创新和不断提高劳动者素质要求的新制度和新体制。从而力争在一个不太长的历史阶段里，在一些重大的高新技术的核心技术方面，追赶上发达国家，较快地使社会总产品中的知识含量的比重大大超过物质资源的含量，逐步上升为75%以上，从而带动社会生产力的跨越式发展，实现对发达国家的超越。如果把迈向知识经济时代的跨越式发展途径的模式，同传统工业化时期的后发国家追赶发展中国家的跨越式发展途径的模式相比，其区别在于：工业化时期的跨越式发展途径的模式是制度资本主义化加工业化，关键在于机器化、电器化；而迈向知识经济时代跨越式发展途径的模式，则应是制度联合产权化加知识化，关键在于科技自主创新”。

二、当今后发国家实现跨越式发展的关键在于科技自主创新

如上所述，在当今，后发国家实现跨越式发展的基本途径、基本特征，同传统工业化时期的“制度资本主义化加机器化、电气化”不同，它应是适应迈向知识经济时代，科技进步和劳动者素质提高在经济增长、经济发展中的决定性作用的要求，创造一种要素资产联合同劳动联合相结合的联合产权制度（在中国应是公有资本为主导的联合产权制①），为科技不断创新和提高社会产品知识化程度，提供制度保障。所以，迈向知识经济时代，后发国家跨越式发展的基本道路和特征，可以概述为：联合产权化加知识化，关键在于科技自主创新。科技自主创新之所以是实现跨越式发展道路的关键，这是由如下因素所决定的：

第一，后发国家科技自主创新及其运用，就是主要依靠自己的知识创新力，竭力增加社会产品中知识含量的比重，降低其物质含量的比重，加快传统的物质经济向新型知识经济转化，赶上迈向知识经济时代的知识产业革命的步伐，实现生产力的跨越式发展，赶超发达国家的发展水平。这是因为，科学本身是对自然和客观事物的内在的本质联系的认识，科学创

① 刘桂斌：《公有制为主导的两种联合产权制》，《湘潭大学学报（哲学社会科学版）》2004年第1期。

新就是人们对自然和客观事物获得了新的认识的知识；技术创新，则是运用新的科学知识，对自然和客观事物的支配、利用的手段、方式、方法与操作技巧的创新。所以科技自主创新及其在社会生产中的运用的本质，就是后发国家主要依靠自己的创新力，促使社会总产品中高科技知识含量的比重增加，降低物质资源含量的比重，加快物质经济向知识经济转化、实现生产力跨越式发展的根本途径和法宝。

第二，带动生产力跨越式发展的高新技术，特别是其中的核心技术的获得，只能靠自主创新。如前所述，后发国家的跨越式发展的目标，就是要较快地赶上发达国家的生产力发展水平，屹立于世界民族之林。而在现阶段，发达国家生产力的先进水平及其在经济、政治、外交和军事上的优势与垄断地位，主要靠在高新科技上的不断创新、突破和对其中的核心技术的垄断来维持的。通过对高新技术的核心技术的垄断，来实现对世界经济、政治、外交和军事优势地位的垄断，这也正是迈向知识经济时代的过渡阶段和新的经济全球化时期的，国际垄断资本主义新的显著特征。因此，发达国家绝不会把他们垄断的高新技术中的核心技术轻易转让给别人的，尤其不会轻易转让给那些，他们认为有可能成为潜在竞争对手的、正在崛起的新兴的发展中国家。相反，他们还会首先在高新技术方面千方百计地围堵这些国家。不但本国严厉立法，不准给这些国家转让核心技术，还胁迫他们的盟国也照他们的样做。实践也表明，发展中国家采取的用金钱购买技术、用市场换取技术，或用引进外国企业和外国资本来吸取、学习先进技术等的办法，都只能获得一些对发达国家来说，已是过时或即将过时的中等技术，而高新技术中核心技术的控制权，仍然牢牢地掌握在他们自己的手中。所以，后发国家，如果不能自主创新和在高新技术的核心技术上不断有新的突破，那么就不可能真正有对发达国家的超越，永远只能跟在别人的屁股后面爬行，不可能摆脱在新的知识产业革命中又一次被边缘化的命运。

第三，科技自主创新及其超前发展，是获取超额利润和突破别人垄断的重要手段。在市场经济条件下，产品价值是由社会必要劳动量所决定；在国际市场上，则是由国际社会必要劳动量所决定。因此，率先科技创新和采用新技术的企业和国家，在一定的有效期内，就会获得超额垄断利润，乃至因此成为世界财富迅速聚集的中心，从而也为这些企业和国家创造了更深层次的科学研究、开发的物质条件，以保住某方面科学技术发展的垄断和财富聚集中心的地位（例如比尔·盖茨的公司及其所在的美国）。同时科学技术的率先研发和创新，也是突破别人垄断、开拓市场、增强国际竞争力的最重要的手段。

第四，凡科技原创者的企业及其国家有可能成为国际产业分工体系中某些领域的新“龙头”，处于附加值最高的产业链的环节上，从而迅速富强起来，或者是富者更富或者是由弱变强。

第五，凡是重大的、具有广泛应用和关联度极大的科技创新，会导致新兴产业的兴起，传统产业的改造、提升，从而成为世界新的产业革命的起因。这对世界经济、社会发展的推动作用是无法估量的。如果由这种科技创新所导致世界新型产业革命在某一发展中国家率先兴起，并为其所主导，那么这个国家就必然出现生产力的跨越式发展，后来者居上赶上、超过当前的发达国家。

第六，科学知识的自主创新，是对客观事物的本质及其运动规律的率先的、新的揭示。当人们对客观事物规律的认识深化一步时，其行为就会比尚没有这种新认识的人们更具有自觉性、主动性，因而也就能率先地、更快地把科学知识转化为高新技术和现实的先进生产力。所以，发展中国家，一旦自主地在科学知识（无论是自然科学知识或社会科学知识）方面有新的重大的揭示，并为实践着的工程技术、管理人员和广大劳动群众所掌握，就会变成改造自然、改造社会的巨大物质力量，实现生产力和社会进步的飞跃或跨越式发展。

第七，科技自主创新才能实现增长方式的切实转变和持续地跨越式的发展。后发国家科技自主创新及其运用，就是主要依靠自己的知识创新力，竭力增加社会产品中知识含量的比重，降低其物质含量的比重，加快传统的物质经济向新型知识经济转化。所以，科技自主创新及其在生产过程中的应用，便可较快地实现经济增长方式的转变。即由原来主要靠资源的投入，转到主要依靠科技进步、高科技知识的投入和劳动者素质的提高，求得经济的增长和发展。而且投入高科技用于生产和治污，便可提高资源的利用效应，大大降低物质资源的耗费，还可变废为宝，实现循环经济和节约型社会的要求。对发展中的大国而言，就可以变资源优势为经济优势，为可持续的跨越式发展提供强有力的支撑。

第八，现代高新科技知识的自主创新，不仅能直接转化为巨大的新的生产力，而且它还通过创建新兴产业和推动现有产业链及其生产过程的延伸，大大促进企业内部和产业之间的专业化分工。而这两种专业化分工，对企业内部的劳动生产率的提高和产业之间贸易的优势互补和协作所产生的双赢效益，也将大大提升。显然，这对发展中国家追赶发达国家所要求的社会生产力的跨越式发展，也是一个强大的推动力。但是，这种专业和分工的新发展，是源于科技自主创新的重大推动和改造的效应。在迈向知识经济新时代的过渡时期和将来的知识经济时代、知识社会中，高新科技知识的创新，对生产力要素结构整体而言，是普照之光。即它是起主导的、决定作用的因素和动力，而不能像国内外一些所谓“回归斯密”的“新学派”那样，如美国经济学家道格拉斯·C·诺思、中国的杨小凯等为代表，在迈向知识经济时代，却把专业化和分工，看成是主导的、起决定性和中心作用的生产力要素。他们认为经济的增长和发展以及组织制度的变迁的根本动力，是古典经济学家亚当·斯密所论述的那种专业化和分工发展的结果。如，道格拉斯·诺思在他著名的《经济史上的结构和变革》一书的序言中十分肯定的指出，专业化和分工”是亚当·斯密的《国富论》的关键。而在书中的最后的结论中，便强调指出，专业化增益和专业化费用之间不断发展的紧张关系，不仅是经济史上结构和变革的基本原因，而且是现代政治经济绩效问题的核心①。20 世纪 80 年代新发展起来的超边际经济学（以杨小凯为代表），他们复活古典经济学的关于经济发展的根源在于分工发展的思想，强调交易费用对分工和专业化水平的发展以及对经济组织演进的重要影响，他们以分工演化为主线，用分工中的“专业化经济”、互补经济、多样化经济等来解释经济的增长和发展问题。在

① ［美］道格拉斯·诺思：《经济史上的结构和变革》，商务印书馆 1999 年版，第 1、203 页。

本文作者看来，专业化和分工对经济的增长和发展的效应，当然是无可否认的，它也的确是从古典经济学以来的一条基线。但这条基线也只有在工场手工业时期，才同时也是经济学的主线。而科学的经济学的主线，应该是与时俱进，随生产力要素结构中的各要素的地位和作用的转换而转换的。而当今，处于向知识经济的过渡阶段，社会生产力要素结构中的科学技术的发展和应用，以及素质不断提高的劳动者，在社会生产力发展中日益起着决定性的作用。因而经济学的主线，也应与时俱进，随之转换到科技创新和劳动者的素质的提高方面来。而不应退回到古典经济学的以"专业化和分工"为"关键"、为主线的老路上去。正如作者在前面论到的那样，现在，向知识经济迈进的过渡阶段，科技创新和劳动者素质的提高，已成为生产力发展、经济增长强大动力和生产力要素结构中的普照之光，现在的专业化和分工的新发展和演化，也是由科技创新和应用以及劳动者素质的提高来推动的，而且也要用科技创新和应用以及劳动者素质的提高的演化来加以说明。在今天，离开科学技术进步和劳动者素质提高为其基础的专业化和分工，不可能有多大的、新的发展。在没有科技创新和劳动者素质提高支撑的低水平下，为专业化而专业化，对经济的增长和发展也不会起多大的作用。因而，迈向知识经济时代的今天，撇开科技创新和提高劳动者素质的决定性的生产要素，而仍将"专业化和分工"看成是经济增长和发展的"关键性"的、"决定性"的、"占主导"的和起"核心"作用的因素，并看作为经济学的主线的各种经济观点和理论，不能与时俱进，也不合时宜了。哪有一门新的真理性经济学，不仅不与时俱进，却反而把主要精力去搞什么"复活"几百年前的亚当·斯密的"专业化和分工"理论观点为己任呢。

在工场手工业时期，亚当·斯密讲专业化和分工是经济增长和经济发展的关键因素，那当然是符合当时（18 世纪 70 年代前）的实际的，无疑它具有真理性。但是，在几百年后，特别是时处科技革命的高潮和知识产业革命的当今，撇开科学技术创新和劳动者素质提高的决定性作用，仍然强调"专业化和分工"是今天经济增长和经济发展的决定性的、占主导性的核心因素，显然就失去了它原有的真理性的光辉了。因为真理总是具体的，离开了它借以存在的时间、空间，地点和条件，就可能变成谬误。把“专业化和分工”，仍看成今天决定“经济绩效的核心问题”与“关键”的观点，在事实上也是站不住脚的。从所周千，在20世纪初，发达国家的科学技术在国民经济增长的贡献中所占比重为5%~20%；到了20世纪50~60年代，其比重上升到50%左右；到了20世纪80年代，就高达60%到80%①。怎么能说，在20世纪的80年代以后直到今天“专业化和分工”仍是经济学的主线，决定经济绩效的“关键”“核心”呢？难道经济学理论，可以不顾历史与现实的事实，任人去杜撰吗？

第九，科技自主创新及其成果的自主应用，能摆脱科技开发和应用受制于人的被动状态，从而较快改变发展中大国的社会生产力发展的极不平衡的格局。一般而言，发展中的大国不仅社会生产力的整体水平远远落后于发达国家，而且国内各区域、各部门的生产力发展水平也极不平衡。例如中国，不仅国家的整体生产力水平落后，而且国内的东、中、西的三个地带的发展程度相差甚大，城乡工农之间的“二元经济结构”也十分明显。迅速改变这种状况，求得全面、协调发展和社会整体生产力的跨越式发展，除了需要从政策和体制方面创新外，最重要的是靠科技自主创新及其对成果的自主应用。因为只有科技自主创新和成果的自主应用，才能彻底摆脱别国在研发和成果应用上对我们的制约，如，在知识产权上，外国提出的高价位和应用上的众多条件的限制。科技自主创新及其成果的应用，则可以主动地根据不同区域以及不同的产业部门的不同需要，特别是根据改变薄弱、落后环节和部门的特殊需要，来配置知识、科技等资源，开展有针对性的研发。促使落后地区、落后产业的跳跃式发展，求得一国整体生产力的迅速提高。实现全社会的全面、协调发展和城乡二元经济结构的一元化。

第十四，科技创新所形成的社会生产力的迅速发展，要求制度和教育的创新与之相适应，而制度、教育的这种创新，也必将会反过来，进一步推动科技创新和先进生产力的跨越式发展。例如在制度创新上，既然当今

① 苏东斌：《人与市场》，人民出版社2005年版，第9页。

科学技术和素质不断提高的劳动者，在社会生产力结构中起主导作用，他们对经济的增长与发展贡献最大，因而在产权制度改革上，就应提高科技工作者及素质不断提高的劳动者，在产权制度中的地位和分配上的份额，以充分调动其积极性，而不能死死固守单一的资本联合产权制度不放。在教育改革、创新上，则应根据知识经济时代的科技创新的需要，创立一种以培养创新精神和创新能力为重点的、德智体全面发展的新人为目标的创新教育的制度体系。源源不断地向社会、向企业提供新知识、新人才和高素质的劳动者，这样才可能大大促进科技进步和先进生产力的跨越式发展。

以上这些，足以表明科技创新、知识产业革命，对社会生产力和整个经济、社会的极其巨大的推动效应。因而它给了发展中国家生产力的跨越式发展、迎头追赶发达国家、实现后来者居上重大的机遇，抓住这个机遇的关键，就在于科技自主创新！

（原载《湘潭大学学报（哲学社会科学版）》2005 年第 5 期）